世界史丛书

齐世荣 丛书主编

新航路的开辟

邵政达 著

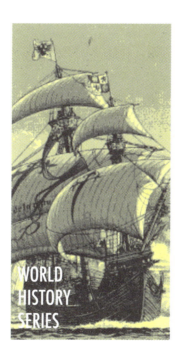

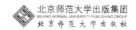
北京师范大学出版集团
BEIJING NORMAL UNIVERSITY PUBLISHING GROUP
北京师范大学出版社

总　序

　　"世界史丛书"选取世界古代到世界现代历史进程中所发生的重大的标志性事件，集世界历史中的重大专题于一体，地域上包括欧、美、亚、非几个大洲，计划出版38卷。这38卷本之间既互有联系，又可独立成篇，力图反映人类从远古到当代、从分散走向整体的发展历程。

　　20世纪初，笔者曾经策划通俗读物"精粹世界史"20卷，由中国青年出版社出版，社会反响很好。"精粹世界史"所涉及专题较少，而我本人也产生了扩大选题范围的想法，正好与编辑的设计不谋而合，由此便有了本丛书的策划。本套"世界史丛书"注重普及性，以普及世界历史知识为目的，内容要求有学术深度，写法则力求深入浅出、通俗易懂，力求通俗性与专业性兼顾，以期引起读者的兴趣。书末加简短的大事件年表、主要参考书目，以方便查阅或供读者进一步研究探讨之用。

　　经济全球化要求人们必须更多地了解世界，而学习世界历史就是了解世界的一个重要的途径。学习世界史可以汲取世界性的经验，使国家和社会建设少走弯路。本套丛书力求在此方面能有所贡献。

　　盛世修史，近年来我国世界史学科建设取得了迅速发展。首先，相关材料积累日渐丰富，不但各图书馆引进了大量的材料，学者个人的资料也十分丰富，网络电子资源更是宏大；其次，中外学术交流十分频繁，包括观点的冲击和材料的交流，使得相关研究更为深入、更为透彻，研究领域更为广泛；再次，世界史研究队伍迅速成长，人才储备丰厚，为将来的世界史研究打下了坚实的基础。广大史学工作者吸收新理论、利用新材料、采用新方法、研究新问题，取得了丰硕的研究成果。本丛书动员了全国世界历史研究方向的精干力量，作者为学术有成的中青年骨干。这么大规模的历史创作策划可以说是少有的，十分感谢各位作者的大力支持以及出版部门的辛勤运作。本书的付梓，希望能够产生良好的学术影响和社会效益。

世界历史学科已经划入一级学科，世界史研究和世界史学科建设正向着更高更好的方向发展，前景光明。可以说本套丛书就是奉给这一盛事的献礼！

齐世荣

2014 年 6 月

目　录

前　言

探索是人类的本能，在这种本能的驱使下，人类不断地向未知世界挺进。如今，人类已经迈入"太空时代"，探索的目光穿越地表投向了浩瀚的宇宙。把阿姆斯特朗送上月球的"阿波罗11号"飞船驾驶员迈克尔·科林斯曾说道："我在1969年飞向月球，当我看到眼前小到可以用大拇指盖住的地球，不禁笑了起来。"

然而，把时间的指针拨回到500余年以前，生活在各个封闭或半封闭陆地上的人类族群在面对浩渺的大海时，还只能望洋兴叹。伴随着近代文明曙光初现于亚欧大陆的西方，欧洲人率先向大洋发起挑战，成功开辟了新航路，将被海洋隔离的世界连为一体。世界由此进入了"海洋时代"。

我们所讨论的"新"航路是相较于传统商路而言的。古代东西方商路大致有三条，皆是海陆并用。最古老的一条从中国出发，通过丝绸之路经中亚沿里海、黑海到小亚细亚沿岸，再由中间商通过海路转运到欧洲；第二条以中国东南沿岸港口为起点，由海上丝绸之路到波斯湾，然后转陆路由阿拉伯商人用骆驼队经两河流域、叙利亚转运到地中海沿岸港口，再由意大利商人转运到西欧；第三条先由海上丝绸之路抵达阿拉伯半岛的红海港口，再由阿拉伯商人经陆路穿越苏伊士地峡前往埃及亚历山大港，然后由意大利商人转运到欧洲。后两条航路有着非常鲜明的共同特点，即都由阿拉伯商人充当中间商和转运商将来自东方的商品转运到地中海东岸，再由意大利商人转运到欧洲。

与传统航路不同，"新航路"是欧洲与东方及新大陆进行直接贸易的海上航路，它以大西洋沿岸的西欧诸国为起点，以东方和美洲为终点，不再经过地中海。对于美洲新航路，它是由克里斯托弗·哥伦布在 1492 年开辟成功的，此后，西班牙人、葡萄牙人、英国人、荷兰人、法国人等先后前往美洲探险，开通了前往美洲大陆南北各地的多条新航线。总的来说，"新航路"大体上分为东南、西南、西北和东北四条航路。

东南新航路是指绕过非洲最南端到达东方的航路，由葡萄牙人历经大半个世纪的时间开辟成功。从亨利王子(1394—1460)开始，葡萄牙人持续不断地沿着非洲西海岸向南探航，1488 年，迪亚士成功发现"好望角"，葡萄牙船队首次踏波印度洋。1498 年，达·伽马率领船队绕过好望角到达印度次大陆，至此，东南新航路开辟成功。此后，葡萄牙人穿过马六甲海峡，抵达了东南亚和东亚，贯通了从亚欧大陆最西端到最东端的海上航路，将大西洋贸易网、印度洋贸易网和西太平洋贸易网连为一体。

西南新航路是指穿过美洲南端的麦哲伦海峡或德雷克海峡到达东方的航路，它是由葡萄牙人麦哲伦在西班牙的旗帜下首先开辟的。麦哲伦率领船队向西到达美洲，然后沿着美洲东海岸南下，穿过了美洲大陆南端的海峡，之后横渡太平洋，于 1521 年到达东方的菲律宾群岛，开辟了东西方之间的西南新航路。麦哲伦死后，船员们继续西行，经香料群岛、马六甲海峡、印度洋回到西班牙，完成了环球航行。1579 年，英国人弗朗西斯·德雷克对西南新航路做了进一步开拓，他发现了美洲与南极大陆之间宽阔的海峡(后称德雷克海峡)，使西南新航路具有更大的实用价值。

西北航路和东北航路合称北方航路，即从欧洲出发经北大西洋前往东方和美洲的航路。西北航路是指穿越北美地区的"海峡"或经由北冰洋到达东方的航路。卡伯特早在 15 世纪末就在英国旗帜下做过尝试，但经过一个多世纪的努力，这条东方新航路并没有开通。但在不懈地探航中，英、法、荷等国探险家成功开辟了从西欧到北美的多条西北航线，并对北美地区进行了深入的殖民开发，将其纳入了以欧洲为中心的国际贸易体系中，影响深远。东北航路是由英国、荷兰及俄国航海家主导进行的，它是指从西欧出发，绕过欧洲北端，经北冰洋向东航行到达东方的航路。在探索过程中，英国、荷兰探险家成功开辟了西欧与东北欧之间，特别是英国与俄国之间的贸易新航路，具有十分重要的意义。

关于开辟新航路的诱因，史学界的争论虽然激烈，但主要是一些细枝末节上的不同，总体而言，诱使欧洲人向未知海洋探险的因素，包括经济、政治和宗教三个方面。首先，对黄金、香料及其他东方商品的渴求是欧洲人探寻新航路的直接诱因；其次，民族国家的建立作为重要政治前提，为发现新航路提供了强大动力和后盾；最后，对外传播基督教、打击穆斯林势力是欧洲航海家探索未知海洋的精神动力。在欧洲国家中，伊比利亚半岛上的葡萄牙和西班牙最早具备开辟新航路的条件和动机，因而成为拉开海洋时代大幕的先行者。

新航路的开辟是世界市场的开端、全球化的起点，也是人类海洋文明兴起的标志。当然，欧洲探险家和殖民者在开辟新航路，推动人类各种文明交流的同时，也给被征服地区带来了无尽灾难，一些民族甚至遭到种族灭绝，古老的文明也因此湮没无闻。殖民主义和资本主义的贪婪本性必须予以批判。本书在吸收国内外学者研究成果的基础上，一方面力避晦涩枯燥的历史说教，以明快易读的文笔向读者展示这段历史；另一方面，笔者不揣浅陋，通过深入浅出的论述，表达自己对这段历史的点滴看法，以就教于学界方家和广大读者朋友。

邵政达

2017 年 8 月

第一章　古代世界的航海

水是生命之源，它滋养着土地，孕育着世界万物。在漫长的文明征途中，人类很早就学会了驾驭水。我们的先民，砍伐树木，做成舟船，依靠自然之力驰骋在江河湖海之上。但是，在很长时间里，面对浩瀚无际的大洋，人们却只能"望洋兴叹"。许多勇敢者曾经试图去征服它，但无边无际的恐惧和大洋令人捉摸不透的"脾气"，让他们大多有去无回。然而，人类最终借助于一件珍贵的法宝成功驾驭了海洋，那就是"文明的传承"。一代又一代的先人在与海洋的搏斗中，留下了经验和智慧，从近海到远海，又从远海到大洋，一步一步，人类最终在自己铺设的征服道路上留下了坚实的脚印。

的确，在我们熟知的古代世界，我们的先民已经在从地中海到太平洋的广袤海域里开辟了许多近海航路，为 15 世纪之后人类海洋时代的真正到来奠定了基础。古代航路以近海为中心，交织成三大海洋贸易网：以古希腊—罗马为中心的古代地中海贸易网，以印度—阿拉伯为中心的印度洋贸易网和以中国为中心的古代西太平洋贸易网。

第一节　古代地中海世界的航海

地中海被亚、欧、非三大洲环抱，在人类文明的五大发源地之中，古埃及文明、西亚文明与希腊—罗马文明皆孕育于这片水土之上。当人类文明的曙光初现于西亚、北非之时，富有冒险精神的古代先民就已泛舟地中海之上。在地中海世界的诸多伟大民族中，涌现出了许多航海事业的佼佼者，他们冲出地中海平静的波涛，用木制的龙骨划破大洋的水面，在未知的海域探索航路。

一、扬帆地中海的腓尼基人

无论是灿烂的埃及文明，还是辉煌的巴比伦文明，都属于"大河文明"。然而，公元前3000年末，在今天黎巴嫩和叙利亚一带的地中海东岸崛起了一个由许多城邦组成的"航海民族"——腓尼基。

"腓尼基"，在古希腊语中意为"绛紫色的国度"，这缘于腓尼基出产的独具特色的商品——紫红色布匹。腓尼基诸城邦背靠黎巴嫩山，面朝地中海，没有大河滋养的肥沃土地用来发展农耕。这样的地理环境决定了他们"最大的工作是商业和殖民"①。

商业是腓尼基人最主要的谋生手段。他们驾驶着狭长的木船穿梭于地中海沿岸的各个港口之间，既贩卖自己出产的纺织品和手工艺品，也充当中间商。他们的商品供应商和客户不仅来自地中海各地，还延伸到了地中海以外地区，如他们惯常的贸易是把来自印度的谷物、酒类和纺织品，黑海沿岸的黄金和铁，塞浦路斯的玉米以及希腊的工艺制品贩卖到地中海各个港口。此外，他们还从非洲内地运回象牙和奴隶在地中海市场上转卖。为了方便商业活动，他们在地中海沿岸建立了许多商业据点和殖民地，其中最为著名的是法国的马赛和北非的迦太基。除了活跃于地中海和黑海海域，腓尼基人还穿过了曾被认为是世界尽头的直布罗陀海峡，泛舟大西洋。他们向北到达不列颠群岛从事锡矿贸易，向南活跃于西非海岸，同黑人交易。海上的商业活动使航海成为腓尼基人的"拿手活儿"，也催生了大批优秀的水手。

古希腊历史学家希罗多德（Herodotos，约前484—约前425）记载了一件惊人的事情：腓尼基人早在公元前600年就已经成功环航非洲。这一伟大成就的支持者是埃及法老尼科二世（Necho Ⅱ，约前609—前593年在位）。尼科继承了其先辈发展海外贸易的传统，最早提出了开辟新航路的构想，即绕过非洲南端沟通地中海与印度洋。不过，埃及并没有足够优秀的水手，于是他雇用了一支腓尼基人，由他们组建船

---

① ［美］海斯、穆恩、韦兰：《世界史》，冰心等译，北京：世界图书出版公司，2010年版，第34页。

队沿非洲东海岸南下。根据希罗多德的记载："他派遣腓尼基人乘船出发，命令他们在回航的时候要通过海拉克列斯石柱①，最后进入'北海'（地中海），再回到埃及。"腓尼基船只都是狭长的木舟，无法携带大量粮食，于是"在秋天到来的时候，他们不管航行到利比亚（非洲）的什么地方都要上岸并在那里播种，并在那里一直等到收获的时候，然后，在收割谷物以后，他们再继续航行，而在两年之后到第三年的时候，他们便绕过了海拉克列斯石柱而回到了埃及"②。

除希罗多德的记载以外，没有留下其他直接材料证明这次航行的真实性。不过，有一点是令人信服的，即腓尼基人至少航行到过赤道以南。根据希罗多德的记载，腓尼基水手们说他们向西绕过这个大陆最南端时，他们惊奇地发现中午的太阳出现在他们右边。腓尼基水手的惊讶恰恰验证了事情的真实性，因为这正是赤道以南的人们所经历的现象。虽然希罗多德自己并不相信这件事，但却为我们提供了反证。

腓尼基人的航海事业与殖民扩张是分不开的。约在公元前 2000年，腓尼基人航行到地中海的克里特岛，又以此为跳板，航行到巴尔干半岛南岸，并绕过亚平宁半岛在西西里岛建立了殖民地。此后，他们又进一步在撒丁岛、马耳他岛及科西嘉岛等地建立殖民点。公元前6 世纪前后，由于埃及与古巴比伦两大帝国争霸，夹在中间的腓尼基成为牺牲品。此后，腓尼基先后沦入古埃及、亚述帝国、波斯帝国、亚历山大帝国和罗马帝国手中。不过，作为腓尼基的继承者，迦太基续写了腓尼基人的航海文明。

迦太基位于西地中海北非沿岸，原是腓尼基人开辟的商业殖民据点。在腓尼基衰落后，迦太基立足于西地中海，不断对外扩张，极盛时期的势力范围从北非一直延伸到西班牙、撒丁岛和西西里岛，是希腊和罗马人最强劲的海上对手。

在航海探险事业方面，迦太基也取得不小的成就。希罗多德记载

---

① 指大西洋与地中海的连接处——直布罗陀海峡两岸的石柱。根据古希腊神话传说，海拉克列斯是宙斯与凡人女子所生，力大无穷，他在海峡两岸建立石柱，作为世界尽头的标志。

② ［古希腊］希罗多德：《历史》，王以铸译，第281页。

了一次迦太基人沿非洲西海岸航行的事迹。一位叫撒塔司佩斯的迦太基人，因为犯了重罪而被迫接受一项比"刺刑"更重的惩罚——从地中海绕利比亚(非洲)航行至阿拉伯湾，如能成功，便可将功赎罪。撒塔司佩斯或许知道他的先人从埃及出发环航非洲的事迹，于是他首先前往埃及，从那里得到航船和船员。然后，他带领探险队穿过直布罗陀海峡，驶入大西洋。根据记载，他"绕过了称为索洛埃司(Solois)的利比亚岬之后向南驶行，但是他在大海之上航行了好多个月却一点看不到边际，于是他便转回来返回埃及了"。在撒塔司佩斯的报告中，他声称："路过一个矮人的国家，那里的人们穿着椰子叶的衣服，而每当他和他的人员使船靠岸的时候，这些人就一定离开他们的市邑而逃到山里去。"他没有绕航非洲，他报告给迦太基国王的理由是"船的进路受到阻挠而不能再向前行驶了"[①]。由于没有完成国王交代的任务，这位可怜的航海家最终还是被处以极刑。

另一位著名的迦太基航海家是公元前5世纪中叶探航北大西洋的先驱希米尔科(Himilco)。他的事迹记录在航海笔记当中，但早已失传，幸而古罗马时代几位学者如老普林尼的《自然史》中转述了其中的主要内容。希米尔科的目的是寻找传说中盛产锡矿的卡西特利德岛，这个岛很可能指的就是大不列颠岛。希米尔科带领迦太基探险队通过直布罗陀海峡，沿海岸向北到达今日法国沿岸。此后，他可能向西到达了大不列颠岛，找到了传说中的锡矿产区。他的探险因为看到一种巨大的"海怪"而返航。这种让希尔米科吓破了胆的"海怪"其实是温顺的鲸。不过，对那个时代只在近岸活动的人们来说，对这种地球上体型最大的动物还一无所知。

希米尔科后，另一名迦太基航海家汉诺(Hanno)，约在公元前5世纪末或公元前4世纪初率领一支庞大的殖民船队，前往非洲西海岸执行了一项宏大的殖民计划。汉诺的目的应该是为了转移迦太基过剩的人口，并建立一些迦太基商业驿站。船队由60艘"巨型桨船"组成，

---

① ［古希腊］希罗多德：《历史》，王以铸译，第281～282页。

每艘船上有 50 名水手，共搭载约 3 万名殖民者。他们一路通过直布罗陀海峡，沿非洲海岸向南挺进，每到一处就向岸上留下一群殖民者，让他们建立殖民地。据记载，汉诺航行的最远处是一个巨大海湾，由于储备物资告罄而被迫返航。他们在返航时经过佛得角群岛（Cape Verde Islands），并在这一带的西非海岸登上大陆，然后经陆路回到迦太基。关于流传的《汉诺历险记》，有许多历史学家存疑，这本航海日志的原本毁于战争，现存文本是公元前 2 世纪的一份手抄本摘要。根据历史学家推测，他们应该到达了塞内加尔河和冈比亚河，并且继续向南前进了一段距离，甚至可能到达喀麦隆。

自公元前 3 世纪中叶至公元前 2 世纪中叶，为了争夺西地中海霸权，罗马与迦太基进行了三次"布匿战争"。在第三次战争（前 149—前 146）后，为防止这个对手东山再起，罗马人血洗迦太基城，将所有男女老幼全部杀死，并在城邦废墟上撒上盐，以使这片土地寸草不生。随着迦太基的灭亡，腓尼基文明也湮灭在历史的长河之中。关于腓尼基和迦太基人的历史，我们只能从他们的老对头——古希腊人和古罗马人的历史记载中得到少量的史料。

二、古希腊—罗马的航海发现

希腊人生活的地理环境决定了他们是天生的航海民族，诸多城邦环绕着地中海和黑海沿岸分布，正如柏拉图所说，一座座希腊城邦就像雨后池塘边蹲着的、彼此呼应的青蛙一样。希腊人也是一个爱好探险的商业民族，他们长期穿梭于海上，不仅把商品带到地中海世界各个港口，也把自己的城邦文明传播到那里。

较之地中海世界其他民族，古希腊人对于世界的认知更为科学和全面。向西，他们已经达到大西洋之滨，并在意大利半岛南部、西西里岛、法国南部及西班牙的地中海沿岸建立了许多殖民子邦。向东，他们穿过色雷斯、经过达达尼尔海峡和博斯普鲁斯海峡，环绕黑海开辟了许多殖民地和贸易商站，将黑海纳入了希腊文明范围。在亚历山大东征后，希腊人对于两河流域诸多民族以及印度的了解也大大深化。

向北，他们对于欧洲中部和东欧甚至是"极北"地区都已经有许多了解，如在希罗多德的《历史》中，记载了大量中、北欧民族的生活状况和风俗习惯。向南，他们开始在利比亚、突尼斯建立殖民地，并与埃及建立密切的商业联系。

不过，即便希腊人是那个时代最优秀的航海民族，也不能使他们免于犯下一些今天看来稚嫩的谬误。希腊最著名的旅行家米利都（Miletus）人赫卡泰奥斯（Hecataeus）在遍访地中海世界之后得出了他最著名的观点：世界只有单一的陆地，周围是广阔的海洋，而地中海是它的内湖。即使是博学的"历史学之父"希罗多德对世界的整体感知也是可笑的，他说："对于那些把全世界分割为利比亚、亚细亚和欧罗巴三个部分的人，我是感到奇怪的。因为这三个地方的面积相去悬殊。就长度来说，欧罗巴等于其他两地之和；就宽度来说，在我看来欧罗巴比其他两地更是宽得无法相比。"[①]当然，对于依靠两条腿旅行的古代人来说，这种以自己所处文明为中心的世界观无可厚非。

古希腊最值得一提的航海家是皮提阿斯（Pytheas，约前360—前290）。他在北大西洋的航海探险活动对于丰富地中海世界人们对于中北欧和北部大西洋有着革命性影响。约公元前325年前后，皮提阿斯得到一群马赛利亚（Massilia，今法国马赛）商人的支持，装备了一艘较大的探险船。商人们希望皮提阿斯能找到传说中位于大西洋中的锡岛，以图打破迦太基人对地中海地区锡矿贸易的垄断。皮提阿斯从马赛利亚出发，穿过直布罗陀海峡后转向北方行驶，他沿着伊比利亚半岛海岸一直航行到英吉利海峡，然后成功登上大不列颠岛西南部的康沃尔半岛。这是有记录以来来自地中海文明区的欧洲人，首次登陆这个孤悬海外的大岛，皮提阿斯将岛上的居民称为"不列颠人"（Britons）。之后，他沿着大不列颠岛西海岸航行，从南向北穿过了爱尔兰海。驶出这片海域后，他又探察了苏格兰沿岸的内赫布里底群岛（Inner Hebrides Islands）及奥克尼群岛（Orkney Islands）。此后，他又继续向北

---

① ［古希腊］希罗多德：《历史》，王以铸译，第280~281页。

航行了 6 天，到达一片"冰海"。这是迄此为止，地中海文明区域的航海者有记录到达的最北端。皮提阿斯因此被西方学者称为"第一个极地航海家"。从"冰海"掉转船头后，他再次回到大不列颠岛，沿着东部海岸到达肯特，然后穿过了英吉利海峡。不过他并没有返航，而是又沿着大陆海岸向东北航行，发现了尼德兰、日耳曼西北海岸及附近岛屿，最远到达易北河河口。[①]

关于皮提阿斯传奇性的远航，后世学者对其记述的许多细节提出质疑，但无论如何，这次北大西洋探航的历史性贡献是不容抹杀的。特别值得强调的有两点：其一，皮提阿斯对大不列颠岛的探察是罗马征服以前，欧洲人认识这一地区的主要来源；其二，皮提阿斯把欧洲人的视野扩展到了"极北之地"（the Land of Thule），为 16、17 世纪人们探寻北方航路奠定了基础。

古希腊人完成的另一航海成就与征服者亚历山大大帝有关。亚历山大大帝不仅将东部地中海世界纳入帝国版图，还把触角伸向印度。亚历山大在征服印度西北地区后，命令部队分为海陆两支返回。公元前 327 年，亚历山大最信任的将领之一尼阿卡斯（Ncarchus）率领一支庞大的希腊舰队顺印度河而下，进入印度洋，然后沿着今日阿拉伯湾崎岖的海岸线西航，成为第一批踏波印度洋的欧洲人。他们穿过阿拉伯海，从阿曼湾经霍尔木兹海峡进入波斯湾，然后从底格里斯河入海口溯河而上与亚历山大大帝亲率的陆军会合。一支成建制的大舰队穿越如此漫长的海路行军在世界历史上应属首次，他们在事实上开辟了一条往来于印度和阿拉伯地区的印度洋航路。亚历山大以非正义的征服战争开端，但在不自觉间推动了历史车轮的滚动。

古希腊是西方文明的源头，近代欧洲文明正是从古希腊人那里得到最初的营养，并逐步成长起来的。希腊人的航海文明由罗马人继承并取得更大成就。罗马人崛起于伸入地中海的意大利半岛上，尽管它最初并非一个航海民族，但在罗马帝国将地中海变为内湖后，又持续

---

① ［苏联］约·彼·马吉多维奇：《世界探险史》，屈瑞、云海译，海口：海南出版社，2006年版，第20～21页。

向海外扩张，开辟了新航路。

罗马人在地中海世界之外最著名的海上扩张是对不列颠的征服。虽然希腊人皮提阿斯已经将大不列颠岛介绍给了地中海世界的人们，但这个巨大岛屿依然长期徘徊在文明世界之外。公元前55年至公元前54年，时任高卢总督的尤利乌斯·恺撒(Julius Caesar)两次率领罗马军团横渡英吉利海峡，登陆了孤悬海外的大不列颠岛。身兼历史学家身份的恺撒在其《高卢战记》中对这里的地理环境、居民风俗及自然资源进行了详细描述。一个世纪后，罗马皇帝克劳狄乌斯(Claudius，公元41—54年在位)为了提高自身威望，命令普劳蒂将军(Aulus Plautius)率领四个罗马军团前往征服不列颠。经过持续18年的战争，罗马军队征服了苏格兰以外的整个大不列颠岛。[①] 除了血腥征服，罗马人还给这片域外之地带来了凝聚地中海世界上千年文明精华的罗马文化。不过，令人遗憾的是，当罗马人于公元5世纪撤出不列颠后，这里又恢复了当初的原始风貌。若不是屹立于北方的哈德良长城[②]和遍布各地、野草丛生下依稀可辨的罗马大道，人们很难相信，罗马人竟然在这里统治过三个多世纪。

罗马人的触角还伸向了更北的海域。早在公元前12年，由吉拉夫迪·奈龙·德鲁斯率领的一支罗马探险队顺莱茵河而下，经过埃姆斯河(Ems)河口，到达韦泽尔河(Vezere)，探索了德意志西北部沿海地区和北海，发现了弗里西亚群岛(Frisian Islands)等。[③] 公元4—6年，罗马人在远征北方日耳曼人期间，还曾一度驾船驶出莱茵河，沿大西洋海岸向北探察了日德兰半岛(Jylland)附近海域。后来的罗马商人继续北上，在波罗的海沿岸进行了大范围探险和考察，他们搜集的琥珀成为热销地中海的商品。

大西洋也留下了罗马人的足迹。著名历史学家和地理学家波里比阿(Polybius，约前204—前122)曾于公元前145年率领一支小型探险

---

① Thomas Hodgkin, *The History of England: From the Earliest Time to Rome Times*, London: Longmans, Green and Co., 1920, pp.29-30.

② 哈德良长城(Hadrians Wall)是公元2世纪罗马人在今英格兰北部边界修筑的防御工事，用以抵御苏格兰高地的皮克特人的袭扰，因在罗马皇帝哈德良在位期间(117—138)修建而得名。

③ ［苏联］约·彼·马吉多维奇：《世界探险史》，屈瑞、云海译，第28~29页。

队考察了非洲西部海岸。他们穿过直布罗陀海峡，向南一直到达萨基亚阿姆拉河（Saguia al—Hamra）河口。沿着波里比阿的足迹，罗马人在公元前80年前后，继续向南发现了马德拉群岛（Madeira Islands）和加那利群岛（Canary Islands），这两大群岛成为后世欧洲航海家深入大西洋探险的跳板。他们的发现比伊比利亚人早了一千多年。

随着罗马帝国向东推进，印度洋上也出现了罗马人的帆影。公元前5年，罗马航海家埃里·迦拉从红海沿岸的一个埃及海港启程，到达了阿拉伯半岛的也门地区，率先发现利用印度洋季风从事远洋航行的规律。一些罗马商人还沿着古老的航路到达过东方。根据《后汉书·桓帝纪》记载，公元166年大秦王（罗马皇帝）安敦遣使节从海上来到中国，呈献了象牙、犀牛角等礼物。安敦应指罗马皇帝马可·奥勒留·安敦尼（Marcus Aurelius Antoninus Augustus，161—180年在位）。这个使团很可能是罗马帝国东部地区的一个商人使团，他们奉命来中国进行丝绸贸易。在当时，丝绸是最受罗马上层贵族欢迎的奢侈品，罗马史家笔下的"丝绸之国"即指中国。

公元2世纪中叶，罗马帝国时代最著名的地理学家克劳狄·托勒密（Claudius Ptolemaeus，约90—168）对古代地中海世界的航海成就进行了全面总结，其著作《地理学指南》凝聚了整个地中海世界地理学发展的结晶。托勒密生活在罗马统治下的埃及亚历山大城，拥有罗马公民身份，大多数西方学者认为他是希腊人后裔或希腊化埃及人（Hellenized Egyptian）。[1] 在地图学方面的创造性成就是托勒密最为人称道的贡献之一。首先，他定下了制图学的原则：一是地图要忠于一定比例；二是绘制地图要朝向北。其次，他坚持地球是球体，并发明了投影法（map projection），即将隆起的地表转移至平面上。再次，他还设定了经度和纬度。此外，托勒密还描绘了一幅影响深远的世界地图，并令人惊异地标出了亚洲东部地区，这幅地图成为后世欧洲人海外探险的重要参考，这也使托勒密成为15世纪以后新航路开辟的"实际导师"。

---

① 　V. J. Katz, *A History of Mathematics: An Introduction*, Boston: Addison Wesley, 1998, p. 184.

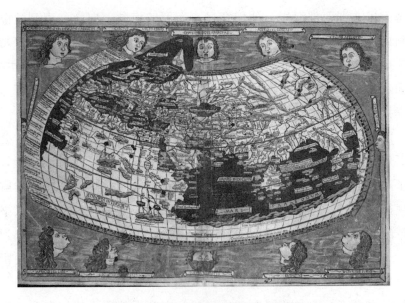

托勒密描绘的世界地图（1482 年出版）

当然，不可否认的是，托勒密的地理学体系及地理概念也存在许多谬误。首先，他构建的天文学体系中，地球位于宇宙的中心，太阳、月亮与其他行星都绕着地球转。这一"地心说"理论长期被欧洲人奉为真理，直到 1543 年哥白尼的《天体运行论》在纽伦堡出版，才对此提出挑战。其次，他错误地估计了非洲大陆的形状和长度，在他的地图上，非洲与南极大陆相连，印度洋是一片内海。此外，他还坚持除欧、亚、非之外只有海洋的观点。但无论如何，公允地说，托勒密的地理学成就是前无古人的，他的谬误虽然不少，但这些对于一个生活在公元 2世纪的人来说，都是完全值得被原谅的。

作为欧洲文明的源头之一，古罗马人通过不断向外扩张将欧洲人的视野从地中海世界向外扩展到大西洋和印度洋，而且也将承继自希腊人的古典文明传播到整个地中海世界及许多新地区。罗马治下的商人和航海家们驰骋在帝国内外的江河湖海之上，从事商业贸易和海外探险。他们在将古老的海上通道连接起来的同时，也开辟了许多新的古代航路，这些都成为后世欧洲人开辟新航路的基础。

第二节　印度洋与西太平洋的航海

在古代世界历史长河中，欧洲人眼中的东方代表着先进与富足，而在航海探险方面，东方人也长期走在西方人前面。以古希腊和古罗马为代表的欧洲民族主导了古代地中海世界的航海，而更为广阔的印度洋和西太平洋上驰骋的则是古代阿拉伯人和中国人的船帆。

一、纵横印度洋的阿拉伯人

伊斯兰教的创立赋予阿拉伯人对外扩张的强大动力。他们于公元7世纪上半叶完成了阿拉伯半岛的统一，随后开始向全世界进行第一波大规模的扩张。其中一路阿拉伯人向西，征服了叙利亚和巴勒斯坦，又穿过西奈半岛的狭窄通道进入北非，又向西直到大西洋沿岸。8世纪初，他们又渡过直布罗陀海峡，凯歌高奏征服了伊比利亚半岛的大部分地区。另一路阿拉伯人向东挺进，征服了伊朗高原和中亚地区，后来又东行越过帕米尔高原，进入中国西北地区。向北，他们征服美索不达米亚、亚美尼亚高原和高加索的部分地区。在军事征服取得进展后，不知辛劳的阿拉伯人又放下弯刀，赶起骆驼队或驾驶小船前往世界各地，从事商业贸易。从北非到中亚、从印度到东南亚、中国，到处是阿拉伯商人忙碌的身影。

在商业利益的推动下，往来于印度洋东西两岸的阿拉伯人编织了印度洋海上贸易网。他们的主要航路为：从波斯湾或红海海滨的港口出发，利用西部印度洋的季风横渡阿拉伯海，在印度马拉巴尔海岸和锡兰岛补给后，穿过印度洋与太平洋的咽喉——马六甲海峡，然后将东南亚的香料，中国的丝绸、瓷器等经印度次大陆各港口，转运至波斯湾、红海海滨以及东非各港口。在葡萄牙人闯入印度洋之前，"印度洋是个自在的、独立的、几乎自给自足的世界"[①]。

---

① ［法］费尔南·布罗代尔：《菲利普二世时代的地中海和地中海世界》第1卷，唐家龙、曾培耿译，北京：商务印书馆，1996年版，第264页。

横跨印度洋东西的这张海上贸易网沟通了古老的西太平洋半环贸易网和地中海贸易网。来自远东地区的丝绸、瓷器、香料与来自西方的纺织品和金银经由阿拉伯商人的印度洋贸易网进行转运。在远东地区，阿拉伯人穿越马六甲海峡，直航到苏门答腊，以此为中转站，他们向东航行到中国，向西到达马鲁古群岛（香料群岛）。在西边，他们从波斯湾、红海或东非的港口登陆，穿越阿拉伯半岛、叙利亚和埃及的古老商路，将来自印度和远东的商品运往地中海或黑海沿岸，换取欧洲人的金银与纺织品。可以说，在新航路开辟之前，阿拉伯商人是沟通东西方之间的桥梁和纽带。

"四海为家"的阿拉伯商人还发展出一流的造船工艺和航海技术。造船工艺方面，阿拉伯航船多为三角帆船，有独桅和双桅两种。船体通常呈尖形，利于冲风破浪；横梁较宽，吃水较浅，适于装载货物，这种船的航速很快，还可以在逆风的情况下曲折前进。先进的船只为阿拉伯人的远洋探险与商业活动做出巨大贡献。航海技术方面，在中国的指南针广泛应用于航海之前，阿拉伯人已经拥有一套通过观测星辰来指导远洋航行的技术。至13、14世纪，阿拉伯船只上除了配备指南针外，还装备了量海测岸、标注方位的等高仪，测定星体高度的量角仪以及水陀等仪器。此外，阿拉伯水手还持有标明水深、风向的完备海图，这些都是阿拉伯航海家通过多年航海积累下来的杰作。

爱好航海的阿拉伯民族诞生了许多优秀的航海旅行家，其中最著名的当属伊本·巴图塔（Ibn Battuta）。他遍览整个阿拉伯世界，还游历了伊斯兰势力范围外的许多地区，可以说是有记载的古代世界见闻最广的人。1325年，21岁的伊本·巴图塔离开位于北非的家乡丹吉尔（Tangier），前往突尼斯。在那里，他加入去麦加①（Mecca）朝圣的商旅队，开始了长达25年的漫长旅行。次年，他来到埃及亚历山大城，并逆尼罗河而上，到达了第一瀑布。此后，他前往麦加朝圣。完成了朝圣后，他漫游了北非、中东、东非、小亚细亚、君士坦丁堡、克里

---

① 麦加位于红海东岸，今沙特阿拉伯境内。

米亚、印度、斯里兰卡及马尔代夫，还曾到过中国。之后，他又从东到西横跨非洲，穿越了撒哈拉大沙漠，并渡过直布罗陀海峡游历了阿拉伯在西班牙最后的属地格拉纳达（Granada）。伊本·巴图塔的旅行全程超过12万千米。在印度洋、地中海、黑海、东南亚等海域都留下了足迹。他依靠回忆记述了自己的游记，包括他所旅行地区的地理、历史、风土人情以及人种学的各种资料，对于研究这些地区中世纪的历史有极高的史料价值。[①]

客观地讲，西罗马帝国灭亡后，在中世纪漫长的千年时间里，欧洲人过多地沉湎于基督教的精神藩篱中无法自拔，将古代希腊与罗马的航海成就弃置了，而阿拉伯人无疑是这一时期最为活跃的航海民族。他们在印度洋上纵横驰骋，编织了繁忙的印度洋海上贸易网。同时，他们还穿过马六甲海峡，进入了太平洋海域，掌握了印度洋和东南亚海域的季风、潮汐等规律，开辟了许多极具价值的远洋航路。阿拉伯人的航海成果为15、16世纪欧洲人开辟新航路做出了关键性贡献。

二、中国的海上丝绸之路

在古代世界航海史上，中国人当然没有缺席。中国人的远洋航海起步很早，据《汉书·地理志》记载，汉武帝曾遣使节往南海，到访过东南亚和南亚的许多地区，包括今印度尼西亚、缅甸、新加坡、印度和斯里兰卡等地。不过由于中华民族传统的大陆情结，历朝历代的主要精力仍旧主要是陆上交通。西汉时期，张骞出使西域，为丝绸之路的开辟奠定了基础，这条陆上通道一直从中国通往罗马，几乎横跨亚欧大陆。在古代世界人类孤立发展的大背景下，这条穿越戈壁、沙漠的古代陆上丝绸之路是沟通东西方商业、文化的重要纽带。[②]

然而，伴随着周期性的北方游牧民族的南迁及其与南方农业民族的不断交战，陆上丝绸之路并非是一直安全的。一旦中原王朝朝代更迭，天下大乱，这条通道便成为游牧部落、土匪强盗、沙漠响马发财

---

① ［苏联］约·彼·马吉多维奇：《世界探险史》，屈瑞、云海译，第60页。
② 值得一提的是，公元97年，甘英作为大汉使节曾到达过美索不达米亚。

致富的重要场所。而在这样的时代，赶着"沙漠之舟"，不远万里采购中国丝绸和瓷器的商人们即使能够幸运地躲过大漠狂沙，也极可能成为盗匪的刀下游魂。随着人类文明的发展，无论是东方还是西方，对于文明交流与商业往来的需求愈益迫切。于是，勇于探索的古代先民开始把目光瞄向环绕大陆的浩瀚海洋。那里，有商人和冒险家们新的希望。

造船技术的日益进步拉近了人类与海洋的关系。生活在沿海的人们逐渐熟悉了环绕大陆的蓝色大海，摸清了它时而平静、时而狂暴背后的规律，在此基础上，一条海上"丝绸之路"应运而生。这条海上商路的起点是中国的东南沿海。秦汉时期，海上丝绸之路向南到达东南亚诸国，或从南海入印度洋到达印度和波斯等地，向北通朝鲜和日本。根据《汉书·地理志》的记载，武帝年间，两广沿海一带居民经常"入海市明珠、璧琉璃、奇石异物"。东汉临海太守杨孚在其《异物志》中对当时南海的状况多有描述，其中记载："涨海崎头，水浅而多磁石，徼外大舟，锢以铁叶，值之多拔。""涨海崎头"成为世界上最早对南海岛群的命名。晋代张勃所著《吴录》中有多处记载中国商人、渔民在南海的商、渔活动，如其中记载"交州涨海中有珊瑚，以铁网取之"。唐代段成式《酉阳杂俎》还记载中国人在西沙、南沙岛礁上从事渔业活动的记录。

隋唐盛世之年，海上丝绸之路更加活跃。时值中华帝国空前开放，来自日本、朝鲜、南洋的商旅、贡使来中国朝贡或贸易者络绎不绝。中国大量进口香料、象牙等商品的同时，将大量的丝绸、瓷器、漆器等远销东亚、东南亚、印度洋沿岸各地。这一时期海上丝绸之路的起点主要是泉州和广州，从这两地出发的船只运载着大量的中国商品往来于东南亚、印度次大陆和中东地区。

宋代是海上丝绸之路最为繁盛的时代。泉州成为与埃及的亚历山大港并称的"世界第一大港"，还被联合国教科文组织定为海上丝绸之路的起点。当时海上丝路的繁盛，我们可以从著名的"南海Ⅰ号"沉船的考古发掘一窥大概。

2007年12月22日，这艘在海底沉睡了800多年的宋代沉船被整体打捞出水。该船也是目前世界上发现的年代最久远、船体最庞大、保存最完整的古代沉船。古船船头为尖状，长约 30 米，宽近 10 米，船身高 4 米，排水量达 600 吨，载重近 800 吨。根据考古学家的推测，该船应是从泉州港出发，在至广东阳江海域时沉没。

古船上载有大量珍贵的文物，总数超过 8 万件。根据考古发掘，该船所载最多的商品为瓷器，它们汇集了宋代最著名瓷窑的精品。此外，船上还载有具有浓郁阿拉伯风情的酒壶和瓷碗，让人不禁惊叹：莫非这些还是"定制商品"？除了瓷器，船上还有许多金器。其中，最引人注目的是一条鎏金腰带，长达 1.7 米。与金腰带同时出水的还有金手镯，它的金环比拇指还粗。更令人惊异的是，沉船的地方还发现了上万枚铜钱，其中最古老的是汉代的五铢钱，最晚的则是宋高宗时期的绍兴元宝。如此跨年代的铜钱其作用何在，值得深思。

进入元代以后，海上丝绸之路萎缩了。到西方开始在海上崛起的明代，海禁频繁，海上贸易几近中断。明洪武年间，明廷撤销了泉州、明州、广州三个市舶司，此后，明廷又先后四次下达禁海令，严令"寸板不许下海"①，并制定了严酷的惩罚办法。根据《大明律》，对于擅造大船、携带违禁货物下海买卖者处以"枭首示众，全家发边卫充军"的刑罚。明代的禁海令直到明穆宗隆庆元年才解除，而这两百年里，远在亚欧大陆最西端的欧洲人却在开辟新航路的道路上取得了决定性进展，葡萄牙的船队已经停泊在大明帝国的家门口了。

第三节　维京人的航海传奇

维京人（Vikings）包括挪威人、瑞典人和丹麦人，他们生活在寒冷多山的北欧地区，可能是不算肥沃的土地无法承担增长过快的人口，他们开始觊觎南方的富庶与温暖的气候。自公元 8 世纪起，大批维京人南下，成为欧洲人的梦魇。维京人的船只体型修长，船腹宽阔，吃

---

① 《明史·朱纨传》。

水浅，可以从海入河，并溯河而上深入内陆。最著名的一种维京船是"龙船"，它有一根桅杆和一张帆，有 80 个划桨手分布在船的两翼。维京人划着龙船从大西洋沿岸直接逆水行舟进入欧洲各条河流。由于龙船极为轻便快速，他们会突然出现在两岸平静的村庄，烧杀抢掠，将能带走的财富席卷一空，把带不走的一把火烧掉。除了航海与劫掠，勇武善战的维京人也在欧洲许多地区建立了稳固的领地，如诺曼底公国和卡纽特帝国。可以说，维京人以一种罪恶的方式改写着欧洲的历史，并使北欧人的血液融入了欧洲文明的血脉。

除了在欧洲的劫掠与殖民，维京人还取得了许多航海成就。他们在大航海时代到来之前就对北大西洋进行了广泛的探航，取得了重要的地理发现。他们比西欧人早数百年开辟了从欧洲到冰岛、格陵兰和北美的航路。

一、冰岛与格陵兰的发现

冰岛的发现者是一位叫纳多德（Naddod）的维京人。他于 867 年在从挪威到法罗群岛（The Faroes）的途中，遭遇了风暴。他的小船随风漂流，意外地来到一块陌生的土地。他看到山顶上有积雪，于是将此地命名为"雪地"（Snowland）。纳多德回国后将他的发现公之于众。

2 年后，另一位维京人加达尔（Gardar Svarson）循着纳多德的航路前去寻找"雪地"，他成功地在东部的一处海角看到了该地。他沿着海岸环航，并进行了细致考察。他发现这是一个巨大的岛屿。据说他还在西南海岸的某个地方发现了爱尔兰传教士在这里留下的手杖和书。如果加达尔的说法属实，那么冰岛的最早发现要归属于爱尔兰修道士们的名下。根据传说，约 565—573 年左右（一说 8 世纪初），爱尔兰修道士圣布伦丹（St. Brendan）带领十几名追随者去大海深处寻找天国，曾经到达过北方一处陆地。加达尔回到挪威后，声称这里拥有肥沃的土地、茂密的森林以及丰富的渔猎资源。此后，人们改称这里为"加达尔绍姆"（Gardarsholm），以纪念加达尔的发现。

在加达尔的鼓动下，一位叫作弗洛基（Floki Vilgerdarson）的冒险家带领一队探险者前往殖民。他在岛的东南一处峡湾登陆后，确实看到了加达尔所描绘的富庶土地，于是，他和同伴们留下来过冬，准备扎根于此。但是冬天很快到来了，青翠的草木很快枯萎，茫茫大雪覆盖了地面，海湾也结冰封冻，甚至连他们带来的牲畜也无法忍受酷寒大量死去。于是弗洛基不得不放弃殖民，他们在离开时给这里取名为"冰岛"(Iceland)。[①]

冰岛的殖民成功是由英科尔夫·阿纳松(Ingolf Arnarson)和他的堂兄弟莱弗(Sword Leif)完成的。约871年，两人因犯有杀人罪被放逐，所判的刑罚是要在"冰岛"度过三个冬天。两个亡命之徒在前往冰岛的路上，在爱尔兰海岸劫掠了一批奴隶。他们与这些奴隶一起成为冰岛上首批成功的殖民者。877年，英科尔夫在西部一处不冻湾里建立了一个殖民点，这里即是后来冰岛的首都——雷克雅未克(Reykja-vik)。[②]

世界上最大的岛屿——格陵兰岛的发现者也是维京人。格陵兰岛大部分位于北极圈以内，在维京人到来之前，这里居住着世界上最耐寒的人种——爱斯基摩人(今称因纽特人)。脾气暴烈的维京人"红毛埃里克"(Eric the Red)是发现这个巨大岛屿的第一人。

与英科尔夫等人一样，埃里克也因谋杀罪被驱逐出挪威，约982年，他与父亲一起来到冰岛。然而，他那惹麻烦的脾气又使他很快被冰岛当局驱逐。他不得不再次亡命天涯。他听说向西还有陆地，于是他准备拿性命搏一回。埃里克非常幸运地找到了这片传说中的土地，虽然很难说他是第一个到达这里的人，但他无疑是将这个世界最大岛屿展示给世界的第一人。他在这片陆地上考察了三年之久，然后带着这个令人振奋的消息回到了冰岛。此时冰岛殖民者的人数已有数万人之多[③]，正急于寻找新的殖民地。埃里克为了使自己的发现更有吸引

---

① F. D. Logan, *The Vikings in History*, London & New York: Hutchinson & Co., 1991, pp. 63-64.

② ［苏联］约·彼·马吉多维奇：《世界探险史》，屈瑞、云海译，第46～47页。

③ 930年左右，冰岛已有约2.5万人。参见［苏联］约·彼·马吉多维奇：《世界探险史》，屈瑞、云海译，第47页。

力，给这片 5/6 都被冰雪覆盖的土地取名"格陵兰"（Greenland），即"绿色的土地"。985 年，埃里克带领大批殖民者乘船来到格陵兰南端定居，成为来到格陵兰的第一批欧洲殖民者。

二、维京人发现北美大陆

在缺乏文字记载的古代，人们口耳相传的故事承载着丰富的历史。关于维京人最早发现北美大陆的传说，似乎是值得相信的。总体上，维京人关于北美发现的传奇分为三个阶段：发现—探险—尝试殖民。[①]

986 年，一位叫比亚尼（Bjarni Herjolfsson）的维京商人前往格陵兰岛看望移居那里的父亲。又是一次意外带来了伟大的发现，这次意外缘自海上的大雾和强劲的北风。他在距格陵兰岛不远的地方迷失了航向，于是他只能随风漂流。不知过了多久，大雾消散了，他看到一座陌生的岛屿，上面布满了"茂密的森林和低矮的山丘"[②]。这位谨小慎微的商人并没有登陆，而是掉转船头往北，一路上他又发现了两处陆地，最终回到了格陵兰。

数年后，红毛埃里克的儿子，遗传了其父亲"大胆"性格的莱弗·埃里克森（Leif Eriksson）买下了比亚尼的船。1000 年左右，他的探险队从格陵兰岛东南海岸的定居点出发，沿着格陵兰南部海岸来到西海岸，然后径直西行，首先到达一片冰雪覆盖的荒凉之地，这可能是巴芬岛（Baffin Island）。莱弗将之命名为（Helluland），意为"石板之地"。探险队转而向南，可能到达了拉布拉多半岛，莱弗把那片土地命名为马克兰（Markland），意为"布满森林的土地"。又航行了 2 天，莱弗再次看到一片陆地，他们来到陆地北部的一个岛上进行了考察。此后，他驾船向西航行发现了一条大河。他们从未见过如此宽阔的大河，两岸郁郁葱葱、气候宜人，莱弗将其命名为"文兰"（Vinland），"意为美

---

① F. D. Logan, *The Vikings in History*, London & New York: Hutchinson & Co., 1991, p.86.

② F. D. Logan, *The Vikings in History*, London & New York: Hutchinson & Co., 1991, p.88.

酒之地"。[①] 莱弗在此地过了冬,次年夏天返回格陵兰。

根据维京人的传说,莱弗的兄弟托瓦尔德(Thorvald)同父异母的妹妹弗莱狄(Freydis)以及一位叫索尔芬·卡尔塞弗尼(Thorfinn Karlsefni)[②]的商人都先后组织过在北美东海岸的殖民活动。不过,由于殖民者内部的矛盾及其与北美土著居民的冲突使这些殖民都没有取得实质性的成功。

维京人这个以海盗著称的古代民族,从北欧到冰岛,从冰岛到了格陵兰,又从这里到达美洲大陆。这一系列航海事迹,特别是在北美的探险与殖民,虽然没有文字可考,但根据后世的考古发现,都是应当肯定的。考古学家在纽芬兰和北美大陆沿岸都发现了维京人建筑的遗迹,在巴芬岛等地还发现了维京人留下来的物品。[③]

值得一提的是,关于谁最先到达美洲的猜想有许多,一些学者通过一些史料及比照美洲文明与其他文明的异同,提出过阿拉伯人、黑人、日本人,还包括中国人最早发现美洲的假说。[④] 不过,必须清楚的是,虽然维京人或是其他外来民族在哥伦布之前就已到达了美洲,但都没有对美洲的历史发展产生实质的影响。一方面,在中美和南美创造出的"古代美洲文明只能是土生土长的印第安人长期辛勤劳动的独立创造物,绝不可能是外来的"[⑤]。另一方面,直到哥伦布的到来,欧洲文明才真正传入美洲,也正是从哥伦布开始,美洲土著文明开始受到侵略,直至遭遇灭顶之灾。

---

① F. D. Logan, *The Vikings in History*, London & New York: Hutchinson & Co., 1991, p. 89.

② 莱弗的另一个兄弟托尔斯坦(Thorstein)的遗孀改嫁给了这位商人,从而使其知道了埃里克家族的秘密。

③ [美]纳撒尼尔·哈里斯:《早期的探险家》,济南:山东画报出版社,2002年版,第58~60页。

④ 关于中国人最早发现美洲并对美洲文明的发展产生重要影响的假说引起过许多争论,我国著名历史学家罗荣渠先生对此持否定态度。参见罗荣渠:《论所谓中国人发现美洲的问题》、《扶桑国猜想与美洲的发现》,载罗荣渠:《美洲史论》,北京:商务印书馆,2009年版。

⑤ 罗荣渠:《美洲史论》,第74页。

第二章　1453 年前后的世界

　　1453 年（明景泰四年），从东亚到西亚，从东欧到西欧，古老的旧世界正经历着剧变。这一年，使明帝国尝尽苦头的蒙古瓦剌太师也先自立为汗，标志着北方游牧民族的再度崛起以及中原帝国从进取向保守的转变；这一年，东罗马帝国首都君士坦丁堡被奥斯曼土耳其人攻陷，这座千年帝都的陷落标志着欧洲人失去了东方的门户和屏障，传统的东西方商路也完全中断，欧洲人陷入空前的孤立；同样也是这一年，英法"百年战争"正式结束，法国收复国土，英国退居不列颠，两个王国都站在了民族国家的起跑线上。种种迹象表明，一个新时代正在东西方的大变局中徐徐拉开帷幕。

第一节　东方大变局

　　明帝国的衰落与奥斯曼帝国的崛起无疑从根本上改变了 15 世纪东方的地缘政治格局。中国北方游牧民族再度南侵，使这个东方的古老帝国不仅在版图上，而且在民族心理上走向保守。奥斯曼帝国的崛起则标志着伊斯兰扩张的又一波高潮，决定性地改变了西亚、北非乃至东欧的历史发展道路。

一、中华舰队的"归隐"

　　1433 年（明宣德八年），62 岁的郑和率领他的庞大船队来到了印度的卡利卡特（Calicut，中国古籍称"古里"）。此时的他由于长年的海上奔走积劳成疾，印度洋的潮湿海风加重了他的病情。他最终没能回到祖国，病死在这座达·伽马到达东方最先踏足的印度城市。巧合的是，在遥远的伊比利亚半岛上，传奇的葡萄牙国王若奥一世（João I，1385—1433 年在位）亦于同年病逝。两人的去世有着完全不同的历史意义。郑和的死标志着纵横大洋的中华舰队开始退出海洋舞台，而葡萄牙国王若奥一世死后却给葡萄牙留下一个稳定的国家，一个蓄势待发向外扩张的民族。次年，葡萄牙人吉尔·艾阿尼斯（Gil Eanes）穿过了曾被认为不可穿越的西非博哈多尔角（Cape Bojador）附近海域，使葡萄牙人的航海事业向前迈出一大步。

明朝船队的七次远航，在世界航海史上无疑是浓墨重彩的一笔，它是中国数千年航海事业成就的一次巡展，也是在海洋舞台上最后一次精彩的亮相。几百年后，当我们开始回顾这段光辉历史的时候，难以抑制地扼腕叹息。这种荣光，突如其来却又转瞬即逝，以至于我们还没来得及感受这份荣耀，它就已经湮没于历史的长河之中，只剩案牍上几片泛黄的纸页。

无论如何，我们仍有必要细细地品读这段短暂的辉煌。时光追溯到 1371 年，即明太祖洪武四年，远在西南方的云南昆阳还游离于明帝国的版图之外，一个普通的回族家庭在这一年产下一名男婴。这名男婴姓马，小字三保。小男孩 11 岁的时候，明太祖朱元璋的军队进占云南。小男孩被明军抓走，带到了都城南京。他被迫进宫做了太监，后来又进入燕王府，跟随太祖皇帝 26 个儿子中的老四朱棣做了家奴。谁也不会想到，他将引领明帝国完成一件前无古人的航海壮举，抒写下中华文明史精彩的一页。

1398 年，朱元璋驾崩，皇太孙朱允炆即位。第二年，他的叔叔燕王朱棣就以"清君侧"为名起兵"靖难"，这即是历史上著名的"靖难之役"。马三保因谋略过人、有胆有识而得到朱棣信任，并随军出征。随后，他在今郑州一带为朱棣立下战功。从太监堆里脱颖而出的马三保从此步上历史舞台。永乐二年（1404）做了皇帝的朱棣亲赐他姓"郑"，任内官监太监，成为众多太监中仅次于司礼监太监的宫内显职。

在初步巩固统治后，根据《天妃灵应之记》碑文载，永乐三年（1405），朱棣交给郑和一项重大任务，即由他"统率官校旗军数万人，

乘巨舶百余艘……奉使出洋"，以"宣德化而柔远人"。六月，郑和船队
从苏州刘家港出发，船队共计 62 艘，载员 27000 多人。船队首先到达
位于今越南南部的占城，又先后到达爪哇、暹罗（今泰国）、满剌加（马
六甲）、苏门答剌及波斯湾的忽鲁谟斯岛等地。永乐五年(1407)九月返
回南京。次年(1408)，郑和再次率船队远航，到达了印度次大陆西部
海岸的古里（卡利卡特）、柯枝（柯钦）、锡兰（斯里兰卡）等地。①

复原的郑和宝船

至宣德五年(1430)，郑和共计七次远航，所到之处遍布东南亚和
印度洋海岸各处，最远处包括红海海滨的亚丁、伊斯兰教圣地麦加以
及非洲东海岸的卜剌哇（今索马里的布腊瓦）、竹步（位于赤道以南的索
马里朱巴河口一带）、麻林（肯尼亚的马林迪）等地。明代中国这种持续
多次的大规模远洋航海在世界历史上实属首次。

对于郑和七下西洋的原因及意义，历来为学界争论的焦点。就当
时的影响来看，这次有组织、大规模的政府行动确实宣扬了明帝国的
国威，实现了明成祖想要实现的"万国来朝"的目标。根据《明史·古里

---

① 《明史·郑和传》。

传》记载，郑和下西洋宣扬国威后，"诸番使臣充斥于庭"。仅永乐二十一年，各国来中国使臣就达 1200 人。

郑和的远航还促进了东南亚和印度洋诸国与中国的贸易与文化交流。郑和船队载着瓷器、丝绸、麝香、铁器和金属货币等，用以同诸国贸易。满刺加（马六甲）是郑和远航的中间站，船队在此补给休整，这里还设立了明政府的"官厂"。郑和的一位部下巩珍在其所著《西洋番国志》中记载："中国下西洋舡以此为外府，立摆栅墙垣，设四门更鼓楼。内又立重城，盖造仓库完备。"中国人在马六甲建立据点，比葡萄牙人早了一个世纪。这也是中国政府在海外建立据点的一次特例。

为什么明帝国的这支庞大船队没有对所到之处进行殖民和征服呢？或许我们能从明太祖朱元璋留下的训诫中看出究竟。在《皇明祖训·箴戒篇》中，他告诫子孙："四方诸夷，皆限山隔海，僻在一隅，得其地不足以供给，得其民不足以使令"，他还将朝鲜、日本、安南、真腊、暹罗、占城、苏门答刺、爪哇等国列为不征国。

明成祖朱棣

郑和下西洋如同昙花一现，很快，庞大的中华舰队就从印度洋和西太平洋上消失了。史家黄仁宇认为其原因在于：明成祖时期对外扩张的作为"已超过他可以支付的能力，他的帝国接受了极度的负担，已近乎破裂点，他的继承人必须全面地紧缩，才能避免朝代之沦亡"。[①]此后的明王朝在海洋方面开始转向保守，一直到 19 世纪的数百年间，中国几无海军可言，更遑论远航异域了。中华舰队的归隐宣告一个属于东方的海洋时代结束了，历史的交接棒转交给了蓄势待发的欧洲人。

二、大明帝国的危机

景泰四年(1453 年)十月，瓦剌太师也先杀死傀儡大汗脱脱不花[②]，自立为可汗，并遣使致书明廷，自称"大元田盛大可汗"。国书称："往者元朝受天命成为夷夏之主，今我已得其位，拥有国土和人民，并得传国玉玺，敬请遣使修好。"迫于蒙古部再度崛起后的锐利兵锋，明景帝诏命廷臣商议后宣布承认也先为"瓦剌可汗"。

此前 4 年(明正统十四年七月)，已经统一蒙古诸部的瓦剌军队在也先的率领下分四路大举进攻明帝国。明英宗朱祁镇受太监王振蛊惑，以天子之躯亲临战场，实际指挥权操控于王振之手。这位教书匠出身、挥刀自宫的王公公只会玩宫廷里的钩心斗角，而对领兵打仗一无所知，从而导致这次战争的失败。

明军共计 20 余万，号称 50 万，文武百官随驾出行，浩浩荡荡出居庸关，一时间，也可谓气势恢宏，大有破竹之势。明军行至大同，王振听说前方战败，惊惶失措，下令大军撤退。大军回还途中，这位王公公竟然临时改变行军路线，企图让明英宗驾幸其家乡蔚州，以显示威风。英宗从其言。但是，大军甫一转行，王公公又突然转念，害怕军队所过之处，毁损他的田园庄稼，遂又号令全军再度变更行军路线。这一翻折腾，大大拖延了明军的撤军速度。蒙古军队一路追击过来，与断后的数万明军骑兵在宣府遭遇。数万明朝骑兵不多时即被屠

---

① 黄仁宇：《中国大历史》，北京：生活·读书·新知三联书店，1997 年版，第 187 页。
② 元益宗次子之孙，1433 年被瓦剌部领袖脱欢迎立为大汗。脱欢重新统一蒙古后，脱脱不花成为蒙古大汗，但他不过是脱欢与也先父子的傀儡。

戮殆尽。明军主力退到土木堡，被随后赶来的蒙古军队包围。由于明军人数众多，蒙古军队一时无法突破。2 日后，蒙古军队诈和退围，佯装离去。王振不明就里，立即下令移营就水。人渴马饥的明军一哄奔向河边，一片混乱。蒙古军队趁机再度聚围。根据参与此战的李贤在《顺天日录》中的记载，阵脚大乱的明军"俱解甲去衣以待死，或奔营中，积叠如山"。英宗盘腿而坐于阵中，没有割发断袍逃跑，还算表现出一些帝王气概。罪魁祸首的王振被护卫将军樊忠锤杀，樊忠最终也战死沙场。此役，20 余万明帝国的精锐之师死伤过半，而根据刘定之《否泰录》记载，此役包围明军的蒙古军队"众仅二万"。这番战绩，不禁令人唏嘘。

土木之变使明朝面临开国以来最严重的危机。皇帝被俘、大军战败、军心丧失，这与公元 1127 年的"靖康之耻"①极为相似，仿佛历史重演。土木之变后，因为明军精锐尽失，北京城防守空虚，瓦剌军队准备继续南侵，进攻北京城。在此帝国存亡之际，幸得出了一位力挽狂澜的人物——于谦。他力主死守北京，与廷臣联合奏请皇太后立英宗之弟郕王朱祁钰即皇帝位，是为景帝。

同年十月一日，瓦剌军以送英宗(时已为太上皇)还朝为名，攻陷白羊口、居庸关等重镇，进围北京城。在一片南迁之声中，于谦力排众议，坚持固守京师，得到景帝信任。于谦调兵遣将，加强城防，又亲率大军 22 万列于九门之外。瓦剌军队杀到后，于谦先使骑兵诱敌深入，然后尽出伏兵，最终成功地将也先兵马击溃，解除了帝国的危机，这就是著名的北京保卫战。也先被击败后，遣使与明朝议和，送还英宗归朝。②

蒙古人的再度南下使明朝在经济和军事上都遭到了空前的打击，在政治上也经历了严重的危机，它标志着明朝从开放自信到保守自矜的转折。自此以后，明帝国开始重复历代中原王朝的循环老路，就像到了更年期的人一样，这个曾经生气勃勃的王朝开始变得死气

① 靖康二年(1127)，金军破汴京，俘宋徽宗、宋钦宗北上，北宋灭亡。
② 景泰八年(1457)，在大将石亨等人的帮助下，英宗发动夺门之变复位，改元天顺。

沉沉，失去了进取之心，烜赫一时的中华舰队渐渐在江风海水中腐朽。

三、君士坦丁堡的陷落

1453 年，君士坦丁堡陷于奥斯曼帝国之手。它的陷落对世界历史产生的影响是革命性的，昔日傲然屹立的拜占庭帝国（东罗马帝国）就此烟消云散。^① 拜占庭帝国是基督教世界的东部屏障，千百年来一直为欧洲充当着穆斯林扩张大潮中的盾牌。它的覆灭使欧洲人直接面对来自穆斯林的威胁。

在 5—11 世纪之间，拜占庭帝国创造了空前的辉煌，与之相比，欧洲显得原始落后，在国际舞台上也无足轻重。但是，在随后的几个世纪中，拜占庭帝国却一直未能突破光辉历史对它的束缚，开始变得陈腐守旧，跟不上时代。^② 13 世纪初，罗马教皇发动的第四次十字军东征又给这个帝国带来致命一击。同是"上帝子民"的西欧人攻陷了君士坦丁堡，洗劫了这座千年帝都。这次入侵及此后建立的拉丁帝国"彻底摧毁了拜占庭统一帝国的物质基础和社会基础"^③。

13 世纪中后叶，拜占庭虽然完成了复国运动，收复了君士坦丁堡，但是过了"更年期"的帝国并没有完成自身的蜕变。相反，贵族弄权、王族内讧、将领篡权、下层起义，一场接一场的宫廷阴谋、血腥政变与残酷内战彻底把这个大帝国拖垮了。最终，逐渐崛起的奥斯曼土耳其人成为这个衰朽帝国的掘墓人。

---

① 东罗马帝国灭亡后，莫斯科大公伊凡三世（Иван Ⅲ Васильевич，1440—1505）娶了末代皇帝君士坦丁十一世（1449—1453 年在位）的侄女，以罗马帝国正统继承者自居，号称"第三罗马"。俄罗斯的双头鹰徽记就是继承自拜占庭帝国的王室徽章。

② ［美］斯塔夫里阿诺斯：《全球通史》上册，董书慧等译，北京：北京大学出版社，2005年版，第 250 页。

③ 陈志强：《拜占庭帝国史》，北京：商务印书馆，2003 年版，第 302 页。

奥斯曼土耳其人原居于中亚阿姆河流域，13 世纪蒙古人西侵，奥斯曼土耳其人被迫西迁，依附于塞尔柱突厥人建立的罗姆苏丹国。13 世纪末 14 世纪初，杰出的首领奥斯曼宣布独立，建立了奥斯曼土耳其国家。此后，奥斯曼土耳其人不断扩张，不仅吞并了罗姆苏丹国，而且不断蚕食拜占庭帝国的土地。至 1453 年以前，小亚细亚及包括希腊在内的巴尔干半岛或被奥斯曼土耳其人直接统治，或向苏丹称臣纳贡，此时的拜占庭帝国也已向奥斯曼土耳其苏丹称臣。可以说，奥斯曼土耳其人已经完成了灭亡拜占庭帝国的一切准备。

奥斯曼帝国苏丹穆罕默德二世（1444—1446 年、1451—1481 年在位）

但是，拜占庭帝国依靠君士坦丁堡顽强屹立。这座千年帝都是君士坦丁大帝选址督建的，它北临金角湾，并以铁索封锁，南靠马尔马拉海，东面隔着博斯普鲁斯海峡与小亚细亚半岛相隔，西南与陆地相连，这里筑有两道坚固的城墙。可以说，这座城池地势极为险要，易守难攻。

奥斯曼土耳其人的进攻付出了沉重的代价，但取得了最后的胜利。一方面，他们聘请匈牙利人乌尔班铸造了威力巨大的乌尔班巨炮，这种大炮可以将 1200 磅①的石弹射出，对城墙的破坏力极大。另一方面，土耳其人以保障热那亚商业特权为条件，使土耳其军队得以借道热那亚人控制的加拉塔据点，从陆上潜入防守薄弱的金角湾。他们用坚厚的木板铺设道路，在木板上涂抹润滑的油脂，然后用牛将舰船从陆上拖到金角湾。这样，君士坦丁堡腹背受敌，最终被土耳其人攻陷。1457 年，穆罕默德二世将帝国首都迁往君士坦丁堡，这座古老的基督

---

①　1 磅约等于 0.4536 千克。

教城市成了伊斯兰世界的又一中心，并拥有了一个新的名字——伊斯坦布尔。

君士坦丁堡的陷落标志着拜占庭帝国的彻底灭亡，同时也标志着奥斯曼帝国的正式崛起。此后，奥斯曼帝国继续扩张，至 15 世纪末叶，帝国在北方已经推进到贝尔格莱德，南部已经将整个小亚细亚半岛和希腊地区纳入版图。

君士坦丁堡的陷落与奥斯曼帝国的崛起对欧洲政治格局的影响是"空前的"。[①] 一方面是基督教世界的势力范围大大收缩，西欧各国不得不直接与穆斯林军事帝国正面对抗；另一方面，传统上以意大利诸城市共和国为纽带的东西方商业和文化交流彻底中断了。总之，西欧不得不面临空前的孤立与危机。当然，也正是这种孤立与危机，激发了西欧人奋发图强，向海外扩张的斗志，从这点来说，近东地区的大变局所带来的危机对于西欧来说未尝不是一件好事。

第二节　西方的萌动

正在东方世界经历着巨大变革的时候，自日耳曼民族大迁徙后已经安逸千年之久的欧洲也开始冲破中世纪的夜幕，迎来了近代世界的曙光。在基督教大世界里，欧洲人开始萌动起来：持续不断的封建战争渐渐平息；意大利文艺复兴的人文主义之风越过阿尔卑斯山脊吹向了欧洲内陆和英国；古典时代的天文、地理、艺术、哲学等各方面的文化成就重新为欧洲人发现和认识；最重要的一点是，欧洲人的欲望冲出宗教的牢笼，重新被解放出来，开眼看世界的欧洲人被隐藏在宗教"铁幕"背后的神秘东方吸引了目光。

一、百年战争的结束

1453 年，法国军队包围波尔多，驻守的英国军队出城投降，法国

---

① Daniel Goffman, *The Ottoman Empire and Early Modern Europe*, Cambridge: Cambridge University Press, 2004, pp. 227-228.

人收复了除加莱以外所有的领土。至此，改变英法两国历史进程的百年战争正式结束。一百多年的战争埋葬了英法两国大部分的封建贵族，在战争中萌发的民族意识也不断滋长，最终推动两个封建王国开启了创建现代民族国家的光辉历程，进而拉开了近代西欧的序幕。

百年战争起因于法国卡佩王朝（Capetian Dynasty，987—1328）的绝嗣。1328 年，卡佩王朝末代国王查理四世（Charles Ⅳ，1322—1328 年在位）去世无子。英国国王爱德华三世（Edward Ⅲ，1327—1377 年在位）以外甥身份要求继承法国王位。法国三级会议以古老的《撒利克法典》（Lex Salica）中的条文引申出一条后来决定法国王位继承规则的规定，即"女性及母系后裔无权继承王位"[①]。这样，查理四世的堂兄弟、瓦洛瓦伯爵之子腓力得以继承王位，称腓力六世（Philippe Ⅵ，1328—1350 年在位）。

腓力继承法国王位后，英王爱德华三世面临尴尬的处境。他在法国拥有多处领地，包括吉耶讷（Guyenne）、加斯科尼（Gascony）和蓬蒂约（Ponthieu）等。虽然作为国王他与法王是地位平等的，但作为法国领地的领主，他同时又是法王的封臣。因而，他不得不穿上骑士的铠甲前往亚眠大教堂，跪在法王面前向新任法王宣誓效忠。当时的效忠臣服礼是这样的：两个人对面而立，作为封臣的一方跪下，合起手掌置于封君敞开的双手之中，表示服从。然后，封臣向封君做出简短的承诺，表示他是封君的仆人。然后主仆双方以唇相吻，表示双方的关系建立。正是这种臣服礼使附庸关系中的依附和保护的双重关系建立起来。[②] 这种关系构成了中世纪欧洲封建社会结构的核心。

然而，在 14 世纪的欧洲，这种效忠臣服已经开始丧失实质意义。对于英法两国来说，法王希望把英国人彻底赶出法国，而英王仍然觊觎法国王位。两位国王矛盾的背后是正在萌发中的民族主义之间的矛盾。1337 年，腓力六世借口英王不履行封臣义务下令收回加斯科尼领

---

① 陈文海：《法国史》，北京：人民出版社，2004 年版，第 95 页。

② ［法］马克·布洛赫：《封建社会》上卷，张绪山等译，北京：商务印书馆，2004 年版，第250～252 页。

地，爱德华三世则以进攻佛兰德作为回应，由此，一场持续一百多年的战争拉开帷幕。

英法之间的争斗由来已久。1066 年，法国诺曼底公爵率军渡过英吉利海峡，击败英王哈罗德，开启了英格兰的"诺曼王朝"，加冕为"威廉一世"。此后英王便身兼英格兰君主与法王封臣双重角色。金雀花王朝的开创者亨利二世于 1154 年继承英格兰王位，此外，他从其母亲玛蒂尔达那里继承了诺曼底公国，从其父亲那里继承了法国的安茹、曼恩、布列塔尼等领地，又从其妻子那里得到了阿奎丹、波瓦图和加斯科尼等领地。他在法国的领地占据了法国的半壁江山，成为法国最强大的领主，比法王本人的领地还大五倍。历任法王无不把英国作为重要对手，将统一法国作为主要事业。

百年战争爆发初期，英王凭借英格兰这一稳固的大后方和庞大的法国领地做基础，取得了重大优势。1340 年，在英军击败法国海军后，骄傲的英王开始自称为"英格兰和法兰西国王"，并将法国王室的徽章百合花添加进英国王室的徽章，以表示英王对英法两国的统治。①此后战争经历几次大的转折，但直至 15 世纪 20 年代，英国仍然据有绝对优势，而法国出现南北分裂的局面。北方是由英国控制的"巴黎法国"，而代表着法兰西民族的是退守南方的"布尔日法国"。1428 年，英国军队南下围攻南方法国的屏障奥尔良城。就在法兰西民族面临危机的关键时刻，一位传奇的农家少女贞德（Jeannela Pucelle，1412—1431）出现了。贞德自称受上帝之命来拯救法兰西，已经无计可施的王太子查理命她率军驰援奥尔良。贞德率领法军一举击退了英军的包围，扭转了百年战争的战局。在以贞德为代表的法兰西民族主义精神的感召下，法国光复的进程加快。至 1453 年，法军收复了除加莱以外所有的英军占领区，迫使英国退回到不列颠。

百年战争对英、法两国的影响是巨大的。首先，英国在战后退守不列颠，基本放弃了对欧洲大陆领土的野心，这样，疆域的稳定，特

---

① 这种做法一直保留到 19 世纪初。

别是不列颠独立于欧洲大陆的特征更强化了英格兰人对自己民族和国家的认同。英吉利海峡成为天然的民族与国家的分界线，狭小的生存环境，促使英国人形成休戚与共的民族凝聚力。人们意识到海峡对岸的人与自己生活的岛上的人存在着诸多不同。对于法国，他们在战争中萌发的民族主义情绪不断发酵，推动了法兰西民族的形成。其次，战争摧毁了阻碍英、法两国民族融合的分裂势力——封建贵族及其所代表的封建制度，推动了以王权为核心的中央集权化。长期的战争使两国大量封建贵族死在战场上，从根本上动摇了两国封建关系及其封建土地制度。与此同时，在战争中进一步壮大的王权填补了因封建贵族减少而留下的权力空间。这样，以王权为核心，英吉利和法兰西两大民族的统合加快。此外，英法之间的战争与对立推动了"国家"观念的发展。正如在康斯坦茨宗教会议（1414—1418）上，英国代表所宣称的那样："无论是以血缘、传统习惯还是语言来区别国家，还是以其他的任何标准来衡量……英国都是一个真正的国家。"[①]总之，英吉利与法兰西两大民族诞生在战争和封建制度垮塌的废墟之上，拉开了西欧以"民族国家"为载体的近代化历程。

二、西方人的"东方梦"

"三 G 说"，即"上帝（God）、黄金（Gold）与荣誉（Glory）"是对开辟新航路动因最为传统的说法，虽然不尽完全，但也不无道理。15 世纪的欧洲正处于伟大变革的边缘，东方的大变局深刻影响了欧洲人在政治、军事、思想和宗教观念上的转变。君士坦丁堡的陷落与穆斯林在近东地区的崛起使基督徒们感受到了空前的危机。从东欧、地中海到伊比利亚半岛，打着宗教旗号的"圣战"始终不断，打击穆斯林、向东方进军成为欧洲人最迫切的目标。同时，文艺复兴、城市兴起以及工商业的发展给整个欧洲带来了新鲜的空气。人们的欲望被人文主义思潮解放出来，对财富的追求再次点燃了"不老的东方梦"。

---

① K.O. Morgan, *The Oxford Illustrated History of Britain*, Oxford: Oxford University Press, p. 222.

中国人民的"老朋友"、著名旅行家、传奇商人马可·波罗（Marco Polo，1254—1324）对新航路开辟的贡献是多方面的。西欧人不仅从他的游记中看到了"黄金"，也领略到了基督教世界之外的广阔天地，特别是他对中国的描述，使欧洲人大开眼界。许多学者对马可·波罗那本游记大加挞伐，把这个穿梭于东西方的"背包客"当作一个说谎的骗子。但是，这个"骗子"在讲了许多大话的同时，确实记载了许多极具价值的地理、历史知识，对于把欧洲人从狭小的基督教世界观拯救出来起到了关键性作用。

马可·波罗的父亲尼克洛·波罗（Niccolo Polo）与他的叔叔马弗奥（Maffeo）都是威尼斯商人，他们在中亚的布哈拉（Bukhara）滞留期间遇到一位蒙古使节，在这位使节的带领下，他们来到了中国。约1266年，他们到达北京（汗八里）。壮丽的北京城，让他们非常震惊，这是他们在欧洲无法见到的宏大又富庶的城市。元世祖忽必烈（1260—1294年在位）热情地接待了他们，并请他们呈递一封给罗马教皇的信，为了保障他们的安全，忽必烈还赐予他们一面金牌。

1271年，两兄弟带着马可·波罗和教皇的回信进行第二次东方之旅，历时数年再次来到中国。年轻的马可·波罗因为通晓多种语言而得到忽必烈的特殊赏识，甚至提升他做了元朝的官员。他在中国停留了17年之久。他曾奉皇帝之命巡视各地，因而得以游历中国的大部分地区，还曾奉命出使过越南、缅甸和苏门答腊等地。1292年，他受忽必烈委派，护送一位蒙古公主去波斯成婚才离开中国。他们乘船经过爪哇和马来亚等地，又穿过印度洋，到达波斯，完成任务后，他们在1295年回到阔别多年的家乡威尼斯。

1298年，马可·波罗作为一艘军舰的指挥官参加了威尼斯与热那亚的战争，不幸被俘，之后被囚禁在热那亚的监狱中。他的经历通过口述的形式由一位狱友记录下来，得以传世。这位名为鲁斯蒂凯洛的比萨人（Rustichello of Pisa）对马可·波罗的旅行进行了一些润色，使之更具吸引力。

《马可·波罗游记》详尽地描绘了13世纪后半叶的中国概况，盛赞了元代初期中国工商业、文化、艺术等方面的伟大成就，尽管有许多夸张与不实之处，但其中的大部分内容仍是有据可循的。《游记》中用极其生动的笔法描述了马可·波罗所见到的各个城市。例如，当时的北京城，"外国巨价异物及百物之输入此城者，世界诸城无能与比……百物输入之众，有如川流之不息。仅丝一项，每日入城者计有千车"。对于南宋故都杭州城（临安）的宫城的描绘更引人注目："蛮子国王之宫殿，是为世界最大之宫，周围广有十哩……此宫有房室千所，皆甚壮丽，皆饰以金及种种颜色。此城有大街一百六十条，每街有房屋一万，计共有房屋一百六十万所，壮丽宫室夹杂其中。"①

马可·波罗对东方的描绘为欧洲人构建了一个立体的"东方梦"。"热情的大汗"、"遍地的黄金"、"数百座城市"、"豪华的宫殿"这些字眼勾画出梦境的轮廓，当欧洲人抚摸着阿拉伯人从中国贩运的柔滑细腻的丝绸与精美绝伦的陶瓷时，这个梦又变得真实。一代又一代的欧洲人传颂、分享着"东方梦"，然而随着奥斯曼土耳其帝国在近东的崛起，这个梦被活生生地打断了，被阻塞在欧亚大陆最西端的欧洲人开始了由集体性的渴望转变为集体性的焦灼，最终推动他们用行动去追寻"东方梦"。

三、"诱人"的胡椒粒

香料无疑是推动欧洲人开辟新航路的直接诱因之一。现代世界的人们很难理解的是：香料这种看似平常普通的调味品为什么会如此令欧洲人着迷。其实，香料虽然在现代社会里司空见惯，但在新航路开辟前的欧洲，却具有非凡的意义。

香料最大的用途当然是用来调味。食用香料包括姜、胡椒、辣椒、桂皮、豆蔻等。但是，这些植物果实对于气候有着较高的要求，一般只能在湿润的热带种植，其主要产地是印度和东南亚的香料群岛。早在古罗马时代，王公贵族的餐桌上就有了香料的存在，但由于距离香

---

① ［意］马可·波罗：《马可波罗行纪》，冯承钧译，上海：上海书店出版社，1999 年版，第 236、352 页。

料产地如此遥远，商人运回的货物量极少。中世纪阿拉伯帝国崛起后，传统的东西方商路因基督教与伊斯兰教之间旷日持久的冲突而受到威胁，欧洲人尝到香料味道的机会更少了，即使是国王和显贵餐桌上的食物也是淡而无味。他们虽然口袋里装满金子，却不如生活在东方的普通老百姓那样，拥有品尝酸甜苦辣的味觉享受。

香料的用途当然不只是用来调味，它还有更广泛的其他用途。其一，香料可以用来储存食物，如肉类经过香料的调制后可以放置更久。这对于古代世界人们度过漫长的非收获期和天灾之年具有极其重要的作用。其二，香料还是爱美的欧洲贵族妇女竞相追逐的化妆品原料。刺激感官的麝香、芬芳馥郁的龙涎香和玫瑰油是她们彰显自身吸引力必不可少的东西。此外，教会牧师和药剂师也是香料的重要顾客。正如作家茨威格所说："在欧洲成千上万个教堂里，下级教士徐徐摇晃着的香炉里，终日烟雾缭绕，而制造神香的数以十亿计的微粒中，没有一颗产自欧洲本土，每一粒都得通过无比漫长的海路和陆路从阿拉伯运来。"①鸦片、樟脑、树胶等都是重要药材，为了吸引顾客，药剂师们往往在盛放药物的小瓷瓶上标注有"阿拉伯"或"印度"等代表东方的字样，而病人就会主观上觉得它药效更好。

欧洲人对香料的渴求推动了意大利城邦贸易的兴起。威尼斯、热那亚、佛罗伦萨等城市共和国抓住商机，充当阿拉伯人与欧洲人的中间商。他们从地中海的东部海岸和埃及亚历山大港等地收购阿拉伯人从印度、东南亚转运来的香料，再将他们贩卖到地中海北岸各欧洲港口或翻越阿尔卑斯山运往欧洲内陆，从而成为传统东西方贸易的关键一环。

虽然阿拉伯和意大利的商人不知疲倦地从事着香料转运贸易，但香料在欧洲市场上的价格之高普通人是不敢奢求的。当时，胡椒是按颗粒计算的，有一些欧洲城市和国家把它当贵金属一样作为支付手段。当时，要形容一个人富有的话，人们可以谑称他为"胡椒袋"，就像中

---

① ［奥地利］茨威格：《归来没有统帅——麦哲伦传》，范信龙译，长沙：湖南文艺出版社，1982年版，引言。

国的"张百万"、"王百万"一样。然而在同一时代，从马来群岛购买一麻袋香料的价格比在欧洲买上几粒还要便宜。要理解这一价格差，我们只需了解来自东方的胡椒粒要经过怎样的旅程来到欧洲消费者的手里。

马来亚的奴隶是这些胡椒粒经历的第一双人类的手，他们将漫山遍野的成熟果实摘下来，送到背上的柳条筐里，在奴隶主的监督下一筐一筐地驮到市场上。他们的汗水只能换来一顿仅够半饱的食物，尽管有时他们自己能吃上半个地球外只有王公贵族才能享受的佐料，但这并不能缓解他们的辘辘饥肠。在当地的市场上，阿拉伯商人正焦急地等待着收购，他们把钱付给奴隶主，然后从奴隶黝黑的脊背上卸下商品。这些精打细算的商人将要冒着热带难耐的高温用独木小舟经过十几天的时间运往远东最重要的中转港口——马六甲。马六甲苏丹的舰队在海峡上不断巡弋，所有过往的商人都要交纳转运税。在这里，阿拉伯商人们把独木舟上的商品转移到较大的帆船上，交纳税金后穿过马六甲海峡，进入印度洋。

在无垠的印度洋面上，这些阿拉伯商人将要航行数月才能到达下一个港口。期间，他们必须忍耐酷热和无止境的孤独，平静的海面日复一日地看不到尽头。当然，这样的旅程已经是他们最为期待的了，因为最不幸的是遭遇印度洋可怕的风暴或者突然出现在海上的凶恶海盗。据称，当时平均每 5 艘商船中就有一艘遭遇这种不幸。幸运躲过这一劫的商人在印度西北部的坎贝（Cambay）等港口登陆。在这里，他们稍作休息，又要开启下一段艰辛危险的旅程。他们中的一路人前往霍尔木兹海峡的港口；另一路人直航到亚丁湾的亚丁（Aden）。然后，他们登上陆地，暂时告别漫长孤寂的海洋旅途，把船上的货物装进骆驼背上的货包，开始沙漠之海的行程。这段行程也要经历数月之久。从霍尔木兹出发的一路人要经过巴格达、大马士革前往地中海东部的贝鲁特或黑海南岸的特拉布松；从亚丁出发的另一路人则要经过红海海滨的吉达，越过西奈半岛前往埃及。每经过一个地区都要缴纳苛刻的税金，而且这些古老的沙漠商路是沙暴的领地和强盗的生财之所，任何一次袭击都会使他们血本无归，甚至搭上身家性命。那些最终成功到达埃及和叙利亚港口的阿拉伯商人终于可以把一粒粒胡椒倾泻到意大利商人的精致货袋中，然后拿回他们一路上的全部成本，并得到极为可观的利润。意大利商人在付出高昂的价钱后，小心翼翼地把这些珍贵的货物运回到意大利。在那里，来自德国、英国等地的商人接过货包，装载到大轮子货车上，沿着阿尔卑斯山脉崎岖的山路，把商品运到欧洲各地的散商手中，然后由这些商人盘剥最后一层利润卖给消费者。而此时，这些两年前由马来亚奴隶摘下的果实，已经穿越了半个地球。

在这漫长的香料商路中，阿拉伯人控制了大部分路程，他们从欧洲人手中赚取了大量的金银，而贫穷的欧洲人更加贫穷。打破阿拉伯人的垄断，寻找一条直通东方的香料贸易路线成为欧洲人普遍的想法。

四、技术的"跃进"

技术上的进步是砸破欧洲中世纪封建主义和天主教思想桎梏的斧头。火药、指南针、印刷术的传入和造船技术的进步从根本上改变了欧洲文明发展的走向，使其以新兴的民族国家为载体，迈向了现代文明的康庄大道。

火药无疑是中国人贡献给世界的重要发明，它源于古代中国的炼丹术，至今已有两千多年的历史。这些中国最早的"化学家"原本是要为帝王炼制"长生不老"之药，各种药品混杂后发生了化学反应，引发了爆炸，从而意外发明了火药。不过，在漫长的中国历史长河中，虽然火药的主要用武之地并非是战场，但一些有识之士也开始尝试在战争中使用火药。唐代后期的史书中已经有了关于火药箭的记载。宋代，由于中原王朝与少数民族政权间战争频仍，武器的研制进入一次高潮。除了冷兵器的进步，关于火器使用的记载也有很多，如飞火枪、突火枪等。值得一提的是，中国传统的火药武器威力非常有限，无法取代冷兵器在战场上的作用。

火药传入欧洲源自于 13 世纪蒙古的西征。蒙古人在南下侵略中原王朝的过程中，从汉人那里习得火器之法。在阿拉伯人、蒙古人与欧洲的直接战争中，欧洲人也学会了使用火药。火药在传入阿拉伯和欧洲后，更多地应用于战争当中。欧洲人对火器的改进和应用颠覆了传统的战争方式，"导致了封建制度的毁灭，因为封建城堡不能抵御炮弹；封建骑士虽然穿着光亮的盔甲，横着长矛，却不是步行的带滑膛枪的普通人的对手"[①]。

印刷术的发明则使欧洲文明发展的进程大大加快。中国宋代的毕昇最早发明了活字印刷术，与火药一样，同是在 13 世纪蒙古西征时传入欧洲。15 世纪中叶，德国人古登堡对活字材料、油墨及印刷机的制造等方面做了开创性地改进，奠定了现代印刷术的基础。印刷术在欧洲的传播带来了空前的影响，书籍供应大量增加。在活字印刷术流行以前，一个熟练而勤劳的抄写者一年内至多完成两本大型的书，而在 16 世纪，一个印刷所一年可以印出两万多本著作。书籍的大大增加，客观上使书籍的价格降低到普通人也可以接受的程度，书籍消费者群体大大扩展，甚至是粗识文字的农夫也愿意在农闲时翻一翻人文主义学者们精彩的著作。这样一来，知识和教育也拥有了更为广泛的受众群体，从而大大加快了欧洲人整体素质的提高与文明进程。此外，当书籍是手抄的时候，任何一部书的两个抄本几乎不可能完全一样，而印刷术的使用使书籍内容的准确性有了保障。总之，"印刷术的影响如此深远，甚至可以说，它比任何其他因素，都更大地决定了现代文明的特性与质量"[②]。

指南针的发明是中国人的又一大贡献，用指南针原理制作的罗盘是古代风水师的主要衣钵。随着中国东南沿海海外贸易的发展，罗盘也被应用于航海。阿拉伯人最早从中国航海家那里学习到这种技术。约在 12 世纪，这一发明从海路经由阿拉伯人传入欧洲。意大利人是最早使用罗盘的欧洲人，他们对罗盘进行了关键性的改造，使船舶转向

---

① [美]海斯、穆恩、韦兰：《世界史》，吴文藻等译，第 267 页。
② [美]海斯、穆恩、韦兰：《世界史》，吴文藻等译，第 267～268 页。

时不必再借助手的转动。到 15 世纪中叶，航海罗盘已经是欧洲人航海必备的工具。

火药、印刷术和指南针的传入，对欧洲文明发展进程的影响是革命性的。正如弗朗西斯·培根所说："因为这三大发明首先在文学方面，其次在战争方面，再次在航海方面，改变了整个世界许多事物的面貌和状态，并由此产生无数变化，以致似乎没有任何帝国、任何派别、任何名人，能比这些技术发明对人类发展产生更大的动力和影响。"①

造船技术的改进对于新航路的开辟起着决定性的作用。造船技术不像上述三种发明一样易于传播，虽然中国人在很早之前就可以率领庞大的队伍乘船进行远洋航行，但是对于 15 世纪初的欧洲来说，他们仍然局限于近海巡游。正如布罗代尔所说："当人们研究早期的航行路线或航海图时，首先想到的总是近海航行这个简单平淡的词。"②

欧洲造船技术的进步更多的是源于欧洲人自己的劳动创造。在 15 世纪以前的欧洲航海中，有三种最常见的船。一种是宽阔的大三角帆船，这种船速度缓慢，但运载量较大，作为大宗货物的载具，在平静的地中海沿岸各个港口间往返运输。还有一种桨帆船，船体光滑狭长，以成列划桨为动力，能在瞬间达到相当快的船速。这种船不适合运输大宗货物，只能运载一些轻型货物或用于海战或劫掠，维京人使用的就是这种船。无论是大三角帆船还是桨帆船都无法适应于远洋航行。此外，北欧人还发明了一种适合海上运输货物的"柯克船"（Cog）。与那种挂三角帆、船体平整接合的地中海船不同，这种船配备一幅四角风帆，其船壳用铁钉将交叠的厚板搭接起来，呈瓦叠状。"柯克船"不仅造价低，而且载货量大，适合北欧人在波罗的海和北海地区进行贸

---

① 转引自［美］斯塔夫里阿诺斯：《全球通史》上册，董书慧等译，第 204 页。

② ［法］费尔南·布罗代尔：《菲利普二世时代的地中海和地中海世界》第 1 卷，唐家龙、曾培耿等译，第 143 页。

易活动。[①]

15 世纪后，伊比利亚人在融合欧洲南北造船技术方面拔得头筹。葡萄牙和西班牙的船舶设计师们将横帆帆船的前桅和三角帆船的主桅及后桅相结合，制造出了三桅快帆船（caravel），从而使水手们可以在任何天气里航行，这一发明也使哥伦布和达·伽马的远洋航行成为可能。[②] 这种船有一条笔直的龙骨和一座安置在船尾上的舵，配备两幅或三幅大三角，一般重 70 吨左右，长 60～70 英尺[③]。葡萄牙的水手们正是乘坐这种船完成在非洲西海岸的探险任务的。哥伦布首次航行使用的"平塔号"（Pinta）和"尼娜号"（Nina）也是这种船，遗憾的是，他的旗舰圣玛丽亚号（Santa Maria）是挂横帆的大船，这艘船在探险中拖了后腿。后来圣玛丽亚号在海地岛搁浅，哥伦布抱怨说："搁浅船很重，不适于从事发现工作；而之所以使用如此笨重的船只，全在于帕洛斯港（Palos）的人违背国王与王后原先之允诺，没建造适于发现事业的帆船。"[④]根据大航海时代欧洲水手的亲身经验，在顺风时乘坐这种船只需三周就可以从旧世界的佛得角群岛抵达新世界的安的列斯群岛，在蒸汽船的时代到来之前，这一纪录从未被打破。便捷可靠的三桅帆船为新航路的开辟立下了汗马功劳。[⑤]

除了造船技术和航海罗盘，欧洲水手们在长期的航海中还取得了许多其他的成就。1456 年，葡萄牙人就使用四分仪（quadrant）测量星星高度以推断航船所处的纬度。[⑥] 他们还把舵装置在艉柱上，这一改进使大船的舵掌变得安稳可靠，尤其是遇到北方沿海一带强劲潮流时

① ［英］戴维·阿诺德：《地理大发现》，闻英译，上海：上海译文出版社，2003 年版，第40 页。

② ［美］斯塔夫里阿诺斯：《全球通史》上册，董书慧等译，第 203 页。

③ 1 英尺等于 0.3048 米。

④ 载［意］克里斯托瓦尔·哥伦布：《航海日记》，孙家堃译，南京：译林出版社，2011 年版，第 138 页。

⑤ 多桅快帆船轻便灵活，适于探险，但其运载量过少，因而并不适合长途运输或远航，一种船体宽大的帆船卡拉克船逐渐取而代之。这种船一般在 400 吨以上，船有尾桅，用大三角帆，同时与数个横帆并用，船体又深又宽，船内共分三或四层甲板。

⑥ M. N. Pearson, *The Portuguese in India*, Cambridge: Cambridge University Press, 1987, p. 9.

大航海时代的三桅帆船

更是如此。此外，各种航海指南为海上的安全航行起到了重要作用。这些航海指南所记载的是几代航海人根据自己对风向、潮汛、浅滩和沿海等地理特征的观察所积累下来的知识。①

15 世纪中叶完成的技术大跃进为新航路的开辟提供了必不可少的条件。火药武器、造船技术、航海技术的进步与发展使人们空前自信起来。同时，文艺复兴的潮流也开始席卷欧洲，来自古希腊罗马及阿拉伯世界的书籍大大丰富了人们的知识，开阔了人们的视野，使人们冲破了天主教狭小的世界观，而萌生的人文主义又与骑士的冒险精神相结合，激发了人们海外扩张的强烈欲望。

第三节　域外的世界

人类文明发展到今天，地球的每个角落几乎都已有人涉足，整个

---

① ［英］戴维·阿诺德：《地理大发现》，闻英译，第 37 页。

世界清晰地呈现在人们的视野之中，但若使时光回转到 1453 年的世界，我们会惊奇地发现，在传统的地中海、阿拉伯、印度、中国及其辐射区的文明世界之外，还隐藏着广袤的"域外世界"。这些"世外桃源"当然并非全是原始野蛮的"化外之地"，有许多神秘文明的遗迹至今仍然让人惊叹敬畏。有学者曾对失落的古埃及文明由衷地感叹："我们只知道它如何衰落，却不知道它如何构建；我们只知道它如何离开，却不知道它如何到来；就像一个不知从何而来的巨人，默默无声地表演了几个精彩的大动作之后轰然倒地，摸他的口袋，连姓名、籍贯、遗嘱都没有留下，多么叫人敬畏。"①古埃及处于地中海文明世界的核心地带，尽管留下许多千古之谜，但我们或多或少地还可以从多种渠道留下的史料中揣度出一些因果。然而，对于远离我们熟悉的传统文明区域的域外世界，似乎只有从被岁月浸洗过的遗迹中窥见一斑了。

一、大漠之南的非洲

在葡萄牙人到达非洲最南端的 15 世纪以前，古代人对于非洲的认识是非常浅显的。在古希腊最伟大的地理学家托勒密的地图上，非洲大陆与南极大陆紧密相连。只有"历史学之父"希罗多德的看法还算差强人意，他猜想："除去和亚细亚接壤的地方之外，利比亚（即非洲）的各方面都是给海环绕着的。"②这片大陆大体上分为北非和撒哈拉以南的非洲两大部分。北非位于地中海南岸，诞生了世界上最古老的埃及文明，还滋生过辉煌一时的迦太基文明，后来又一度被罗马文明滋润，因而对于我们来说，这里并不是一片陌生的土地。但是，在世界上最大的撒哈拉大沙漠以南的广袤大地上，却是一副完全不同的域外世界。

大漠之南有着世界上最多的黑色人种，在近代许多西方人的眼中，这是一片文明无法生长的土地。19 世纪的哲学家黑格尔宣称：撒哈拉

---

①　余秋雨：《石筑的易经》，载余秋雨：《千年一叹》，北京：作家出版社，2000 年版。

②　就这一点来说，希罗多德要比古希腊最著名的地理学家托勒密的观点要正确。托勒密认为非洲大陆与南极大陆是相连的，印度洋是一片内海。依据托勒密的观点，后来葡萄牙人做的绕行非洲到达印度的努力都是徒劳的，还好，当时的欧洲人并没有完全迷信这位地理学权威。

以南的非洲"不是一个历史的大陆，它既没有显示出变化，也没有显示出发展"，非洲黑人"既不能进步，也不能教育，正像我们所看到的，他们从来就是这样"，"处在野蛮的、未开化的状态之中"①。幸好，考古学家们为这片曾是人类发源地的土地找到了文明的遗迹，大津巴布韦遗址、麦罗埃文明、诺克文化以及无可辩驳的原创冶铁技术都一再地证明了文明的存在，有力地驳斥了黑格尔的谬论。如今，分布在全世界的、摆脱了奴隶地位的黑人们也可以像黄皮肤和白皮肤的人们一样骄傲地说出"黑人文明"这一词语。20世纪黑人的"精神领袖"、文学家杜波伊斯（W. E. B. Du Bois，1868—1963）更是坚定地指出非洲才是文明的起源："从埃塞俄比亚射出人类文明的曙光，然后普照整个尼罗河谷。"②那么在世界迎来近代曙光的15世纪，这片孕育了文明的黑色土地是什么样子呢？

最古老的本土黑人文明的曙光初现于东非。今天苏丹北部的努比亚人（Nubians）是第一个进入文明世界的黑人民族。努比亚人也生活在尼罗河的哺育之下，其文明初现于公元前四千纪，可能比古埃及文明兴起还要早。北方的埃及兴起后，这个古老的黑色文明遭到长期的侵略，约在公元前三千纪中叶衰落。

或许是受到了努比亚人南迁的影响，在努比亚的南方又兴起了库施文明（Kush）。随着埃及的南侵，约自公元前25世纪前后，库施与埃及开始频繁交战，库施文明的发展也受到了埃及文明的影响。公元前8—前7世纪，库施趁埃及内乱一度北上侵入并征服了埃及，开创了埃及第二十五王朝。库施人在埃及统治了一个世纪之久。库施文明的冶铁业、采金业、制陶业等都繁盛一时，推动了黑人本土文明的发展。公元1世纪后，库施文明衰落。

在库施文明衰落后，在今日东非埃塞俄比亚地区又兴起了阿克苏姆文明（Axumite）。这一文明后来发展为强大的阿克苏姆王国。自公

---

① 转引自艾周昌主编：《非洲黑人文明》，北京：中国社会科学出版社，1999年版，第2页。

② ［美］威·爱·伯·杜波依斯：《非洲：非洲大陆及其居民的历史概述》，秦文允译，北京：世界知识出版社，1964年版，第24页。

元 3 世纪起，这一王国不断对外扩张，一度渡海占领了阿拉伯半岛南部的广大地区，建立了庞大的帝国。这一国家的手工业、农业和对外贸易都比较发达，同阿拉伯半岛、埃及、印度和地中海地区都有广泛的贸易往来。公元 7 世纪以后，阿拉伯人崛起，并不断地侵入东非，阿克苏姆王国走向了衰落。

除了东非的文明曙光，在西非地区也产生了一些黑人本土文化，如在今天尼日利亚、乍得等地的诺克文化和萨奥文化，从考古发掘可以看出，二者都已步入了铁器时代。此外，从冈比亚河口沿几内亚湾至喀麦隆火山的滨海地带的黑人还创造了被称为"黑非洲文明摇篮"的伊费—贝宁文化。

遗憾的是，上述文明在 15 世纪之前都已成为历史的尘埃，我们只能从考古发掘出的遗迹中了解这些文明曾经的荣光。但到了 15 世纪中叶，在这片广袤的黑色大陆上，文明之光依然没有熄灭，黑人文明的历史由一些新的民族继续书写。

在刚果高原地区，班图人建立了强大的刚果王国，其领土在 15 世纪后期北达刚果河北岸，西抵大西洋，南起洛热河，东至宽果河。刚果文明完全是土生土长的黑色文明。刚果王国分中央—省—区—村四级行政机构。中央除国王外，有宫廷总管、法官、税务官、警察总督、高级祭司等分职；省的长官是身兼中央职务的总督；区和村都有负责税收、征兵和维持治安的行政官员。王国各地还广设驿站，形成一套中央集权的王国管理体系。[1] 经济上，刚果王国以农业为主，手工业和商业也有所发展。在文明阶段上，刚果王国已经步入了铁器农耕时代。

津巴布韦文明是 15 世纪中叶黑人本土文明的另一个代表。19 世纪考古学家对津巴布韦国家首都"大津巴布韦"的发掘令世人惊叹不已。这座古老的城池用 90 多万块花岗石砌成，石头城内又分为内城和卫城。内城长 900 米，宽 700 米，墙高 6～9 米；卫城建于高 700

---

① 艾周昌主编：《非洲黑人文明》，第 88～89 页。

米的山顶之上，全长达 244 米，高 15 米。令人叹为观止的是它的建筑技巧。全城用花岗石块堆砌而成，这些石块的取制凝聚了高超的智慧：首先要用烈火炙烤岩石，然后根据所需石板大小在确定之处泼上冷水，依照热胀冷缩的原理，岩石收缩断裂，得到石板。许多西方学者悍然否定班图人的智慧，认为他们是在腓尼基人或阿拉伯人等外来民族的指导下建筑的，这纯属种族偏见之谬论。大津巴布韦文化在 15 世纪进入鼎盛阶段，建立了强大的国家，其文化影响了周边的许多地区。

除了上述非洲本土文明之外，在 15 世纪中叶以前，伊斯兰文明也给非洲带来了空前的变化。阿拉伯帝国征服了北非和东非，并将伊斯兰文化从北至南、从东至西向非洲内陆推进，大大影响了非洲文明的发展。

在东非地区，自 7 世纪末叶起，阿拉伯人在东非海岸建立了许多城市，伊斯兰文明从海岸向内陆扩张。到了 15 世纪中后期，东非沿海的穆斯林城市多达数十个，其中著名的有：摩加迪沙（Mogadishu）、马林迪（Malindi）、蒙巴萨（Mombasa）、莫桑比克（Mozambique）和索法拉（Sofala）等。这些伊斯兰城市是印度洋上重要的商业港口，与印度、阿拉伯半岛和地中海地区有着密切的商业往来。郑和船队曾经来到这一带进行和平贸易，留下了足迹。

随着伊斯兰教在北非和东非的传播，西非地区也开始受到伊斯兰文明的影响，一些黑人民族迈入了伊斯兰的文明世界。13 世纪时，与北非的阿拉伯人交往密切的马里王国建立了中央集权的帝国，在政治、文化和商业等方面，马里都创造了不小的成就。至 15 世纪中叶，虽然马里开始衰落，但其仍是西非地区文明程度最高的黑人王国。另一个重要的西非强国是位于今天尼日尔和尼日利亚及贝宁三国交界地区的桑海帝国。桑海地区靠近伊斯兰文明区，在文化上与北非阿拉伯人交往密切，在军事上推行扩张政策。至 15 世纪中叶，桑海帝国的势力已经扩展至尼日尔河两岸地区。

总的看来，受伊斯兰文化影响的东非和西非地区在文明发展的水平上要高于本土黑人创造的文明，但是，这不能否定黑人民族自身的智慧及其作为人类文明重要组成部分的地位。在 1453 年前后，当世界发生着巨变之时，在撒哈拉沙漠以南的这片神秘大地上也进行着文明的创造，它们将与世界一起伴随着欧洲人开辟的新航路迎来近代世界的曙光。

二、神秘莫测的美洲

美洲这片略超非洲和欧洲面积之和的大洲从北极地带一直伸展到南纬 55 度 59 分的合恩角（Cabo de Hornos），在被哥伦布揭开神秘面纱之前一直隐藏在地球的另一边。关于美洲的最早发现，前面已经探讨过维京人在公元 1000 年前后在这里留下了可资凭据的遗迹。除维京人外，在漫长的人类文明发展史中，是否有其他外来文明曾涉足过这片土地，我们可以列举出学者们提出的种种假说。但正如罗荣渠先生所说：“除北欧人在哥伦布以前到过北美的说法看来言之有据以外，其他的种种假说，大致说来，有多少支持者，同时就有多少反对者。”[1]如果这些假说再附带上民族主义情绪和媒体的噱头，那就会使这种学术上的争论更为复杂，因而，我们暂且抛开这种种嘈杂的声音，翻开尘封的历史档案，去看看美洲在世界大转折的前夜是个什么样子。

这片大陆的主人无疑也是人类，他们的祖先可能是约 3 万年前踏过白令海峡上的路桥到此的亚洲人，从他们黄色的皮肤和扁平的鼻子也能证实这一点。在长期的繁衍生息中，他们中的一些族群逐渐南迁到中美洲和南美洲，创造出了灿烂一时的美洲文明。

关于 15 世纪美洲人的文明发展阶段，美国学者路易斯·亨利·摩尔根认为：中美洲和南美洲安第斯高原上的印第安人处于“村居”阶段，他们基本以定居园艺为生；在北美洲大部分地区分布的印第安人处于

---

[1] 罗荣渠：《美洲史论》，第 101 页。

无园艺或半村居半园艺状态。① 前者中具有代表性的族群是阿兹特克人和印加人，后者中具有代表性的族群是易洛魁人(Iroquois)。

生活在北美地区的易洛魁人在 15 世纪已经进入了原始公社制的瓦解时期和母系氏族社会阶段。易洛魁人的生活围绕着农业生产。他们的农业还处于刀耕火种阶段，种植的主要作物是玉米、南瓜和豆类等。由于玉米是他们整个族群繁衍生息的保证，在长期的实践中，他们学会了储藏玉米的方法——谷仓储藏法。易洛魁人也从事多种社会活动，包括简单的唱歌、跳舞等娱乐活动及仪式繁杂的宗教祭典。他们还创造出简单的艺术。易洛魁人是北美诸多印第安人族群中发展水平较高的一支。因而，对于北美地区的印第安人来说，他们还不能说已经进入了文明社会，或许可以说，他们正站在文明社会的门槛之外向里张望着。

对于中美洲的玛雅文明和阿兹特克文明以及南美洲安第斯高原上的印加文明来说，他们明显地走在了北美洲同类的前头，一只脚已经迈进了文明社会。

玛雅位于墨西哥南部，早在公元前 10 世纪就已显露出文明的曙光。公元前 4 世纪左右，玛雅文明开始向早期奴隶国家过渡。公元 3—9 世纪，玛雅文明进入鼎盛时期，他们在科学、农业、建筑、艺术等方面都创造了非凡的成就，甚至留下了许多至今无法解开的神秘创造。可惜的是，在欧洲人到来之前的 15 世纪中叶，玛雅文明早已衰落，仅仅在尤卡坦半岛上还残存几个玛雅人部落，但他们处于玛雅文明区的边缘，其文明仅拾了玛雅文明的牙慧。

阿兹特克文明位于玛雅文明所在地的北部，在 15 世纪，这一文明正处于发展的高峰。阿兹特克人原是流浪的游牧民族，根据传说，神谕指示他们，如果看到一只鹰站在仙人掌上啄食一条蛇，那就是他们定居的地方。13 世纪早期，他们到达墨西哥盆地定居下来，开始从事农耕。阿兹特克人是一个尚武的民族，他们与周边部落发生了冲突，

---

① ［美］路易斯·亨利·摩尔根：《古代社会》上册，杨东莼等译，北京：商务印书馆，1981年版，第 149 页。

受到围攻后四散逃亡，其中一支阿兹特克人迁往特斯科科湖(Texcoco)中的一个小岛上居住，后来成为被打散的阿兹特克人的会合地。这个小岛经过填湖扩建逐渐发展成为后来的特诺奇蒂特兰城。阿兹特克人以该城为中心，不断对外扩张，蚕食周边部落的土地，最终建立了一个以部落联盟为基础的阿兹特克"帝国"。值得注意的是，这个"帝国"并未完全脱离原始民主制的胎盘。路易斯·亨利·摩尔根认为："墨西哥帝国"是"虚构出来的"，西班牙人发现的"是由三个印第安部落所结成的一个联盟……政府是一个由酋长会议掌管的政府，此外再配合一个指挥军队的总司令。"[①]阿兹特克联盟是在 1426 年建立的，由于阿兹特克人在军事上的优势，这个联盟实际也是由他们领导的，而军队的"总司令"也由阿兹特克人担任，并且这个"总司令"职位正向"王"或"皇帝"转化。

最能代表阿兹特克文明成就的是著名的特诺奇蒂特兰城，这座城市集中体现了中美洲文明逾两千年的文化积淀。该城建于特斯科科湖中心，城区连同周边地区约有 30 万人左右。[②]这座巨大的城市位于湖中央，为了承载庞大的人口，阿兹特克人利用填湖的方法扩大城区，全城用水道相连，小岛和湖岸则用桥梁连接，形成水道和桥梁纵横交错的景观，这座城市也因此有"新世界的威尼斯"之称。城市内部是许多庞大的公共住宅，全部用石头砌成，上面涂满了石膏，亮白的光芒在太阳下闪耀，使后来到此的欧洲人大为赞叹。城中心矗立着一座巨大的金字塔形神庙，作为标志性的建筑。

阿兹特克人不但建造了辉煌的城市，还在文字、农业、商业、艺术等方面有所成就。他们的文字是一种象形文字，其功能主要是记载统治地区各部落所要交纳的贡品；他们还建立了用于实物交易的市场；他们的手工业比较发达，华丽的棉布服饰让后来的欧洲殖民者欣羡不

---

① ［美］路易斯·亨利·摩尔根：《古代社会》上册，杨东莼等译，第 189 页。

② 对于特诺奇蒂特兰城的人口数，摩尔根的观点比较保守，他认为居住在墨西哥峡谷的人口不超过 25 万，而居住在城里的居民约为 3 万人。参见［美］路易斯·亨利·摩尔根：《古代社会》上册，杨东莼等译，第 195 页。

已，各种日常器皿也都一应俱全。总的来看，阿兹特克文明已经向文明社会迈出了重要的一步。不过，尽管他们的创造中有许多令欧洲殖民者望尘莫及，但在文明发展阶段上尚处于文明初期，即从原始社会向奴隶制社会的过渡时期，与封建时代发展了上千年的欧洲文明相比，"还要落后两个文化期"①。

另一个可以与阿兹特克文明相比拟的是位于南美洲安第斯高原上的印加文明。两大文明虽是近亲，却有着非常大的不同。印加人原是秘鲁南部一支以狩猎为生的印第安部落，后来定居在库斯科（Cusco）盆地一带，约11—13世纪起，他们开始对外扩张。至15世纪中后期，他们已经征服秘鲁高原及其南部沿海地区。16世纪初年，在国王瓦伊纳·卡帕克（Wayna Qhapaq，1493—1527年在位）治下，整个安第斯地区都被帝国纳入印加人的统治之下。印加帝国从北纬2度沿太平洋一直南沿到南纬37度，其疆界涉及今厄瓜多尔、秘鲁、玻利维亚和智利等国。② 根据一些历史学家的估计，印加帝国境内的人口有一千万以上。帝国的首都库斯科城是印加文明的中心，城内既有用石头砌成的富丽堂皇的宫殿，也有用泥土和茅草搭建的平民房屋，鲜明地体现了阶级的分化。城中心是广场，广场上坐落着巍峨的"太阳神之庙"，来自帝国各地的人们在盛大的宗教节日会来到广场的神庙前朝圣和祭祀。

居住在库斯科城王宫中的印加国王，被认为是神的子嗣。为了保证血统纯正，国王的王后"科娅"（Coya）往往从皇帝的姐妹中选出，他们的子女具有合法的王位继承权利。这种近亲婚配虽然一方面最大可能地维护了王室血统，却在另一方面悖离了自然界优生优育的法则。

印加文明的政治制度类似于古代东方的专制政体。国王被赋予神一般的地位和至高无上的权力。国王既是世俗的最高统治者，也同时

---

① ［美］路易斯·亨利·摩尔根：《古代社会》上册，杨东莼等译，第196页。

② ［美］普雷斯科特：《秘鲁征服史》，周叶谦等译，北京：商务印书馆，1996年版，第27～28页。

是宗教领袖，他是太阳神的代表，即使是自诩为"太阳王"的路易十四恐怕也无法相比。国王每隔几年就要巡视他的帝国，这种巡视的主要目的是巩固统治，这与秦始皇在位时的做法是一致的。

印加文明中最值得称道的是其道路系统，使其享有美洲的"罗马帝国"美誉。这一系统以库斯科为中心，通向四面八方，其中有两条干道最为重要。其中一条位于海滨低地，向南通往智利，这条大道修建在土堤之上，使之可以避免雨水导致的泥泞，沿着大路两边种植着树木，为长途奔波的路人遮蔽灼人的阳光。另一条经过安第斯高原，全长约 1500～2000 英里[①]，这条大道最能体现印加人的智慧与文明。道路的一部分修建在常年积雪的山峰之上，在一些松弛的地方，他们用含有天然沥青的泥土使之坚固；在湍急的河流上，他们用龙舌兰或柳条编织的缆绳架设吊桥，然后在吊桥上铺上木板；在陡峭的山崖上，他们开凿出可以攀爬的阶梯；对于骇人的峡谷，他们会填满巨大的石块。大道沿着安第斯山脉险峻的群山修筑而成，沟通了纵横南北的帝国。

此外，值得一提的是，这些公路沿线，每隔 10～12 英里的地方都设有称为"塔姆博斯"（tambos）的驿站。这些驿站并非是只提供邮递、供人歇脚的地方，它们还是帝国的军事堡垒。驿站规模很大，有碉堡、兵营等军事工程，周围还有防御用的石砌短墙。因而，可以说，驿站与这些大道一起，构成了维系帝国统治的军事系统。事实上，在这些大道上行走的和驿站里休憩的也多是传达政令的公务人员、武装的军队或巡狩的国王车舆，极少有普通民众的足迹。

由于发达的交通，使印加政府更为方便地控制着帝国的方方面面。从王国境内的所有矿产到普通的骆马都归王国所有，农业生产、宗教祭典、手工业、大型工程也全都在王国政府的指导之下进行。正像普雷斯科特所说："没有人会致富，也没有人会变穷；然而所有的人都可能而且的确过着一种小康生活。"但他们又更像一个静态的社会，"人类

---

① 1 英里约等于 1.6093 千米。

崇山峻岭间的印加古城——马丘比丘遗址

进步的伟大规律对他们不适用。他们赤条条地生，赤条条地死。他甚至不能说时间是属于他自己的。没有钱，也没有任何财产，他们就是用劳动交税"①。

印加人还发明了一种极其巧妙的"结绳文字"。这种文字以长约 2 英尺的绳子为主体，它由多条不同颜色的线搓捻而成，绳上垂下许多像穗子一样的线头。这些线头颜色各异，打成结。颜色和绳结分别代表着物体和数量。例如，白色线头代表银，黄色线头代表金等。②

此外，在天文、历法、农业、手工业等方面，印加人也创造了特色鲜明的成就。总体而言，印加人在文明发展水平上略高于阿兹特克人。不过，与旧大陆的文明相比，印加人也只是刚刚迈入文明的门槛。

---

① ［美］普雷斯科特：《秘鲁征服史》，周叶谦等译，第 65～66 页。
② ［美］普雷斯科特：《秘鲁征服史》，周叶谦等译，第105～106 页。

三、沉睡的南方大陆

希罗多德在《历史》中提出了一个著名的论点，即"对称说"。他认为，世间的一切都应是对称的。基于这种观点，古希腊地理学家们开始思考在赤道以南应存在着一片与北方大陆相对称的大陆，即亚欧非以外的"第四世界"。古希腊天文学、地理学的集大成者托勒密在其传世之作《地理学指南》中绘有一张影响后世一千多年的世界地图。在这张地图的最南方有一片与非洲大陆南端相连的大陆，并标以"未知的南方大陆"（Terra Australis Incognitia），成为后世人们寻找"南方大陆"的重要依据。

在中世纪漫长的一千年里，古希腊的知识长期湮没于基督教卷宗之下，教会坚称赤道以南是上帝用以处罚罪民的流放之所，那里只有沸腾的海洋。15 世纪初，托勒密的著作被译成拉丁文出版，其世界地图也重见天日。欧洲人开始了寻找"南方大陆"的历程。后来的发现证明：尽管托勒密的描绘谬误极大，但"南方大陆"确实存在。在赤道以南的大洋中漂浮着两块大陆，一块是澳大利亚，一块是南极洲，除此之外，还有数不尽的大大小小的岛屿分布在广阔的南方水域之上。在 1453 年，当旧世界发生着天翻地覆的改变之时，在南半球的大洋上沉睡的两块"南方大陆"是个什么样子呢？

南极洲是人类踏足的最后一块大陆，今天，在冰雪覆盖的苍茫大陆上，人们也只是零星地驻扎了一些南极考察点，而在 15 世纪，这里还是一片人类从未曾踏足过的处女地，企鹅是这里的主人。与南极洲的酷寒相反，横卧在热带和亚热带地区、西南太平洋和印度洋之间的澳大利亚大陆却很早就有人类活动和居住。不仅是人类，这里还是许多在旧大陆早已消失或从未曾产生过的各种奇异生物的天堂。

人类最早在什么时候从旧大陆跨过海洋来到澳大利亚大陆无法确定，根据最新的考古表明，这一时间应至少在 3 万年以前。从这一结果可以推断"土著居民的祖先可能是世界上最早的水手，因为当时要从东南亚到达澳洲的陆地，必须横渡 40 英里的广阔水域"①。不过，令人吃惊的是，在欧洲人于 17—18 世纪登上这片大陆之前的数万年间，生活在这里的人类并未向文明社会迈步。大陆上的居民仍处于旧石器时代，他们以渔猎和采集为生，穿着上比 15 世纪末哥伦布首航美洲时看到的印第安人还要可怜。生活在澳大利亚大陆上的土著居民皮肤为棕黑色，通过分析他们的毛发和骨骼，大体可以推定他们是东南亚居民的近亲。澳大利亚土著人口约 30 万，他们分布在从沙漠地区到大陆东南角和东北海岸的许多地区，与澳大利亚大陆各种奇异的生物一起，他们简单而快乐地生活着。

大陆上虽然没有文明的出现，但大陆周边数不尽的岛屿中却孕育了许多值得称道的土著文明。分布在萨摩亚（Samoa）、汤加（Tonga）、塔希提（Tahiti）等岛屿之上的波利尼西亚人（Polynesians）是其中的佼佼者。从文明发展阶段上来讲，波利尼西亚人已处于原始民主制末期，阶级分化已经出现。他们的人口达 60 万～70 万，以农业为生，种植南瓜、芋头等农作物。他们还开始饲养猪、狗和鸡等牲畜。波利尼西亚人在航海方面具有高超的技巧，因而他们能够在相隔数百甚至上千公里的岛屿之间穿梭往来。自公元 9 世纪末至 14 世纪，一些波利尼西亚人开始向新西兰进行迁徙。② 他们是毛利人的祖先。毛利人继承了波利尼西亚人的农业文明。

在北方世界发生着巨大变革的 15 世纪，南方大陆依然沉睡在浩瀚的大洋之中，那里的人类还徘徊在文明世界之外，进行着简单的文明创造。他们自由自在的生活一直延续到 17—18 世纪欧洲人的到来。

---

① ［美］斯塔夫里阿诺斯：《全球通史》上册，吴象婴等译，北京：北京大学出版社，2004年版，第 331 页。

② 王宇博：《移植与本土化：大洋洲文明之路》，北京：人民出版社，2011 年版，第 24 页。

第三章　沿着非洲向前

欧罗巴是一片神奇的土地，在这片约占亚洲四分之一的土地上，横亘着许多著名的山脉，流淌着许多滋养万物的河流。山山水水之间的欧洲被大海三面包围，蜿蜒屈曲的海岸线与这山水纵横的地理环境塑造了复杂多样的欧洲文明。在亚欧大陆的最西端，欧洲的西南角，伊比利亚半岛像一个巨大的脑袋伸长了脖颈面向大西洋。半岛的东面是浩瀚的地中海，而唯一与欧洲大陆接壤的"脖子"上横亘着比利牛斯山脉。半岛最南端的突出部距离非洲大陆最近处仅13千米。独特的地理环境在一定程度上塑造了伊比利亚人独特的历史与文化。

伊比利亚半岛处于欧洲和地中海文明世界的边缘，又与非洲有着千丝万缕的联系。比利牛斯山脉隔开了它与欧洲文化中心的陆上交流，而地中海的波涛也使这片土地犹如一片世外桃源。善于航海的古希腊人沿地中海岸边建立了"池塘边的青蛙"式的殖民城邦，伊比利亚半岛才正式纳入了地中海文明世界。罗马人在征服西地中海的战争中，把这里变成了帝国西部的行省之一。476年，西罗马帝国灭亡，这里又成了蛮族西哥特人的天下。狭窄的直布罗陀海峡难以形成有效的海上屏障，反而成了伊比利亚半岛遭受外来侵略的便捷之径。公元8世纪初，摩尔人正是跨过这里，来到了伊比利亚，从此开始了长达8个世纪的征服与反征服的斗争。中世纪后期，这个偏远的半岛上最终崛起了两个引领近代欧洲风潮的民族国家——西班牙和葡萄牙。

第一节　葡萄牙民族国家的奠基

罗卡角位于葡萄牙的最西端，亦是整个亚欧大陆的最西点，这个狭长的海角千百年来伴着涛声伸向日落的方向。在罗卡角的崖壁上矗立着一座镶着十字架的石碑，上面镌刻着葡萄牙文学之父卡蒙斯的著名诗句："陆止于此，海始于斯。"一代又一代的葡萄牙先祖站在这里望洋兴叹：葡萄牙的未来在哪里？是身后孤悬海上却也难逃欺凌的半岛，还是眼前神秘浩瀚的大海？

一、葡萄牙的国家渊流

葡萄牙这个"酸甜"的名字(Portugal)在葡语中意为"温暖的港湾"。15世纪末，当葡萄牙人来到中国的广东时，根据粤语发音而得名。不过葡萄牙确实也盛产葡萄，其出产的葡萄酒早在古罗马时代就已负盛名。在现今葡萄牙这块土地上，有迹可循的最早居民或许可以笼统的称为早期卢济塔尼亚人，在地中海东部文明传入之前，他们一直处于未开化状态。腓尼基人可能是最早来到这里的殖民者，腓尼基城邦迦太基一度统治过现今葡萄牙的南部一带。在迦太基与罗马的第二次布匿战争中，罗马人在伊比利亚半岛建立据点，并将迦太基人逐出了伊比利亚半岛。在罗马人的征服中，卢济塔尼亚人进行了长期的激烈抵抗，但强大的罗马军团最终横扫整个半岛。罗马人对半岛进行了大规模的罗马化改造，他们建立统治机构、兴建城市、修砌罗马大道，并将拉丁语、基督教和罗马法律引入。其中，拉丁语与土著语言融合后形成了半岛上早期的卢济塔尼亚方言。

公元5世纪，在西罗马帝国摇摇欲坠的时代，多支日耳曼人对半岛进行了洗劫；而在罗马军团保护下数百年之久的卢济塔尼亚人毫无抵抗之力。半岛上的战乱一直持续到公元6世纪，最终由强大的西哥特人实现了半岛的统一。但是，西哥特王朝很快陷于分裂，蜷缩在首都托莱多(Toledo)的国王往往由贵族选举产生，这些世袭贵族领有庞大的封地，各自为政，统一王国徒有虚名。这样，当阿拉伯人跨过直布罗陀海峡侵入半岛之时，整个王国毫无招架之力。值得注意的是，在阿拉伯人到来之前，无论是从地理上，还是其他方面，很难找到线索把现今葡萄牙这块地方与半岛上其他部分区分开，葡萄牙人惯常追溯的"卢济塔尼亚"不过是对半岛西部地区的泛称。

葡萄牙的独立历史要从被称为"再征服运动"的反摩尔人斗争中说起。711 年，已经席卷北非大地的摩尔人渡过直布罗陀海峡，击败了西哥特王朝的末代国王罗德里克。然后，他们长驱直入，一直侵入到法兰西境内，才最终在图尔战役中被著名的法国宫相查理·马特①阻挡。在摩尔人对半岛的征服过程中，一部分坚毅的基督徒退守到半岛北部的山区里，而摩尔人并没有乘胜追击。这支游击部队的首领佩拉吉奥被推选为国王，并开启了长达 8 个世纪的反摩尔人运动。佩拉吉奥的小王国经过数代人的努力发展为强大的莱昂王国，领导着整个半岛上的反抗运动。11 世纪之后，伴随着阿拉伯人的分裂，基督教王国在莱昂王国的带领下稳步扩张。著名的阿方索六世将国王沿着大西洋向南推进，一度夺取了特茹河沿岸地区。阿方索六世将大西洋沿岸这片光复的土地分为三个州，其中最北的一个为葡萄牙州，即以波尔图为中心的葡萄卡尔地区（Portucale），往南依次是科英布拉州和特茹河沿岸地区。分封贵族进行直接管理，是一种有效的封建式防御体制，但正如史家诺威尔所说："这样造成了一个无可避免的结局，即这些封建贵族早晚会走上一条与国王分庭抗礼的道路。"②葡萄牙正是在这种封建制度下以独立姿态出现的。

葡萄牙的开国者被认为是阿方索·恩里克。阿方索的父亲恩里曾是阿拉贡国王阿方索六世的雇佣兵，后来得到器重被分封为葡萄牙州的领主，他是一位很有政治和军事头脑的人物。一方面，他迎娶了阿方索六世的私生女，巩固自己的政治地位；另一方面，他向南推进，吞并了科英布拉州和摩尔人的大片领土。恩里在 1112 年死后留给时年 3 岁的阿方索·恩里克丰厚的政治遗产，但这些遗产长期被恩里克的母亲和情夫费尔南多·佩雷斯占据。直到 1128 年，长大成人的阿方索

---

① 法兰西加洛林王朝的创建者矮子丕平（Pippin，751—768 年在位）之父，查理大帝的祖父。

② C.E. Nowell, *A History of Portugal*, New York: D. Van Nostrand Co., 1952, p.6.

联合支持者一举击溃了其母亲和佩雷斯的势力。在他的统治生涯中，阿方索·恩里克最伟大的功绩莫过于使葡萄牙成为独立王国，以及彻底征服特茹河沿岸地区，后来成为葡萄牙首都的里斯本正是在他的努力下彻底摆脱了摩尔人统治。阿方索·恩里克时代奠定了葡萄牙国家的主要疆域，并将最早的葡萄牙民族主义深刻地烙印在这方水土之上的人民心中。史家诺威尔这样评价阿方索·恩里克："他生在这个国家，统治这个国家直至死亡，并用尽一生服务于这个国家的利益，他是历史上第一位真正的葡萄牙人。"[1]

1179年，葡萄牙王国的独立地位得到罗马教皇的认可，阿方索·恩里克成为葡萄牙历史上第一位国王。在接下来的200多年间，葡萄牙的历代国王仍旧为自身的独立地位与强大的邻国周旋、战斗，并在与摩尔人的战争中继续向南扩张。

值得一提的是，在摩尔人长达8个世纪的征服与统治下，伊比利亚半岛上的人们，无论在血缘、语言、建筑风格，还是生活习俗上，都烙上了独特的伊斯兰痕迹。葡萄牙地区的方言与半岛上其他地区的方言一样都是以拉丁语为基础，但融合进大量阿拉伯语词汇。国王迪尼斯一世(1279—1325)在位期间将葡萄牙方言确立为官方语言，以取代拉丁文。尽管与半岛上其他方言没有本质区别，但葡萄牙语却逐渐成为葡萄牙国家独立地位与民族主义的载体，进而推动了葡萄牙民族国家的形成。

纵观葡萄牙建国史，不难看出，葡萄牙之所以成为葡萄牙，而不像半岛上其他地区一样最终统一在西班牙的旗帜之下，其原因主要在以下几个方面：其一，历代葡萄牙君主的独立倾向及对民族主义和国家独立的不断引导；其二，复杂的反摩尔人斗争与基督教王国践行的封建制度为葡萄牙的独立创造了客观环境；其三，王权的强大与中央集权的国家结构为葡萄牙的独立地位提供了强大的实力基础。总之，葡萄牙的独立地位尽管屡次走到崩溃的边缘，但在数百年的夹缝中，

---

① C. E. Nowell, *A History of Portugal*, New York: D. Van Nostrand Co., 1952, p.7.

它最终生存了下来，并在阿维斯王朝得到巩固和强化。

二、阿维斯王朝的建立

对葡萄牙王国的独立与发展产生决定性影响的是阿维斯王朝的建立，葡萄牙海外扩张和发现新航路事业也开启于这一伟大王朝。王朝开创者是被尊为"若奥大帝"的若奥一世。谈起若奥一世与他开创的王朝，不得不提到他的父王佩德罗一世（Pedro I，1320—1367）与他的母亲——一名侍女①的那场"倾国之恋"。

在佩德罗还是王子的时候，他爱上了出身卑微的侍女茵内斯·德·卡斯特罗。这位侍女的温柔体贴让他沉浸在爱河之中无法自拔，但作为王国未来继承人，他并没有选择爱人的权利。他的父王阿方索四世为他娶了一位卡斯蒂利亚的贵族小姐，不过，佩德罗对这位小姐的爱不过是逢场作戏，应付差事。大部分时间里，他与茵内斯在科英布拉的行宫长相厮守，两人还育有4个孩子。被丈夫长期冷淡的贵族小姐在产下一子（即后来的斐迪南一世）后郁郁而终。冷酷的老国王趁儿子外出之际派人秘密处死了茵内斯。当佩德罗回到科英布拉发现爱人惨死后，悲痛欲绝，他被仇恨冲昏了头脑，一怒之下率亲兵包围了首都波尔图，要找其父王报仇。他亲自来到城下，指挥军队攻城。在人类的历史上，父子为争夺王位，刀兵相见的例子固然不少，但为爱情而父子成仇的例子却着实罕见。父子内讧，胜败都是败。最终，佩德罗从激愤中平静下来，下令停止攻城，与老国王达成和解，这才使王国摆脱危机。

佩德罗既不能做自己的杀父仇人，夺妻之恨又不得不报，他在痛苦与矛盾的交织中熬到1357年老国王去世。登上王位后，他将两名逃往卡斯蒂利亚的凶手捉回，用剜心的手段处决了他们。1360年，他又郑重向全国宣布，封茵内斯为葡萄牙王后，并按照王后礼仪重新为茵内斯下葬。根据葡萄牙人的传说，在葬礼上，佩德罗为早已腐化为骷

---

① 一说生于卡斯蒂利亚贵族之家，甚至是卡斯蒂利亚国王（Sancho Ⅳ，1284—1295年在位）的私生女。参见［葡］J. H. 萨拉依瓦：《葡萄牙简史》，李均报、王全礼译，北京：中国展望出版社，1988年版，第79页。

髅的茵内斯穿上婚纱，甚至逼迫斐迪南王子上前亲吻这位王后恐怖的枯手。佩德罗一世还在阿尔科巴萨修道院内修建了两座奢华的陵墓，一座为茵内斯，另一座留给了自己。两座陵墓相向放置，这是佩德罗自己别具匠心的设计。他期待末日审判来临时，所有逝去的人能够复生，这样当他们两人推开棺木坐起身时，两人第一眼看到的是对方。佩德罗一世在茵内斯被杀之后，坚定地为爱人守贞，至死未再续娶。①

这段"旷世绝恋"在佩德罗死后并没有就此终结，其对葡萄牙王国的历史产生了重要影响。二人的结晶之一正是葡萄牙民族国家的奠基人、阿维斯王朝的开创者——若奥大帝。

作为佩德罗与茵内斯的私生子，若奥不平凡的出身与际遇使他不同于正统的王子，从小就养成了坚毅的品格。由于受到佩德罗的宠爱，他6岁就被佩德罗一世封为阿维斯骑士团大统领。佩德罗一世去世之后，其合法男嗣斐迪南王子继位，称斐迪南一世。1383年，斐迪南去世无子，唯一的女儿贝娅特丽丝继位为女王。但是，这位公主却与卡斯蒂利亚国王胡安一世有婚约。这就意味着，葡萄牙将沦为强大的卡斯蒂利亚的附属国，从而丧失独立地位，试想未婚妻将带着一个王国作为嫁妆来到卡斯蒂利亚，胡安一世似乎终于可以实现其先辈一直以来的梦想。在王国存亡的关头，若奥被葡萄牙贵族们推上了历史的前台。他以阿维斯骑士团为核心建立一支强大军队，并将贝娅特丽丝逐出了葡萄牙。若奥随后被贵族推举为新国王，阿维斯王朝建立。②

初登王位的若奥当然知道，贪婪的胡安一世不会就此作罢。他立即大整军备，团结一切力量，摆好阵势等待卡斯蒂利亚军队的到来。两军在阿尔儒巴罗塔（Aljubarrota）进行了一场大战，若奥大获全胜。阿尔儒巴罗塔战役的胜利巩固了葡萄牙的独立地位，沉重打击了卡斯

---

① 这段"旷世绝恋"的一些细节在文学家、剧作家以及人们的口耳相传中可能被过度地演绎化了，甚至葡萄牙最伟大的诗人卡蒙斯在《卢济塔尼亚人之歌》中也以此为题创作了篇章。不过，这一爱情传奇的大体情节无疑是真实的，即使是最严苛的历史学家也不得不肯定佩德罗一世对于茵内斯的痴情。参见 C. E. Nowell, *A History of Portugal*, New York：D. Van Nostrand Co., 1952, pp.14-16.

② 根据中世纪基督教观念，私生子继位也即改朝换代。

蒂利亚数百年来吞并葡萄牙王国的野心。此役亦成为葡萄牙和西班牙两国历史分野的标志。

在整个欧洲中世纪的宏观视野下，早期的葡萄牙史不过是一段小国艰苦抗争、维护独立地位的历程，很难说其对欧洲文明进程产生了哪些重要影响，即使放在伊比利亚半岛的再征服运动史中，葡萄牙也仅仅是一个非常次要的角色。但是，在这段毫不起眼的历史中，我们已经能够梳理出这个小国日后成就大业的踪迹。葡萄牙在强敌环伺的情况下能够独立，这一事实本身就折射出其相对半岛上其他地区的特殊性。更重要的是，葡萄牙还建立了欧洲历史上第一个民族国家。在中世纪欧洲封建制度顽固、罗马教会指点江山的情况下，"民族国家"是个昭示欧洲未来发展道路的事物。那么，为什么是葡萄牙？答案当然要从葡萄牙与生俱来的强大王权说起。自王国开创者阿方索一世的父亲恩里起，保卫王国与对外扩张就是国家最主要的政治事务，再加上先发制人的战略思想，使得这个国家"在结构上是军事化的"[1]。好战的贵族与平民团结在王权的旗帜下，一起为国家的独立与反穆斯林事业奋斗。在这个过程中，君主除了利用宗教精神鼓舞人民，更重要的是拉出了民族主义的大旗，这才是葡萄牙区别于半岛其他地区的核心一点。最终，王权与战争缔造了葡萄牙国家，同时也缔造了葡萄牙民族。正是统一民族国家的建立，为葡萄牙率先开启海外扩张、探寻新航路提供了强大的政治保障和物质基础。

第二节　葡萄牙人的早期探险

海上的英雄，

高贵的人民，

无畏的民族。

重新站起来吧，

---

[1]　C.E. Nowell, *A History of Portugal*, New York: D. Van Nostrand Co., 1952, p.10.

不朽的人们！

在记忆的朦胧中

葡萄牙光彩熠熠。

……

葡萄牙的国歌告诉人们，六百年前，葡萄牙人曾开始海上征伐。

一、"航海王"亨利

阿维斯王朝建立后，葡萄牙人没有停下脚步。作为一个小国，强敌环伺，葡萄牙选择了对外扩张的道路。但是，哪里是葡萄牙的未来成为考验葡萄牙统治者政治智慧的问题。此时伊比利亚的收复失地运动虽然取得了显著的成果，但摩尔人仍然顽强抵抗。作为天主教王国，葡萄牙的首要事业仍然是反摩尔人。进攻北非摩尔人的军事重镇休达（Ceuta）是葡萄牙开启海外扩张事业的第一步。在这次具有标志性意义的军事行动中，一位年轻的王子初次崭露头角。他就是葡萄牙海外扩张事业的开拓者——亨利王子。

亨利王子于 1394 年出生在波尔图的葡萄牙王宫。根据葡萄牙编年史家戈姆斯的记载，亨利王子出生那晚，一位自称精通星象的牧师对若奥一世说，王子陛下必将进行伟大而高贵的征伐，发现他人无法看到的神秘的东西。[①] 亨利王子的母亲是英国摄政王兰开斯特公爵的女儿菲利芭（Philippa of Lancaster，1359—1415）。这位来自英格兰的贵族小姐为若奥一世生了 3 个儿子，亨利王子是其中最小的一个。菲利芭知书达礼，是一位虔诚的天主教徒。在她的言传身教之下，亨利王子成为一位儒雅而不失刚毅、信仰虔诚的天主教教徒。一些史家在讲到亨利王子时总是强调其英国血统的重要性，但这种带有种族歧视的论调遭到葡萄牙历史学家雅依梅·科尔特桑的反驳。他说："一个人的功绩在很大程度上应归于他所属的群体……而北欧某个高等民族的枝

---

① ［美］斯蒂福夫：《达·伽马和其他葡萄牙探险家》，吕志士、马建成译，北京：世界知识出版社，1998 年版，第 35 页。

权嫁接到葡萄牙结实的树干上，从本质上说他是航海民族的代表，这个民族是葡萄牙，但绝不代表那个自大的民族。"①

1415 年，亨利王子 21 岁时，若奥一世任命他为葡萄牙舰队司令，远征北非军事和商业重镇休达。这是具有重大意义的事件，它标志着葡萄牙海外扩张的开始，许多历史学家将这一事件作为大航海时代开始的标志。对于亨利王子来说，这也是他第一次登上历史舞台。这一战，亨利王子发挥出了出色的军事才能，葡萄牙以伤亡 8 人的代价攻下休达城，随后，亨利王子被若奥一世封为骑士。休达城直到 1668 年前一直是葡萄牙对抗摩尔人的桥头堡和在非洲扩张的前哨阵地。

回国后，亨利王子被任命为天主教骑士团统领，南部阿尔加维省的总督，这一成果使亨利王子获得了政治资本，并且具备了后来他从事伟大探险的物质基础。正是由于实力的壮大，他被迫卷入了两位兄长（杜阿尔特和佩德罗）的王位继承权之争。亨利王子深知政治上的斗争可以使父子反目，兄弟成仇。他为了躲避两派的拉拢而闭门不出，和他交往最多的是一批闯世界的探险家们。他最喜欢听这些走南闯北的冒险家讲述奇异的海外经历。在这些人的影响下，亨利王子开始痴迷于航海探险事业，他渴望的是他所生活、所熟悉的世界以外的东西。这些探险家还为他搜集了一批航海图和探险书籍，很可能其中有希罗多德的著作，从而了解了有关非洲大陆真实情况的记录，根据希罗多德的观点："除去和亚细亚接壤的地方之外，利比亚（非洲）的各方面都是由海环绕着的"，并且他还记载了关于腓尼基环航非洲的传说。

在政治斗争的漩涡中，独善其身是困难的。1419 年亨利王子决定离开暗潮汹涌的宫廷，前往阿尔加维省从事一项新的事业。他在萨格里什（Sagres，今圣维森特角）建立了一所航海学校，并四处网罗科学家、地理学家、天文学家、工程师和探险家在这里研究航海和探险。

伟大的航海时代正是从这里开启的。在今天里斯本西郊的特茹河口，矗立着为纪念亨利王子逝世 500 周年（1960）而建立的大航海纪念

---

① ［葡］雅依梅·科尔特桑：《葡萄牙的发现》，邓兰珍译，北京：中国对外翻译出版公司，1996 年版，序言。

碑。船形纪念碑的船首位置，亨利王子一手托着用于航海的三桅帆船，一手拿着航海图，目光朝向一望无际的大西洋。达·伽马、麦哲伦等伟大的航海家矗立在他的身后。史家科尔特桑评价道：亨利王子"点燃了发现的精神，并把自己的激情传达给了整个民族"①。

里斯本航海纪念碑

1420年，亨利王子的首支探险队出发。在那个收复失地运动如火如荼的时代，反摩尔人的事业与探险事业是不可分割的。卡蒙斯在他的著名诗篇《卢济塔尼亚人之歌》中写道："卢济塔尼亚王国岿然屹立，仿佛整个欧洲之巅，这里是陆地的终端，大洋的起始，太阳神每天到海里休息。公正的上帝要它打响，对邪恶的摩尔人的战役。把他们彻底驱逐，即使到炎热的非洲也不容他们喘息。"②探险队沿非洲海岸南下，目标是越过撒哈拉海岸的博哈多尔角到几内亚，寻找传说中的约翰王国③，并与之建立基督教联盟来共同对抗摩尔人。启航不久，探险船遇到逆风而被吹离了航向，船员们意外发现了圣港岛。

① [葡]雅依梅·科尔特桑：《葡萄牙的发现》第2卷，王华峰等译，第632页。
② 《卢济塔尼亚人之歌》第3章第20节，引自[葡]路易斯·德·卡蒙斯：《卢济塔尼亚人之歌》，张维民译，北京：社会科学文献出版社，1992年版。
③ 传说中位于非洲的基督教王国。

探险队将这一发现汇报给了亨利王子，王子立即组织了殖民队伍前去。不过，在这个人类文明以外的荒岛上，人类却败给了温顺的兔子。其实，这里本没有兔子，而是殖民者随行有一只怀孕的母兔。这只兔子在这片没有天敌的世外桃源充分发挥了强大的繁殖能力，完全改变了岛上的生态系统。殖民者赖以维持生计的农作物还没有长出果实就已被兔子们吃光了。最终，兔子成了岛上的真正主人，而人类被赶走了。殖民者转移到 20 千米外的马德拉岛。在这个丰饶的岛上，殖民者们最终定居下来，建立了葡萄牙的第一个海外殖民地。马德拉岛有充分的阳光和淡水，这里不仅适合人类生存，也适合农业发展。殖民者在这里大面积种植葡萄和甘蔗等经济作物，并很快建立了配套的葡萄酒酿造和蔗糖生产工场，使这里迅速繁荣起来。殖民开发的成功一方面鼓舞了葡萄牙人的探险热情，一方面也为海外继续探险找到了一个坚实落脚点。

亚速尔群岛（Azores Islands）的发现与殖民也是在亨利王子的主持下进行的。1427 年，迪奥戈·德·西尔维斯（Diogo de Silves）奉亨利王子之命率领探险队发现这里，随后，亨利王子在国内组织了庞大的殖民队伍前去。亚速尔群岛距离葡萄牙海岸约 1450 千米，几乎相当于葡萄牙到美洲大陆距离的 1/3，因而，这里成为后来欧洲航海家往来欧美非三大洲的中转站。

马德拉群岛和亚速尔群岛的殖民开发大大鼓舞了葡萄牙人的探险热情。1433 年，若奥大帝逝世，亨利的长兄杜阿尔特继位。值得一提的是，无论是父亲还是兄长，国王的鼎力支持都是亨利王子的航海事业能够进行的前提和保证。

亨利王子的下一个目标是征服被称为"死亡之角"的博哈多尔角。根据古老的传说，博哈多尔角海岸上布满厚厚的盐层，牛拉的犁也无法犁动，而且只要人类跨过这里，就会立刻变成黑人。[①] 在当时流传的阿拉伯地图上，博哈多尔角以南画着一只从大海里伸出来的魔鬼之

---

① 　C. R. Beazley, *Prince Henry the Navegator: the Hero of Portugal and of Modern Discovery, 1394-1460*, New York and London: The Knickerbocker Press, 1911, p. 171.

手，意指谁越过这个海角谁就会被大海吞噬。对于完成这一使命的人选，亨利选择了自己的侍从、孔武有力又胆识过人的吉尔·艾阿尼斯。亨利交给他的任务很简单：沿非洲海岸一直向前。艾阿尼斯的第一次出航辜负了亨利的期待。1434 年，艾阿尼斯再次出航，最终登上了博哈多尔角以南的海岸。据说，当他看到自己映在海水中的倒影时，大惊失色，因为海水倒影中的他真的变成了"黑人"。不过，在捧起海水洗净饱经风沙侵蚀的脸后，他终于松了一口气，除了一脸浓密的胡子外，皮肤还是白色的。船员们面面相觑，不禁大笑起来。艾阿尼斯沿海岸进行了考察，发现从这个海角往南的土著人确实都是黑人。事实上，他们确实已经航行在非洲(撒哈拉以南的非洲)海岸线了。由于功勋卓著，艾阿尼斯回国后被封为骑士。他成为葡萄牙新时代骑士的代表，相较于欧洲封建骑士，战马变成了探险船，驰骋的陆地变成了海洋。次年，亨利又派艾阿尼斯出海。探险队再次越过博哈多尔角，并收集到几千张珍贵的海豹皮，为葡萄牙开启了有利可图的非洲贸易。

正在非洲探险有条不紊地开展之时，杜阿尔特国王于 1438 年去世，葡萄牙宫廷斗争加剧，拥有独特地位和影响力的亨利王子被迫再次卷入政治斗争，探险活动也一度中断，直到 1441 年，探险事业才重新恢复。这一年，他派出的探险队到达了布朗角(Cape Blanc)，即今毛里塔尼亚的努瓦迪布角(Nouadhibou)，并带回 12 个非洲黑人。这些黑人体格健壮，吃苦耐劳，被卖到奴隶市场后受到欢迎。此后，前往非洲掠夺黑人并运回葡萄牙贩卖成了经常性的活动，由此开启了罪恶的、长达四百年的奴隶贸易。这一事实给亨利王子的光辉形象上洒了一摊浓重的墨迹。根据史料记载，仅在 1444 年的一次探险中，亨利的探险队就带回来 235 名黑人，并卖为奴隶。

亨利王子的探险给葡萄牙人带来了丰厚的物质回报。非洲西海岸成了葡萄牙人的后院和财富之源。1448 年，亨利在布朗角的阿尔金岛(Arguin Island)建立堡垒，作为航海探险和贸易的中转站。同年，葡萄牙爆发内乱，探险事业再度中断。内乱的原因是羽翼丰满的阿方索五世以叛逆罪处决了其叔父摄政王佩德罗。曾试图挽救兄长的亨利受到牵连，阿方索五世一度拒绝支持探险事业。直至 1456 年，政治局势缓和，亨利王子才重新回到探险事业中来。这一年，迪斯尼·迪亚士率领的探险队发现了佛得角群岛。

不幸的是，亨利王子在 1458 年以 64 岁高龄率军出征，虽然成功地占领了北非重镇丹吉尔，却因为鞍马劳顿病倒了。1460 年，亨利王子病逝于萨格里什。这一年他的探险队到达了塞拉利昂(Sierra Leone)海岸。巧合的是，这一年，达·伽马出生在葡萄牙的希尼斯(Sines)城。

亨利王子虽然一生都没有亲自乘船远洋航行，但他却被后世称为"航海家"，正是在他的努力下，地理探险和发现"成为一门艺术和科学"[1]，成为一项有组织、有计划的事业。在他生活的时代，欧洲仍然处于未苏醒的时代，而唤醒这个巨人的，正是这个给葡萄牙人留下精密的探险计划、丰富的航海经验和优秀的水手的人。[2] 正如美国学者斯蒂福夫所说："他开创了欧洲海上探险最伟大的时代，推动着葡萄牙迈出了欧洲的大门。"[3]

许多历史学家饶有兴致地探讨亨利王子的一生。他既不爱江山也不爱美人，权力和婚姻在他看来也不过是白驹过隙的东西。正如他在给其兄杜阿尔特国王的信中所说："对于一个普通人来说，逝去的每一天，不过就是吃、喝、睡、唱、笑、看、听、有女人陪伴、结婚、聊天、指责以及其他所有令人疲倦和沉沦的事。最终老年人的怪癖和痛苦折磨着他们，直到死亡为止。"他对人生的参悟如此深刻，或许也正因此，他一生未婚。葡萄牙历史学家雅依梅·科尔特桑对亨利王子的描述或许最为精准，他说："亨利王子既是文艺复兴时期未来的有文化的商人，又是受反穆斯林的宗教信仰支配的已过时的中世纪式的十字军战士，历史很看重这两种人格。"[4]正是这两种人格推动了他在扩大

---

① 张箭：《地理大发现研究：15—17 世纪》，北京：商务印书馆，2002 年版，第 81 页。

② C. R. Beazley, *Prince Henry the Navegator:the Hero of Portugal and of Modern Discovery, 1394-1460*, New York and London:The Knickerbocker Press, 1911, pp.308-310.

③ ［美］斯蒂福夫：《达·伽马和其他葡萄牙探险家》，吕志士、马建成译，第 60～61 页。

④ ［葡］雅依梅·科尔特桑：《葡萄牙的发现》，邓兰珍译，序言。

葡萄牙民族利益的道路上一往无前。

二、非洲探险的推进

亨利王子组织的每次探险都进行了详细备案，这些探险资料被当作葡萄牙的最高机密保存，只有即将出海执行探险任务的船长才可以获准阅读。[①] 这些记载着葡萄牙水手冒着被大海吞噬的危险得到的资料为葡萄牙人的成功打下了坚实基础。

亨利王子去世后，阿方索五世将葡萄牙的探险事业及在非洲的贸易交给了一位商人冒险家费尔南多·戈姆斯（Fernando Gomes）。1469 年，国王与戈姆斯达成了一项期限为 5 年的协议：

手捧航船、凝望远方的
亨利王子

戈姆斯同意每年与国王分享商业利润，国王则许诺禁止其他任何人在非洲西海岸进行商业活动，同时，戈姆斯还允诺从塞拉利昂开始，以每年 100 里格（约 300～400 英里）的速度在非洲沿岸为葡萄牙拓展新领地。正是这项条款保证了葡萄牙探险事业的延续，并使戈姆斯这位唯利是图的商人踏入探险家的行列。

戈姆斯出色地完成了协议的内容，他派出的船队在 1474 年越过了赤道。5 年的时间，戈姆斯的探险队为葡萄牙沿非洲西海岸推进了约 2000 英里长的海岸线，等于亨利王子的探险队 40 年探险的长度。[②] 当然，作为商人，他的主要目的仍是获取商业利益。他的商队发现了象牙海岸、黄金海岸和奴隶海岸，从而得以大规模地掠夺非洲的象牙、黄金和奴隶，而且探险队还在贝宁地区发现了胡椒，虽然其质量比东方的同类产品逊色许多，但仍是君士坦丁堡陷落以来欧洲消费者们的

---

① 1755 年的里斯本大地震使葡萄牙早期探险时代的大部分档案和文献毁于一旦。

② ［美］斯蒂福夫：《达·伽马和其他葡萄牙探险家》，吕志士、马建成译，第 63 页。

一大福音。戈姆斯的商队还在非洲海岸建立起了许多殖民据点，繁荣的海外贸易为戈姆斯本人和葡萄牙带来了巨大的经济利益，推动了向葡萄牙海上贸易帝国前进的脚步。

1474 年，合约到期后，阿方索五世没有续约，而是把贸易和探险垄断权给予了自己的儿子，即后来的若奥二世（João Ⅱ，1481—1495年在位）。若奥二世对航海探险与海外贸易有着深厚的兴趣，他深知葡萄牙的未来就在海上。若奥"把非洲西部事务置于优先考虑地位"，制订了具体的计划和任务，主要包括以下几点：大力发展非洲西海岸的贸易；进行环非洲大陆的航行；开展与印度的贸易；建立一个海外葡萄牙帝国；寻找传说中的约翰王国。[①]

若奥二世继位后，与亨利王子一样，也建立了一个集合了各个行业精英的探险顾问团队——"荣塔"（Junta）。正是在这个幕后团队的帮助下，葡萄牙开辟新航路的事业进入了一个新时代。

迪奥戈·卡奥（Diogo Cão，1450—？）是若奥二世最信任的探险家之一，他出身于航海世家，为人坚毅果敢、富于冒险精神。1482 年 6月，若奥二世派他继续沿着非洲海岸向南航行。卡奥越过赤道，一直向南航行。赤道附近的酷热和逆风使船员们尝尽了苦头，海岸线蜿蜒曲折，悬崖峭壁林立，而且海水极浅，船只不得不远离岸边以防搁浅。在这种恶劣的环境下，他们航行了许多个日夜。一天，卡奥发现远方有一处巨大的海湾，他命令探险船向海岸的方向行驶，然而，越接近岸边，水流逆向推动船只的感觉越明显，于是他命船员从海里提起一桶水，这水并不是咸的，因而卡奥断定这是一个巨大河流的入海口。他派一只探险船小心翼翼地溯河而上，果然发现这是一条宽阔的河流，即非洲仅次于尼罗河的第二大河——刚果河。河水非常清澈，可以看到水中嬉游的鲤鱼，两岸被雨林覆盖，不断有好奇的土著黑人从林子中探出头警惕地望着葡萄牙人。为了纪念这次发现，他在河口竖起葡萄牙探航西非海岸以来第一根"帕德劳"（padrão）纪念石柱。数百年之

---

① ［美］斯蒂福夫：《达·伽马和其他葡萄牙探险家》，吕志士、马建成译，第 66 页。

后，这个石柱上的文字依旧清晰可辨。上面刻着："耶稣基督诞生1482年，最优秀、最安详、最有权威的葡萄牙若奥国王命令其臣子迪奥戈·卡奥来到此地并立此柱。"①

卡奥在刚果河口一带进行了长期的停驻，他摆出友好的姿态，与当地的土著黑人建立了良好的关系。在你来我往之间，他们还学会了交流。卡奥得知在深入非洲大陆的内地、刚果河的上游有一个强大的王国。卡奥把刚果王国误认为是传说中的约翰王国。他派一艘探险船沿河去寻找这个王国，自己则继续沿海岸南行。这次航行最远到达今安哥拉的圣玛丽亚角。在回到刚果河口时，他将4名当地土著人带上船，并于1484年春返回了葡萄牙。他的探险在葡萄牙引起了轰动。卡奥的航行为葡萄牙的非洲探险增加了一千多英里的海岸线，并且发现了一条通往非洲内陆的巨大河流。那4名土著也受到礼遇，他们被当作约翰王国的使者。

1485年，若奥二世再次派卡奥率领3艘船组成的探险队出海，目的是让他继续南行绕过非洲。不过，历史的迷人之处就在于许多的故事只有一个清晰的开头却找不到它的结局。这次航行中关于卡奥的去向和生死成为一个难解之谜，现存文献中关于这次航行的具体记载几乎是一片空白，卡奥的探险失之于史了。不过可以确信的是，这次航行到达的最南端至少是圣玛丽亚角以南700英里的地方，即克罗斯角（Cape Cross），因为数百年后，这里依旧竖立着卡奥留下的帕德劳石柱。至于卡奥有没有继续南行，已无可考。克罗斯角位于南纬22度，距离"世界尽头"——好望角（南纬34度21分）只有约12个纬度了。他把这份荣耀留给了巴托洛缪·迪亚士（Bartholomew Diaz，1450—1500）。

第三节 "好望角"的发现

从1420年亨利王子组织的首支探险队沿非洲探航至1485年卡奥

---

① ［美］斯蒂福夫：《达·伽马和其他葡萄牙探险家》，吕志士、马建成译，第68页。

到达克罗斯角，已经过去了半个多世纪。至少三代人为了这一事业付出了艰辛的努力。当然，葡萄牙人也得到了丰厚回报。他们从非洲海岸运回奴隶、黄金和象牙，在马德拉和亚速尔群岛上殖民，并建立种植园，但这些还远远不能满足葡萄牙人扩张的欲望和已经萌芽的商业资本主义精神。他们的目标非常明确，继续向前，直到把船队开进阿拉伯人的"后院"——印度洋，并从富庶的东方带回黄金和香料。

一、错失"新大陆"

在讨论迪亚士那著名的航海发现之前，我们有必要提及一段令葡萄牙人追悔莫及的事情——错失哥伦布和新大陆。克里斯托弗·哥伦布在历史上的名气和地位比之迪亚士要大出许多。早在迪奥戈·卡奥第一次从刚果河探险归来后不久，哥伦布就向若奥二世推销他那看似异想天开的计划。他在国王面前自信满满、唾沫横飞。根据他的理论，葡萄牙大半个世纪沿着非洲西海岸探险的努力都是枉费功夫。他深信地球是圆的，这在当时的欧洲虽然已为许多有识之士所认可，但他认为从加那利群岛至亚洲最东端的日本只有 2500 多英里的见解还是让人不禁质疑。不过，哥伦布坚称只要得到葡萄牙国王的资助，就一定能在极短的时间里向西航行到达东方，这样，葡萄牙人不仅可以从印度得到香料，还可以到达富庶的中国。

若奥二世把哥伦布的计划交给了他的顾问团进行论证。包括卡奥在内的顾问们经过缜密分析，得出一个科学、准确的结论：向西航行在理论上虽然可能抵达东方，但欧洲与亚洲之间的距离远远大于哥伦布的计算。[①] 这个正确的判断使葡萄牙失去了一次千载难逢的时机，若奥二世拒绝了哥伦布，也因此错失了新大陆。不屈不挠的哥伦布最终在西班牙的支持下得以实施计划。茨威格评价道："当那个吹牛的热那亚冒险家真的乘坐挂着西班牙国旗的船只，越过未知的海洋，经过 5 个星期的向西航行，并发现'印度'[②]的消息传到里斯本王宫的时候，

---

① 实际为 1 万多英里，是哥伦布计算距离的 4 倍。
② 当时尚不知晓哥伦布发现的地方是新大陆，他一直坚信这是"印度"的一部分。

就像一块投进窗子的石块那样使人大吃一惊。"

错失新大陆发现机会的葡萄牙人总算在非洲探险方面得到弥补。经过半个多世纪的努力，非洲大陆越来越清晰地展现在葡萄牙人面前，从迪奥戈·卡奥等人的发现中，若奥二世似乎感觉到了胜利在望。不久，他派迪亚士为世人揭开了"世界尽头"的面纱，那个传说中泰坦巨人被流放的地方①。

二、发现"好望角"

迪亚士生于一个航海世家，家族中有多人曾效力于葡萄牙的航海探险事业。在巴托洛缪·迪亚士出生的前5年，即1445年，迪亚士家族中的一位著名人物迪尼斯·迪亚士（Dinis Dias）发现了塞内加尔河，并成功到达佛得角，这是亨利王子时代最伟大的航海成就之一。1487年7月，37岁的迪亚士接受若奥二世国王的委派，登上探险船，像他的先辈一样，肩负起为葡萄牙民族寻找出路的伟大使命，这一使命已使包括他的亲人在内的许多先人抛却了头颅，洒干了热血。国王给他的任务与之前所有探险家的任务如出一辙：一是继续向南航行，直到世界尽头，找到前往印度的新航路；二是寻找传说中的约翰王国，并与之建立基督教同盟。

与迪亚士同时出发的还有从陆路前往东方搜集情报的科维尔汉（Pero da Covilhã）。科维尔汉在1493年到达埃塞俄比亚，找到了传说中位于东方的基督教王国，但也打破了欧洲人寻找外援和同盟的最后希望。这个位于东非、信奉基督教的地区并非一个强大王国，而是由许多分裂的小国组成的弱小联盟，与之建立军事同盟的意义不大。不过，科维尔汉在东方搜集的情报对于达·伽马等航海家开辟新航路的实践具有重要指导价值。

---

① 根据卡蒙斯的诗篇，很久很久以前，巨人亚当阿斯特（Adamastor）联合99个泰坦巨人反抗宙斯的统治，他试图用风暴攻取圣山——奥林匹斯，但没有成功。宙斯将巨人们埋葬在世界尽头的火山之下。亚当阿斯特的身体化为岩石，形成了好望角，周围海域上怒号的狂风和肆虐的雷暴是他游荡的灵魂。对于任何靠近这一海域的人，他都会施以报复，用狂风巨浪将其淹没。迪亚士作为好望角的发现者，诅咒因此降临在他的头上。

迪亚士的船队由 3 艘帆船组成，2 艘快帆船和 1 艘满载食物的供应船，卡奥带回的几个西非黑人也随船出发。从里斯本沿特茹河进入大西洋转南航行，一直到达卡奥留下纪念柱的克罗斯角。在前人航海纪录的指引下，船队一路上没有遇到什么困难。迪亚士把随船的黑人分散派往非洲大陆南北去寻找约翰王国。

在船队越过克罗斯角向南推进的过程中，大海变得不再平静。在南纬 33 度附近，一场海上风暴席卷了船队，补给船在风暴中与另外 2 艘船失去联系。在没有无线电的苍茫大海上，一旦脱离目力所及的范围也就意味着联系的中断。探险船在风暴中各自随风漂流，迪亚士和船员们唯有躲在船舱里向上帝祈祷早日风平浪静。

风暴一直持续了十天十夜才渐渐平息。船身不再剧烈地摇晃，阳光从船舱的缝隙照进来，船员们纷纷庆幸自己躲过了死神，兴奋地齐集到甲板上。眼前的大海又恢复了往昔的温柔，迪亚士看看爬满象鼻虫的腐烂变质的食物和几近干涸的淡水，叫起所有船员一起扬帆向东行驶。根据几十年来葡萄牙航海家留下的经验，在大海上只要向东行驶就一定能到达非洲海岸，但是，这一次他们向东行进了许多天也没有看到非洲大陆的踪影。船员们个个惶恐不安，迪亚士立在船头，看到一只海鸟从头顶掠过，他终于明白了。原来，他们在风暴中的大海上飘荡了太久，船只已经被风吹过了非洲最南端，经过几日的东行，他们已经航行在印度洋上了。于是，迪亚士向船员们大声宣布：我们绕过了非洲！

迪亚士命令船队向北行进，数天后他们终于再次看到了非洲大陆。不过，这次他们看到的不再是熟悉的非洲西海岸，而是东海岸。他们在一处港湾里看到了牧牛的土著人，于是将此地命名为"牧牛人湾"，即今南非的莫塞尔湾（Mossel Bay）。迪亚士沿着海岸继续北行，发现海岸线缓缓地转向了东北，迪亚士确信托勒密那幅广为流传的地图是错误的，印度洋并非是被陆地包围的内海，而是一片与大西洋相连的大洋。为这一伟大的发现备受鼓舞的迪亚士完全忘却了这一路上的危险与船队面临的缺水断粮的窘境。他鼓舞船员们继续前进，他知道印度就在北方，完成印度新航路的开辟是葡萄牙人大半个世纪以来梦寐以求的目标，如今，在他的指挥下，眼看就要实现了。

然而，命运似乎注定了迪亚士无法成为开启时代新篇章的那个人。他的船员们集体反对继续北上，并以罢工相威胁，他们认为目前的发现已经足够伟大了。无奈之下，迪亚士只得妥协，但他要求继续向北航行了一段。他们到达的最北端是大鱼河河口（Great Fish River），之后开始返航。当船头掉转的那一刻，迪亚士肯定不会料到，他将永远无法踏上印度的土地。

返航途中，船队经过一处距离他们遭遇风暴很近的一个巨大海角，为了纪念这次意外的发现，迪亚士将之命名为"风暴角"。葡萄牙历史学家巴若斯写道："船员们惊异地凝望着这个隐藏了多少世纪的壮美岬角。他们也许并不知道，他们发现的不仅是一个突兀的海角，而是发现了一个新的世界。"迪亚士在这里举行了庄严的纪念仪式，并竖立了一根纪念柱。

好望角

绕过这个海角后，他们意外地遇到了失散的补给船，船上尚有 3 名船员幸存。1488 年底，船队回到葡萄牙。若奥二世国王亲切地接见了迪亚士，仔细地聆听了他传奇的航海经历，并将"风暴角"改名为"好望角"(Cape of Good Hope)，盼望这个海角的发现能够带来美好的希望。[①] 通过迪亚士的发现，葡萄牙人已经确信开辟印度新航路只有一步之遥，但他们并没有立即付诸实施。迪亚士的发现被作为国家机密保存起来，迪亚士这位伟大的航海家也被雪藏了起来。[②] 葡萄牙人的这最后一步直到 10 年之后才迈开，但是率领舰队出航的人不再是迪亚士，而是达·伽马。

迪亚士对"好望角"的发现使得自亨利王子以来半个多世纪的非洲探险阶段完美终结。崎岖漫长的非洲大陆西部海岸线终于完美呈现在欧洲人面前，南部非洲神秘的面纱也掀起了一角。对于世界文明进程来说，黑色人种和南部非洲大陆真正地加入了人类文明整体发展的大舞台。同时，抛开西方人文明传播的冠冕说教，黑色人种灾难的血色历史也徐徐揭幕。

---

① 有必要一提的是，好望角虽然声名远播，但它位于南纬 34°21′，并非是许多人认为的非洲大陆的最南端。

② 关于迪亚士发现好望角后，葡萄牙没有立即派出船队去开辟印度新航路，个中原因众说纷纭。参见张箭：《地理大发现研究：15—17 世纪》，第 95 页。

第四章 横渡大西洋

在进行了长达 8 个世纪的再征服运动后，伊比利亚这片欧洲最西端伸向大海的土地，最终被卡斯蒂利亚和阿拉贡王国完全"解放"。两国在伊莎贝拉女王和斐迪南国王结婚后，统一为西班牙王国，完成了民族国家建立的重要一步。由于长期致力于宗教和民族战争，卡斯蒂利亚和阿拉贡都没有在海外扩张方面迈出脚步，落后于葡萄牙半个多世纪。1492 年，最后一面星月旗在格拉纳达城头倒下，西班牙终于完成了统一民族国家的第二步。高瞻远瞩的伊莎贝拉女王立即将目光投向浩瀚的海洋，西班牙的海外事业随之起步。令西班牙人为之骄傲的是，女王迈出的第一步就使西班牙人横渡大西洋，一跃与葡萄牙人站在海外扩张的同一起跑线上。

第一节 西班牙民族国家的崛起

作为与葡萄牙人同宗同源的伊比利亚民族，西班牙人的血管里也同样流淌着腓尼基人、罗马人、西哥特人，甚至是摩尔人的血液。但从民族的主要构成来讲，伊比利亚原住民与公元 5 世纪到来的西哥特人（Visigoths）的民族融合应是现代西班牙人的直系渊源。与葡萄牙民族国家的建立历程显著不同的是，西班牙民族国家的建立完全是在对抗摩尔人的战争中形成的。

一、再征服运动

公元 7 世纪，欧洲人终于从西罗马帝国灭亡的废墟中挣扎起来，开始享受中世纪的宁静与基督教的精神抚慰。此时，阿拉伯半岛上正经历着翻天覆地的变化。在伊斯兰教的旗帜下，阿拉伯人迅速崛起，扩张的势头从中东一直蔓延到北非，与基督教的伊比利亚半岛仅隔着狭窄的直布罗陀海峡。

711年，摩尔人在塔里克·伊本·齐亚德(Tariq Ibn Ziyad)的率领下越过海峡，侵入深陷内部纷争的西哥特王国。西哥特国王罗德里格(Roderic，710—711年在位)率军迎战，在瓜达雷特战役(Battle of Guadalete)中不幸战死。725年，西哥特王国彻底灭亡，残余的抵抗者被赶到北部山区。756年，阿卜杜·拉赫曼(Abderramán I，756—788年在位)开创了后倭马亚王朝①(Caliphate of Córdoba，756—1031)，自称"埃米尔"(Amir)，建都科尔多瓦(Córdoba)。摩尔人的统治给西班牙带来许多变化，作为东方文化的代表，他们把伊斯兰文明源源不断地输入进来，一度使西班牙成为当时欧洲最繁荣的地区。929年，拉赫曼三世改称"哈里发"(Khalifah)，后倭马亚王朝进入黄金时代。

在摩尔人统治时期，退守到北部比利牛斯山麓一带的基督徒并没有停止反抗，自11世纪起，再征服运动取得了重要进展。莱昂王国与卡斯蒂利亚合并，费尔南多一世成为国王。与此同时，后倭马亚王朝已经分裂成20多个诸侯国，实力涣散。费尔南多借机收复了维塞乌、科英布拉等重要地区。1085年，费尔南多一世之子阿方索六世又攻占了托莱多，这里成为向摩尔人进攻的稳固的大后方。此时，正值十字军东征期间，由于西班牙再征服运动同样以基督教为旗帜，因而也被视为十字军的组成部分。

然而，正当再征服运动取得关键进展的时候，1086年，北非穆拉比特王朝的开创者优素福·伊本·塔什芬(Yusuf Ibn Tashifin，1061—1106年在位)率领约2万柏柏尔人(berbers)跨越海峡前来支援败退的摩尔人。在萨拉卡决战中，卡斯蒂利亚国王阿方索六世大败而逃，摩尔人斩杀4万余人，将他们的首级作为战利品运回北非，再征服运动遭遇重大挫折。此时，著名的西班牙民族英雄"熙德"(El Cid)罗德里格·迪亚斯·

---

① 中国古籍称"白衣大食"。

德比瓦尔(Rodrigo Díaz de Vivar, 1043—1099)力挽狂澜，率军连续击退阿拉伯人的进攻，并占领了莱万特等地区。

　　基督徒再征服运动的关键性胜利是在卡斯蒂利亚国王阿方索八世(Alfonso Ⅷ, 1158—1214 年在位)带领下完成的。1212 年，在阿拉贡国王阿方索二世的协助下，阿方索八世率领联军与柏柏尔军队在拉斯纳瓦斯·德托罗萨(las Navas de Tolosa)决战，一举斩杀摩尔人 16 万余人。1236 年，联军又攻克阿拉伯人建立的后倭马亚王朝首都科尔多瓦，取得了反摩尔人斗争的决定性胜利。此后，摩尔人退守到伊比利亚半岛东南部的地中海沿岸，建立了格拉纳达王国(Kingdom of Granada, 1238—1492)。这一王国依靠着地中海和格拉纳达城的艰险继续坚守了两个多世纪之久。

　　反摩尔人的再征服运动塑造了伊比利亚人共同而强烈的宗教观念，同时，诸基督教王国之间，尽管常有龃龉，但共同的敌人锤炼了他们同仇敌忾的共同体意识，这些都为后来西班牙的统一奠定了精神基础。但是，同样具有强烈宗教意识的摩尔人顽强地抵抗着基督徒的进攻，他们对半岛长期的分割与占领阻碍了半岛的统一进程，进而延后了西班牙民族国家的形成。

二、西班牙民族国家的创建

　　西班牙民族国家的形成是在一位伟大女性的推动下最终实现的。她是西班牙光复与统一的领导者，也是发现新大陆的幕后支持者；她是西班牙民族国家的建立者，也是这个民族辉煌的推动者和见证者。她就是伊莎贝拉女王(Isabella Ⅰ, 1451—1504)，抒写西班牙传奇的执笔者。

　　1451 年 4 月 22 日，伊莎贝拉女王生于卡斯蒂利亚的阿维拉省(province of Ávila)。她是卡斯蒂利亚国王胡安二世(John Ⅱ of Castile, 1406—1454 年在位)的第二位妻子伊莎贝拉所生。3 岁时，胡安二世去世，其第一任妻子所生的亨利王子继位，称亨利四世(Enrique Ⅳ, 1454—1474 年在位)。自此，伊莎贝拉公主和她的胞弟阿方索王子随母亲隐居阿维拉的乡下，以图避开政治纷争。她的母亲患有严重的抑郁症，因而有"疯女"之称。隐居期间，由于长年生活在幽暗的古堡里，病情加重，整日疯疯癫癫。年幼的伊莎贝拉公主不得不自童年开始就担负起照顾母亲和弟弟的责任，这样的经历磨炼了她坚毅的性格。渐渐长大后，身为公主的伊莎贝拉接受了良好的教育，她的老师主要来自于著名的萨拉曼卡大学，这所大学始建于1218年，是欧洲最古老的大学和最著名的学术中心之一。伊莎贝拉公主的成长经历使她异常早慧和坚韧，这些品质为她后来取得伟大成就奠定了基础。

伊莎贝拉本来与王位无缘，她的同父异母哥哥亨利四世年轻健康，即使意外可能夺去他的生命，但从王位继承顺序来说，在她的前面，还有亨利四世的女儿胡安娜（Juana）和胞弟阿方索王子。然而，命运之神最终还是选择了她，使她执掌了这个国家。

亨利四世是一位昏庸残暴的君王，被称为"无能者"（the Impotent）。他把朝政大权交给骄横的马奎斯·维莱纳，把财政大权交给了卡斯蒂利亚人最仇恨的犹太富商贾塞夫；在对外战争中，他屡屡败于格拉纳达王国。亨利四世的统治弄得朝野上下一片乌烟瘴气，全国民怨沸腾，国内贵族大多怀有反叛之心。反叛的贵族把伊莎贝拉公主的弟弟阿方索王子推到了政治漩涡之中。1468年，一帮大贵族联合起来，在布尔戈斯宣布废除亨利四世，拥立阿方索为王。阿方索派与亨利四世之间爆发持续的内战，格拉纳达王国的摩尔人借机突袭卡斯蒂利亚，一度将王国置于危机的边缘。

1468年7月，年仅15岁的阿方索突然暴卒，死因不详。在这种局面下，仅17岁的伊莎贝拉公主被阿方索派贵族推进了纷争。不过这位聪慧的少女并没有任由贵族们摆布，她悲痛地安葬了自己的弟弟之后，宣布自己不会助长国家的内战，而是充当阿方索派贵族与亨利四世之间的调停人。最终，双方在托洛斯·德·基桑多（Toros de Guisando）达成妥协，规定：双方停止内战，阿方索派贵族必须向亨利四世宣誓效忠；伊莎贝拉公主为合法的王位继承人。此外，由于伊莎贝拉作为王位继承人，其婚姻将决定王国的命运，因而和约还规定，国王不得干涉伊莎贝拉的婚姻，但其婚事需经其恩准。正是婚姻问题引起了新的纠纷。

亨利四世欲意把伊莎贝拉嫁给葡萄牙国王阿方索五世，而这位有主见的公主早已属意阿拉贡王国的斐迪南王子，两人通过鸿雁传书，私订了终身。经过阿拉贡老国王胡安二世和一对年轻人的共同努力，最终使亨利四世没能阻止这段姻缘。1469 年 10 月 19 日，两人步入婚姻殿堂。两位王位继承人的结合，预示着一个强大统一的西班牙处于孕育之中。

1474 年，亨利四世去世，伊莎贝拉继承了卡斯蒂利亚王位。摆在新登基的伊莎贝拉女王面前的敌人有三个：第一个是葡萄牙国王阿方索五世，他与亨利四世之女胡安娜订婚，对伊莎贝拉的王位构成极大的威胁；第二个是国内拥兵自重的贵族势力，亨利四世死后，南方诸省的贵族仍然顽固支持胡安娜，反对伊莎贝拉①；第三个则是据守南部的摩尔人王国——格拉纳达。只有击败这三个敌手，西班牙才能实现内部统一和外部主权，继而完成民族国家的创建。

1479 年，斐迪南继承阿拉贡王位，两国合并，实现了西班牙的初步统一。② 随后，伊莎贝拉与斐迪南开始着手解决他们的第一个敌人——阿方索五世对西班牙的威胁。夫妻二人率领两国联军与阿方索五世率领的葡萄牙军队在托罗（Toro）展开大决战。此役，葡萄牙人大败而归，伊莎贝拉的王位得以巩固。自此，伊莎贝拉女王迈开了创建王权领导的民族国家的第一步。

随后，他们把矛头指向国内的贵族。当时的西班牙，贵族拥兵自守，不听王室号令，时常掀起反叛，王国上下一片涣散。面对这种情况，在丈夫斐迪南的有力配合下，伊莎贝拉女王使用软硬两种手段在全国范围内进行改革。一方面，她强化对地方贵族的控制，严禁贵族私建城堡，收回大量地产，削弱贵族实力；另一方面，伊莎贝拉自上而下重建国家管理体制和国家机器，削弱议会对王权的掣肘，加强对城市的控制。伊莎贝拉的改革取得巨大成功，大大巩固了西班牙初生民族国家的中央集权，使这个曾经分崩离析的王国形成了以王室为核

---

① Lady Callcott, *A History of Spain*, Vol Ⅱ, London: John Murray, 1840, p. 191.
② 纳瓦拉王国直到 1512 年才并入西班牙。

心的统一体。① 至此，伊莎贝拉女王实现了西班牙民族国家建立的第二步——内部统一。

摩尔人向西班牙双王投降

　　伊莎贝拉女王夫妇随后把矛头直指第三个对手——格拉纳达王国。伊比利亚半岛上绵延 8 个世纪的伊斯兰教和基督教的较量终于进入了最后的决战。格拉纳达王国位于伊比利亚半岛最南端的地中海沿岸，东西北三面都已被西班牙控制，虽然已是弹丸之地，但这个王国依靠地中海和格拉纳达城的艰险仍然非常顽强。格拉纳达城易守难攻，人口达 25 万，是当时欧洲最为繁华和文明的城市之一。此外，格拉纳达王国的摩尔骑士和弓箭手在战斗力方面也可谓独步欧洲。1481 年，国王阿布·哈桑突袭西班牙城市扎哈拉（Zahara），伊莎贝拉夫妇派军攻占格拉纳达王国的要塞阿拉马城（Alhama），拉开了持续 10 年的格拉纳达战争（Granada War）。

　　在战争中，伊莎贝拉女王凸显了柔弱女性外表下令人叹服的坚毅。她亲率军队，与丈夫并肩站在前线。在围困格拉纳达城时，她发誓，"不攻下格拉纳达城，绝不换下战袍"。这种精神大大鼓舞了西班牙将

---

　　①　不可避免地，由王权领导的民族国家的建立过程必然大大强化了国王的专制权力。

士。1491 年 11 月，格拉纳达王国末代国王穆罕默德十二世（Muhammad XII，1487—1492 年在位）与西班牙达成协议，格拉纳达城投降，西班牙人答应保留这里的法律、宗教和风俗习惯。

1492 年 1 月 2 日，伊莎贝拉女王脱下战袍，挽着丈夫进入格拉纳达。西班牙完成了统一，并实现了民族国家建立的第三个任务——消除外患，争得外部主权。至此，一个强大的新兴民族国家——西班牙出现在世界历史舞台上。它将在伊莎贝拉女王夫妇手中成长为一个开启海洋时代的海上强国和给被征服地区带去灾难的殖民帝国。

第二节　大西洋航路的开辟

在西班牙完成再征服运动的这一年，邻国葡萄牙在大西洋上已进行了大半个世纪的探险，正处于开辟东方新航路的前夜。初创的西班牙民族立即将目光投向那里，拉开海外扩张的帷幕，在帷幕之后，是西班牙民族国家这一坚实的后盾。

一、哥伦布的早年生涯

哥伦布于 1451 年出生于意大利城市共和国——热那亚（Genoa）。作为中世纪意大利的著名海港，热那亚在东西方贸易交往中繁盛一时。商业是喂养热那亚人的双乳，海洋就是甜蜜的乳汁，所以这里也是出航海家的地方，哥伦布便是最著名的一位。不过，这位后来发现新大陆的航海家的出身并无多少异处。他的祖父是一位毛织工人，老家位于热那亚城向东 20 英里处塔纳布奥纳溪谷的莫科内西村（Moconesi）。① 从这一长串的地名来看，这并非是一个繁荣的地方，而是一个偏僻的村落。哥伦布的父亲多米尼克·哥伦布（Dominic Colombus，1418—1496）被送到了热那亚城学织呢绒。学徒期满后，多米尼克成为一名技艺精湛的纺织工人，后来，他在热那亚的奥利韦拉门内租了一

---

① ［美］塞·埃·莫里森：《哥伦布传》上卷，陈太先、陈礼仁译，北京：商务印书馆，1995 年版，第 52 页。

套住房，并迎娶了另一位织工的女儿苏珊娜·丰塔纳罗萨（Suzanna Fontanarossa）。

克里斯托弗·哥伦布

1451 年，哥伦布出生在这个织工世家，他还有两个弟弟，即巴托洛缪（Bartholomew）和迪亚戈（Diego）。作为家中的长子，他似乎注定子承父业，继承这个家族的纺织事业。哥伦布的父亲拥有那个时代热那亚人惯有的生意头脑，他很快从一名织工变为一名纺织工场的场主。他买进毛线进行加工，然后出售成品，雇用了几名学徒，而哥伦布无疑是父亲学徒中的一个。多米尼克在 1470 年还被推选为纺织行会的委员，前往萨沃纳（Savona）考察该地熟练织工的工作章程。此后，他们全家都搬迁到了萨沃纳，继续从事纺织业。并且，这位聪明的生意人还做起了副业，开了一个小酒馆，好酒的他自己就是主顾。虽然家境算是小康水平，但身为长子的哥伦布还是不得不老早地挑起家庭担子，帮助父亲打理生意。他一方面要跟随父亲学习纺织，另一方面还要经常带着自家的纺织品拿到市场上零售。① 关于哥伦布的早年生活，研究哥伦布的著名传记学者塞·埃·莫里森的总结非常贴切："他在热那亚和萨沃纳帮助他父母从事过体面的毛纺织业务，他没有进过学校，没有享受过特权，但是，他青少年时代的生活也并不那么艰难和那么痛苦，以致使他日后对这个高尚而伟大的海滨城市失去忠诚。"后来，哥伦布在一份署名文件中曾这样叮嘱他的继承人："要经常为热那亚这个

---

① 也有一些学者认为哥伦布在 14 岁之前曾一度入读帕维亚大学（University of Pavia）学习过语法、地理、航海及拉丁语等。参见 Edward Everett Hale, *The Life of Christopher Columbus*, Bastian Books, 2008, p.5.

城市的名誉、幸福和繁荣出力。"①

哥伦布在 25 岁之前，最远只到过位于爱琴海的热那亚殖民地希俄斯岛（Chios），对于男人来说，这是一个成家立业的年岁，但此时的哥伦布仍然守着自己的小货摊，向过往客商兜售小商品，赚取一点可怜的钱。不过，从小在商贾往来的市井里游走，哥伦布也算是见多识广。1476 年，他迎来了人生转折点。这一年，他的父亲看着儿子粗壮的胳臂，意识到该是让他出门闯荡一番的时候了。哥伦布加入了热那亚前往大西洋贸易的船队，身份是一名普通水手。

哥伦布登上一艘名为"贝查拉"号的佛兰德船驶向大西洋，开始了改变他命运的旅程。船队在葡萄牙南部距离圣维森特角不远的地方，遭到了守候在这里的葡萄牙和法国联合舰队的攻击。"贝查拉"号被击中下沉，命运之神把他抛向了葡萄牙海岸。哥伦布握着一只船桨游了 6 英里（约 10 千米），爬上了葡萄牙拉古什海岸。他疲惫地躺在沙滩上，恍惚之间，他仿佛听到了上帝的耳语。大难不死的他如同脱胎换骨一般，做了一个重大的决定：留在葡萄牙。

葡萄牙开展大西洋探险事业已经数十年，拥有当时欧洲最先进的航海技术和最优秀的水手，此时正紧锣密鼓地在亨利王子的指引下沿着非洲勇敢地向前探索。命运之神把哥伦布带到了正确的地方。他首先来到拉各斯（Lagos），后又到了葡萄牙首都里斯本。在这里，他成为葡萄牙这所巨大航海学校里的学员，他如饥似渴地学习航海知识，掌握了葡萄牙语和西班牙语，阅读各种地理著作和探险书籍。幸运的是，他还遇到了一位热心的热那亚侨商，后来又和在里斯本学习制图的胞弟巴特洛缪会合。在葡萄牙站稳脚跟后，哥伦布重新回到了远洋贸易的船队上，足迹遍及大西洋各个港口，他还曾随葡萄牙船队到达过西非几内亚湾一带。丰富的航海经历使哥伦布成为葡萄牙最优秀的水手之一。

由于自己的不懈努力，哥伦布也得到葡萄牙上流社会的肯定。1479 年，他在朋友的牵线搭桥下，有幸结识了葡萄牙圣港岛的总督之

---

① ［美］塞·埃·莫里森：《哥伦布传》上卷，陈太先、陈礼仁译，第 61、44 页。

女菲利芭(Filipa Moniz Perestrello，1455—1485)。这位贵族小姐由于哥伦布的"行为高尚、风度不凡而且很诚实"，对他一见钟情。据哥伦布的儿子费迪南德·哥伦布的描述，哥伦布身材高于一般人，不胖不瘦；长脸、颧骨较高；鹰钩鼻、两眼颜色浅淡、肤色白皙；谈吐文雅、和蔼可亲。① 很快，两个人结了婚，次年生下长子迭戈。

在这一时期，哥伦布接触到了托勒密的《地理学指南》。受这本书的启发，他产生了向西航行前往东方的想法。正在哥伦布构思自己计划的时候，同样来自意大利的地理学家托斯堪内利(Paolo dal Pozzo Toscanelli，1397—1482)鼓舞了他。根据托斯堪内利的推算，向西航行到达东方比绕过非洲更快捷。两人相见恨晚，哥伦布在托斯堪内利的帮助下完善了自己的探险计划。

1484 年，哥伦布向葡萄牙国王若奥二世呈递他的探险计划。他宣称：沿着北纬 28 度线向西航行，只需四周就可以到达东方。他要求国王颁发给他许可证并资助一艘航船。若奥二世当然并非庸主，鉴于哥伦布的观点极其引人注目，他随即任命了一个专门委员会审议哥伦布的探险计划。经过研究和辩论，葡萄牙的专家们认为横跨大西洋到达亚洲的实际距离远远大于哥伦布计划中的航程。这个正确的结论使葡萄牙失去了发现新大陆的机会，却成全了西班牙。

失望的哥伦布离开了葡萄牙宫廷。次年，他的妻子菲利芭去世。这对哥伦布是个不小的打击，失去了幸福的家庭生活，他便将全部精力转移到他那被许多人视为天方夜谭的冒险计划上来。他是个执拗的人，越是被人否定，越是要证明自己。料理完妻子的后事，他毅然离开葡萄牙，来到正全力进行格拉纳达战争的西班牙。

来到西班牙的哥伦布并非寂寂无名。许多西班牙人听说过他向葡萄牙国王呈递冒险计划的经历。他的想法如此新奇，因而也吸引了许多关注者。此时的西班牙正值完成民族统一大业的前夜，对航海事业早已蠢蠢欲动，一旦战争结束，必将把目光投向海洋。在西班牙游走

---

① ［美］塞·埃·莫里森：《哥伦布传》上卷，陈太先、陈礼仁译，第95页。

期间，哥伦布结识了一些上流人士。1486 年，他得以觐见早就开始关注海外探险的伊莎贝拉女王。一身戎装的女王承诺组建专家委员会审议哥伦布的计划，但由于战事频繁，这一等竟是 4 个年头。在此期间，哥伦布曾派遣自己的亲信到英国和法国寻求支持，但都失败而归。

1490 年，西班牙的专家们终于审议了哥伦布的计划。辩论会上，一位专家问哥伦布：既然地球是圆的，那么肯定有一段航行必然是从地球下面向上爬坡，而帆船怎么能爬上来呢？这个今天看来可笑的问题却难倒了哥伦布，能解答这个问题的艾萨克·牛顿爵士（Sir Isaac Newton，1643—1727）要到一个半世纪之后才会出世。哥伦布当然不懂万有引力，他无法回答这样的问题，因而，他的计划遭到否决。

哥伦布没有放弃，他具备所有成功者都拥有的一种高贵品质——耐心。他在数次同伊莎贝拉女王的会见中，从这个女人的眼神里看到了某种不一样的东西，那双眼睛里透露着一种不同一般的远见。事实证明，他是对的，耐心换来了支持。1492 年 1 月，格拉纳达城头上升起了白旗，西班牙民族国家在这一刻宣告建立。不久之后，女王信使就来到哥伦布的面前。哥伦布的计划被再次摆在西班牙王室委员会的专家们面前，意料之中，新委员会再次否定了哥伦布的计划，但是，女王的财政顾问、大商人桑塔赫尔（Luis de Santangel）却极力支持哥伦布，最终使计划获得了通过。当然，其中起到关键作用的是伊莎贝拉女王，对哥伦布的赞助也主要是伊莎贝拉女王本人的支持，据说她还为此变卖了自己的首饰。

经过谈判，1492 年 4 月 17 日，哥伦布与西班牙王室达成《圣塔菲协定》（Capitulations of Santa Fe）。哥伦布被授予贵族称号（Don），并被任命为"舰队司令"（Admiral of the Ocean Sea）以及发现地的"总督"（Veceroy）及"统帅"（Governor－General），同时享有发现地一切财富的十分之一，且一概免税。随船还带有女王给中国蒙古大汗的国书。

船队由 3 艘帆船组成。旗舰"圣玛丽亚号"，载重 120 吨，由哥伦布亲自坐镇。约 60 吨的"平塔号"和"尼娜号"由平松兄弟担任船长，即马丁·阿隆索（Martín Alonso Pinzón）和文森特·亚涅斯（Vicente

Yáñez Pinzón)担任船长。平松兄弟出身帕洛斯的航海世家，都是航海界的能手，为此次航行的成功立下了汗马功劳。

跟随哥伦布进行这次历史性航行的人员共计 90 人。他们的分工非常精细，从船长到水手长、水手、外科医师、木匠、库房监督、船队保安、消防主任、索环工，甚至还有桶匠、裁缝和油漆工。虽然他们中的一些人中途退缩或在新大陆犯下恶行，但我们在记住哥伦布这一响亮的名字后，还要清楚，他们与哥伦布共同完成了这次航行，见证了人类文明向前迈出的重要一步。在这次航行中，他们并没有全数返回故乡，一些亡魂永远地留在了新大陆的土地上，他们大多是因为抢掠印第安人的罪恶行径而丢了性命。

二、穿越未知的海洋

1492 年 8 月 3 日清晨，哥伦布命人升起女王的御旗，从帕洛斯港启航出发。是日，海风烈烈，日落方息。3 天后，哥伦布遇到了此行第一个麻烦："平塔号"帆船船舵松脱，导致船舱进水。哥伦布命令船长马丁·阿隆索·平松驾驶"平塔号"前往大加那利岛修补。这一麻烦使船队在离开旧大陆最后一片土地之前就耗时超过 1 个月。3 艘船再次聚齐后在加那利群岛中的戈梅拉岛（Gomera）补给了淡水、木柴和食物后，于 9 月 6 日正式扬帆起航，开启了他们穿越大西洋的旅程。在他们身后，旧世界缓缓沉入地平面。

为了缓和船员们因越来越远离陆地而引起的恐慌，从 9 月 9 日起，哥伦布开始有意少计航程。《航海日记》中记载道："远征军司令决定少计航程，以免船员因行程过长感到沮丧和恐惧。"[①] 9 月 13 日，船员第一次发现"磁偏现象"，第 2 天恢复正常。当日，"尼娜号"上的水手称，他们发现了燕鸥和鹲鸟，这些海鸟从不飞离陆地 25 里格[②]之外的距离。次日，水手们又看到约四五里格外的海面上有"奇异的火团自天而降"。又次日，水手们发现海面上出现碧绿的青草，他们认为这是从陆

---

① ［意］克里斯托瓦尔·哥伦布：《航海日记》，孙家堃译，第 13 页。
② 里格，古代一种长度名，通常在航海时运用。1 里格约等于 4.8 千米。

地上飘来的。此时，哥伦布相信，亚洲不可能这么快到达，于是他告诫船员们："吾估计大陆尚远在前方，吾等需再接再厉。"①9月17日，再次发现"磁偏现象"，船员们大为惊骇。哥伦布吩咐黎明时重新测定方位，他的解释是"升起的星星使指针发生了偏转"②。当日，船员们看到海面上飘着更多青草，一名水手还从草间捉起一只螃蟹。他们还看到水中巡游的金枪鱼和天空飞过的一只鹦鸟。这些迹象似乎表明，陆地已经距离不远。此后几天，越来越多的陆生鸟类飞到船舷上，好像陆地就在眼前，然而，又过了数日，陆地依然未见踪影。不过，大家都开始相信，他们已经航行在亚洲的边缘地带了。

在漫长的航行中，大自然总爱开几个玩笑，愚弄一下渺小的人类探险者。9月25日傍晚，马丁·阿隆索·平松登上艉楼，兴奋地向哥伦布高呼："陆地！"哥伦布惊喜万分，马丁·阿隆索则带领船员们唱起了《光荣属于至尊之上帝》。随后，船队向那片"陆地"全速驶去，然而，它却令人失望地在次日消失不见了。其实，那不过是水天相接处飘浮的一朵云彩。

此后数日，海上风平浪静，空气清新，但是一些性急的水手并无欣赏美景的心情，他们已经出海近两个月，陆地的迹象不断出现，但真正的陆地却又似乎遥不可及。哥伦布只得恩威并施，稳住这些船员。至10月1日，船队实际航程已达707里格，而哥伦布只向船员们公布了他的虚数584里格。③即便如此，这也是一个令人生畏的距离，因为对于船员们来说，每向前一步就预示着他们离家乡远一步。哥伦布通过细致地观察，认为船队可能已经航行在印度地区外围的群岛之间，但他并不打算登临这些岛屿，他的目的地是文明富庶的大陆地区。

漫长的一天接着一天，10月10日，船员们的忍耐达到极限，他

---

① [意]克里斯托瓦尔·哥伦布：《航海日记》，孙家堃译，第15页。

② 哥伦布是否是第一位发现磁偏现象的西方人不得而知，但他应是西方第一位准确解释这一自然现象的人。仅凭记载这一发现，哥伦布也当之无愧位列第一流的航海家。值得一提的是，有记录的世界上第一位发现地磁偏现象的人是我国宋代科学家沈括，比哥伦布至少早400年。

③ [意]克里斯托瓦尔·哥伦布：《航海日记》，孙家堃译，第23~24页。

们将哥伦布团团围住，强烈要求返航。哥伦布再次恩威并施，勉强说服大家继续航行。根据《航海日记》记载，哥伦布竭力鼓励众人，向他们述说这次航行将要给他们带来的许多好处，使他们重燃希望，之后又进一步警告他们：再埋怨也无济于事，他是为到印度地区而来，因此必须前进，不达目的绝不罢休。最后，他又安慰船员说，他们实际已经到达了这一地区，只是还没有到达大陆。

10月11日，他们看到了一些更为确切的陆地迹象，海面上不仅飘浮着一些新鲜的树枝和芦苇，而且船员还捞起一根用铁器打制过的小棒及一块木板。所有人都确信他们马上就要到达陆地了。根据《航海日记》的记载："目睹如此迹象，人人感到宽慰，个个欣喜万分。"①

3艘船只开始竞相向前行驶，争当第一个发现陆地的人。国王曾允诺：第一个发现陆地的人将得到一万马拉维迪的钱和一件丝制胡朋（jubon）②的奖赏。③"平塔号"速度最快，凌晨2点，一位叫罗德里格·德·特里亚纳（Rodrigo de Triana）的水手最先看见了陆地。1492年10月12日，这是一个具有历史性意义的日子，被许多人当作现代美洲的出生日期。这是巴哈马群岛（Bahamas）中一个被群山和树林覆盖的小岛。哥伦布把这个岛命名为"圣萨尔瓦多"（San Salvador），意为"神圣的救世主"。后来，这一天被西班牙定为国庆日。

哥伦布与另外2名船长即平松兄弟乘小艇率先登陆该岛。哥伦布亲自手持一面王旗，旗的正反两面分别印着"F"和"Y"两个字母，分别代表斐迪南国王和伊莎贝拉女王。他们在岛上进行了庄严的占领仪式，随行的2位王室公证人为这一仪式做见证。就在他们宣布占领这座小岛的时候，四周聚拢了许多土著居民，这些不谙世事的人们懵懂地看着哥伦布一行人。他们不明白，这群手拿十字架，口中念念有词的异族人正在进行占领他们世代居住的土地的仪式。他们也不会知道，从此以后，他们和不远处整片大陆上的同类都将被强行赋予一个与他们

---

① ［意］克里斯托瓦尔·哥伦布：《航海日记》，孙家堃译，第28页。
② 指摩尔人穿的大氅，这在西班牙是时髦的衣物。
③ ［意］克里斯托瓦尔·哥伦布：《航海日记》，孙家堃译，第28～29页。

哥伦布在"圣萨尔瓦多"登陆

毫无关系的名字——"印度人"（Indians），音译为"印第安人"。

圣萨尔瓦多岛上的印第安人还未踏入文明的门槛，尚处于石器时代。根据哥伦布本人的记载："他们不携带武器，也不知武器为何物，因为当吾等拿出利剑供他们观看时，他们居然无知地用手握刃，以致自伤。他们尚无铁器，所谓投枪只是一些无铁制枪头的棍棒。"哥伦布还详细描述了他所见到的土著人的模样："彼等十分贫穷，人人身上一丝不挂，如刚出娘胎一般，连女子也一样……彼等个个身躯魁伟体态俊美，相貌端庄。像马尾一样粗硬的短发垂于眉端，少数长发披在肩上，这部分头发好像从不剪短似的。他们有的把身体涂成褐色，有的涂成白色、红色以及任何可以办得到的颜色，也有的只涂面或仅仅涂眼周和鼻子。彼等肤色不黑也不白。"这就是旧大陆上的文明人首次见到新大陆居民时产生的印象。这次历史性的会面，整体而言还是友好的，这应归功于哥伦布本人对待土著人的态度。他没有恃强凌弱，而是持一种"初次会面，请多多关照"的态度。他在日记中这样写道："吾认为用仁爱而不必动武……吾把红色四角帽赠于他们中一些人，把玻璃念珠挂在另一些人脖子上，还送给他们一些小玩意儿。他们如获至宝，十分高兴，随即与吾等亲善修好……"来自新旧世界的人类还第一次进行了商品交换。哥伦布在日记中写到土著人在交易中的朴实："他们还游到吾等小艇旁，带来鹦鹉、棉线团、投枪以及其他很多东西，以此换取我们的小玻璃念珠、小铃铛等物品。总之，彼等取走我们的东西，又自觉留下他们的东西以作交换。"①

哥伦布在欣喜过后，开始执行国王交给他的使命，那就是寻找财富。通过手势，他从岛民那里了解到此岛以南有一王国拥有大量黄金，哥伦布认为，那可能就是马可·波罗描述的"西邦戈岛"（可能指日本）。随着对印第安人了解的深入，哥伦布的态度发生了变化。在10月14日的日记中他写道："当地人不谙军事。吾已下令俘获六人，拟送国王和王后二位陛下……其实，只要国王和王后一声令下，吾等即可把所有土人带到卡斯蒂利亚，或将其全部拘留岛上，因为我们五十人足可征服其所有人，并随心所欲地支配他们。"②

带着几名印第安人向导，哥伦布一路前行，途中发现了许多小岛。10月28日，他们终于抵达印第安人口中的富庶岛屿——古巴（Cuba）。根据哥伦布在《航海日记》中写道："此岛幅员辽阔，风景秀丽旖旎，笔墨实在难以尽言其美"，"当地居民在素质和习俗上均与其他地方所遇之印度人相同，不信任何吾所知道的宗教……均与大可汗有战事。他们称大可汗为卡比拉，称大可汗所在省区为巴几"。显然，哥伦布坚信他们到达的这片陆地是亚洲大陆。在古巴考察了一些时日，哥伦布第一次看到了玉米和土豆，并且首次看到了吸烟的印第安人"吞云吐雾"的景象。哥伦布在古巴岛上并没有找到印第安人所说的黄金，这里的居民与其他岛上的居民一样穷困。11月21日，马丁·阿隆索·平松驾驶"平塔号"不经哥伦布同意就擅自脱离船队，他相信在其船上的印第安人能帮他们找到大量黄金。

哥伦布带领余下2艘船继续探索，成功于12月5日发现了加勒比地区第二大岛海地，并将其命名为"伊斯帕尼奥拉"（Hispaniola），意为"西班牙岛"。在这里，哥伦布终于找到了一些梦寐以求的黄金，当

---

① ［意］克里斯托瓦尔·哥伦布：《航海日记》，孙家堃译，第30页。
② ［意］克里斯托瓦尔·哥伦布：《航海日记》，孙家堃译，第34页。

地的印第安酋长还送给哥伦布一些金制装饰和一个黄金面具。悲剧的是，1492年圣诞节当天，旗舰"圣玛丽亚号"不慎在一处海湾触礁损毁。哥伦布用"圣玛丽亚号"的船体搭建了一个据点，并留下了39名水手，建立了西班牙人在美洲的第一个殖民地。

1493年1月16日，"平塔号"掠夺归来，在海地与"尼娜号"会合。马丁·阿隆索·平松在擅自离开后确实找到一些黄金，他的手段是卑劣的掠夺。他规定，所有船员从印第安人那里掠夺的黄金都必须分给他一半。除了黄金，他还强行掳掠了4个印第安男人和2个年轻女人，强迫他们为奴。相比之下，哥伦布则是宽大怀仁的，他命令船员给这6个人穿上衣服，并放其归乡。他说："带走印度人原为供二位陛下役使……然鉴于如今陛下在此处已有基地（指圣诞城），则更应对当地人广施恩惠才对。"[①]

尽管哥伦布尽力与印第安人保持友善，但流血冲突却还是不可避免地发生了。这场冲突的起因似乎很离奇。根据哥伦布《航海日记》的记载，1月13日，"印第安人卖了两张弓后，便不欲再卖，而企图袭击和捉拿基督徒。不少其他印第安人跑去取回放在别处的弓弩和绳子，欲捆绑基督徒。见印第安人这副架势向他们跑来，基督徒立即做好准备……他们在一个印第安人臀部狠狠捅了一刀，又向另一个印第安人胸部射了一箭"[②]。这样的说法很难令人信服，更可信的情况也许是：因为双方语言不通，在交易和交流中产生了误解而引发了冲突或西班牙人在交易中恶劣的态度造成了冲突。

哥伦布本打算离开海地前往印第安人称为"女人岛"的地方。根据印第安人的说法：这座岛上只有女人没有男人，每年有一个固定的时候，男人们从距离此处不远的加勒比岛来到"女人岛"，使岛上的女人受孕。到了来年，如果妇女们生下男孩，男人就把孩子带走；如果生下女孩，则留在岛上由妇女们自己抚养。[③] 这一传说非常离奇，哥伦

---

① ［意］克里斯托瓦尔·哥伦布：《航海日记》，孙家堃译，第156页。
② ［意］克里斯托瓦尔·哥伦布：《航海日记》，孙家堃译，第162页。
③ ［意］克里斯托瓦尔·哥伦布：《航海日记》，孙家堃译，第166页。

布和西班牙船员们都非常好奇，然而"尼娜号"和"平塔号"都开始严重渗水，继续耽搁可能使他们无法返回。于是，他们离开海地岛的恩加尼奥角（Cape Engano），开始返航。

回程同样艰辛万分，2月12日，两艘在大海中孤独行进的小船遭遇了暴风雨。暴风雨持续了三天三夜，哥伦布和船员们在狂风暴雨中几度差点葬身鱼腹。在最绝望的时刻，哥伦布一度以为末日在即，他将无法回到西班牙去领受自己的荣誉。为了不使他的发现因为他的死而湮没无闻，他在羊皮纸上简明扼要地描绘了自己的发现，还标出了航行路线，然后将纸裹到一块涂了蜡油的亚麻布里塞进一个小木桶扔进大海。他希望这个小木桶能够在他和他的船员们全部遇难后漂到欧洲海岸以证明这次发现。

2月15日，风暴终于平息下来，而船队驶进了葡萄牙控制下的亚速尔群岛海域。他们在圣玛丽亚岛抛锚，哥伦布派几个船员上岸寻找补给品。葡萄牙人不仅带来了补给，还给他们在最近的教堂里安排了一位供西班牙水手还愿的牧师，约有一半的船员上岸进入教堂。不过，他们上了葡萄牙人的当。等待在那里的不是一位牧师，而是一队全副武装的葡萄牙骑兵。这些船员成了葡萄牙人的阶下囚。这次危机最终的结果是有惊无险，哥伦布拿着西班牙国王颁发的国书与葡萄牙人进行了交涉。最终，被抓的船员全部被释放回来。不过，根据几名被放回的船员的说法："要是当初远征军司令被他们捉去，就休想再被放出来，因为据那个首领说，葡萄牙国王的命令就是如此。"① 2月24日，哥伦布带领船队离开了亚速尔群岛海域。

不幸的是，3月3日，他们再次遇到了风暴，所有船帆都被刮破。情况危急之中，他们在前方发现了陆地，不过，这片陆地仍是葡萄牙海岸。无奈之下，他们只得向岸边缓缓行进，到达了特茹河口附近。他们沿特茹河上溯了一段距离抛锚。葡萄牙人要求哥伦布下船与葡萄牙国王的代表会面，然而，经历了亚速尔群岛的那次事件后，哥伦布非常谨慎地拒绝了。

---

① ［意］克里斯托瓦尔·哥伦布：《航海日记》，孙家堃译，第188页。

"他乃卡斯蒂利亚国王和王后的远征军司令，不向任何人汇报任何情况，也不离开他的船，除非他们动用武力。"哥伦布的义正词严，震慑住了葡萄牙人，国王若奥二世的御船船长亲自登上西班牙船，并答应为哥伦布效劳。

不久，得知消息的葡萄牙国王若奥二世向哥伦布发出了正式的请柬。这位错失了哥伦布的国王追悔莫及，但他还是表现出了一位国王应有的大度。他热情地招待哥伦布，给他的船上送去了补给品。若奥二世想要探听哥伦布的发现情况，但机智的哥伦布守口如瓶，没有透露此次航行发现的机密。

3月13日，哥伦布驶出特茹河，绕过圣维森特角，于3月15日中午到达了出发地帕洛斯港，迎来了他人生中最辉煌的时刻。在哥伦布《航海日记》中，他这样写道："臣在陛下宫中长期效劳，一直与宫中众多权贵显要的见解相悖，彼等始终与臣作对，将西行之举视为荒诞不经。臣素寄希望于上帝，希望航行终将给基督教事业带来最大荣誉。"哥伦布也相信将来的事业还任重道远，他为西班牙发现的新天地还有待后来人的努力，因而他补充道："此荣誉决非轻而易举，唾手可得。"①

哥伦布的凯旋使西班牙全国一片沸腾，许多人惊异于那个空口说大话的人竟然真的到了东方大陆。最惊讶的人当属当年否定哥伦布计划的专家们，他们曾经通过论证，认定哥伦布的计划是不可行的，然而，他竟然真的带回了几个亚洲人模样的人，虽然他们衣衫褴褛，与传说中衣着丝绸锦缎的东方人形象相去甚远。

伊莎贝拉女王和斐迪南国王在王宫里隆重地接见了哥伦布。莫里森评价说："这是他一生幸运的最高点。以后他再也不曾从双王那儿看到这样的荣耀，领受这样的奖励，享受这样的恩惠了。"②

---

① ［意］克里斯托瓦尔·哥伦布：《航海日记》，孙家堃译，第196页。
② ［美］塞·埃·莫里森：《哥伦布传》下卷，陈太先等译，北京：商务印书馆，1995年版，第13页。

三、哥伦布的后续航行

哥伦布首航归来的时候，葡萄牙已经发现了好望角，开辟新航路的准备正在紧锣密鼓地进行，到达印度指日可待。然而，从哥伦布发现的情况来看，葡萄牙人深信他并没有到达富庶的中国或印度，顶多只到达了亚洲大陆的外部边缘。因而，关键的时刻到来了，谁将最终到达真正的印度，谁就将成为东西方贸易的垄断者。鉴于此，伊莎贝拉女王和斐迪南国王立即着手组建一支庞大的船队，由哥伦布率领进行第二次"东方之行"。

1493 年 9 月 25 日，17 艘大船停泊在加的斯港外，1500 名船员列队等待登船。显然，这一次哥伦布得到了更多的支持。这次航行对于哥伦布来说已是轻车熟路。从加的斯出发到新大陆，全程仅用了 30 多天。11 月 3 日，船队抵达多米尼加岛，然后驶往"圣诞之城"，准备与留在那里的 39 名船员会合。一路上，哥伦布发现了一连串的岛屿。11 月 25 日，船队到达目的地。然而，这里的景象令所有人毛骨悚然。腐烂的尸体散落各处，有些被绳索绑着，有些已肢体不全，哥伦布无法辨别他们的真实面目，但从浓密的胡须来看，他们是西班牙人无疑。事实已经非常明显，留下来的殖民者遭到了毁灭性袭击。根据历史学家的考证，这些船员的死或许并不足惜。他们最初可能是为了填饱肚子而与印第安人争夺食物，但是他们又贪婪地想要占有印第安人的房屋、黄金，甚至他们的妻子女儿，于是冲突在所难免。当地一位叫考那波的酋长率领部众进攻西班牙人，将他们全部杀死。从后来西班牙人在美洲的行径来看，这一推测应符合事实。

哥伦布放弃了这座殖民点，然后在海地岛的东部重新建立了一个殖民地，留下了一批新船员，将之取名"伊莎贝拉城"，由其兄弟迪亚戈·哥伦布管理。与此同时，哥伦布仍继续寻找马可·波罗所描绘的富庶的中国和日本。但是，一日又一日的航行，一个岛又一个岛，殖民者们并没有看到文明的迹象。所有的海岛上生活的印第安人除了在长相上接近亚洲人以外，全部处于较低级的文明发展阶段，更重要的是，西班牙人也没有从这些海岛上找到大量的黄金和香料。于是，所有殖民者都开始丧失耐心，本欲宽仁为怀的哥伦布也在压力之下敲诈起纯朴的印第安人。哥伦布规定，所有年满 14 岁的印第安人都要交纳"装满四个铜铃的金沙"。

由于海地并非黄金产地，得不到黄金的西班牙人开始打起奴隶贸易的主意。1495 年，他们抓获了 1500 名印第安人，其中约有 500 人被运回西班牙奴隶市场上贩卖，这批可怜的印第安人在路上就死去200 多人，幸存下来的也因水土不服，相继死在西班牙。活下来的印第安人也被强迫为奴，供西班牙殖民者役使。① 残酷的掠夺与屠杀一旦开始，就再也遏止不住殖民者贪婪的欲望了。哥伦布虽然并不想用血腥手段来压迫印第安人，但他已经无力说服抱着发财梦前来这片大陆碰运气的部下了。于是，屠杀和无休止的掠夺使加勒比地区的印第安人走向了灭绝。在哥伦布到来之前，海地岛上有 25 万印第安人，而半个世纪之后，存活者不足 200 人。

1496 年 6 月，哥伦布委任他的兄弟巴托洛缪·哥伦布代理总督，自己返回西班牙。巴托洛缪在距离伊莎贝拉城不远的地方又修建了圣多明各城。哥伦布的第二次归来，没有得到鲜花和掌声，只有同事的诬蔑和国王的冷遇。归根结底，这一切都是因为他没有为西班牙找到富庶的东方。但是，无论受到多少人的冷嘲热讽和猜忌怀疑，哥伦布都没有动摇自己的观点，他始终相信大西洋对岸的陆地就是东方，只不过他还没有来得及找到文明的大陆区域。

1498 年 5 月 30 日，哥伦布带领数百名殖民者第三次离开西班牙，前往西印度，这一次他的船上还搭载着第一批向外殖民的欧洲妇女。这次航行的目标很明确：找到大陆，找到中国。船队在加那利最后进行补给后，哥伦布带领其中的 3 艘船开始了新的发现之旅，其余船只直航海地进行殖民。哥伦布带领的船队向南航行，一直到

---

① ［美］塞·埃·莫里森：《哥伦布传》下卷，陈太先等译，第 164～165 页。

达佛得角群岛，然后才转向西行，他可能是想寻找纬度更加靠南的印度次大陆。

哥伦布横渡大西洋后首先发现了特立尼达岛（Trinidad），然后在一处海湾（帕里亚湾）发现了大陆。他在帕里亚半岛南部海岸登上大陆进行了探察，令他失望的是，这里生活的印第安人与加勒比海岛上的印第安人一样原始，文明国度似乎不可能存在于这片大陆之上。之后，他进入加勒比海，驶往海地。在这里，西班牙人把无法实现发财梦的怒火全部发泄在了哥伦布的头上。首席法官罗丹返回西班牙，向国王说了许多哥伦布兄弟的坏话。国王遂派遣王室官员博瓦迪利亚前往海地岛，并将哥伦布兄弟押解回国。至此，哥伦布的殖民探险事业陷入了冰点。国王改派弗朗西斯科·奥多万前往西印度担任总督，取代了哥伦布，将曾经允诺给哥伦布的一切条件全部抛诸脑后。

1500 年，哥伦布西印度总督的职位被免去，对新发现土地的垄断权也在此前被剥夺。然而，坚毅的哥伦布仍然没有放弃找寻印度和中国的努力。1502 年，他又组织了第四次远航。这次他得到的支持已经很小，只有 4 艘船，不足 150 人。当年 6 月，哥伦布到达海地的圣多明各，在那里躲避风暴。7 月中旬，哥伦布启航沿海地西南海岸航行，经过牙买加、古巴然后横渡加勒比海到达了中美洲地区。他沿着中美洲海岸考察，企图找到一条海峡，结果无功而返。在返航中，哥伦布的船只因虫蛀而严重损坏，他在牙买加北岸的圣安斯贝度过了绝望的一年时间，才于 1504 年初带着被痛风病折磨的老迈之躯和满腹的不甘心回到了西班牙。

第三节　谁是"美洲之父"？

谁才是"美洲之父"？这并不是一个困难的问题。谁发现了"新大陆"，谁自然就是"美洲之父"。然而，问题在于"谁"发现了"新大陆"？摆在面前的似乎有三个答案可供选择。一是哥伦布，他被公认为美洲的发现者；二是亚美利哥，新大陆正是以他的名字命名的；三是维京人，他们早在 1000 年前后就到达过美洲。可能多数人都会把宝贵的一票投给哥伦布，这是非常公允的。原因很简单：虽然他并非是第一个到达美洲的人，也不是发现这片大陆是"新"大陆的人，但是，正是他第一个把美洲引入欧洲人的视野，也是他实质性地开辟了大西洋航路。在他的引领下，欧洲人掀起了殖民和移民美洲的浪潮，真正地将两片大陆联系起来。

一、亚美利哥的发现

亚美利哥·维斯普奇（Amerigo Vespucci，1451—1512）与哥伦布年龄差不多，也生于意大利一个以商业闻名的城市共和国——佛罗伦萨。但就出身来讲，他要比哥伦布幸运许多，他的父亲是佛罗伦萨货币兑换行会的公证人，混迹于最有利可图的金融业。良好的出身使维斯普奇在青年时代能够接受良好的教育，并在学业完成后顺利地进入银行业任职。他的老板是佛罗伦萨的无冕王族——美第奇家族，这个家族统治佛罗伦萨数百年而不衰。

1479 年，维斯普奇成为佛罗伦萨驻法国代表。1491 年，他被派往西班牙塞维利亚，在当地美第奇家族的分银行工作。除了从事银行业，他还兼营船舶航具，从而得以接触西班牙的航海事业。维斯普奇曾为哥伦布的第二次和第三次远航准备过船只，对于航海事业有着自己一份独特的热情。

维斯普奇并不甘心只为别人做嫁衣裳。根据他自己的说法，他在1497 年曾前往西印度考察，到达过北美的佛罗里达，不过历史学家对此一般不予置信。维斯普奇参与的有据可考的航行应该是在 1499 年，他乘自己的船只加入了西班牙人阿隆索·德·奥赫达（Alonso de Oje-da，1466—1515）的探险队前往西印度探险。但是，关于这次探险的具体细节却无法考证。维斯普奇自己声称，他和奥赫达一起到达美洲后分道扬镳，他独立指挥船队向南到达南美的巴西北部海岸，然后沿海岸航行，发现了亚马孙河河口。他还声称自己最远航行到了南纬 6 度的地方，然后转回，发现了特立尼达岛和奥里诺科河（Orinoco River），经由多米尼加回到了西班牙。

维斯普奇于 1501 年又加入了葡萄牙人探险巴西的活动。根据维斯普奇本人的叙述，在随同葡萄牙首领科埃尔奥（Goncalo Coelho）考察了巴西海岸后，他被探险队推举为首领，带领船队向东南航行进入大西洋，还在南纬 52 度发现了一片新的陆地。之后，他们向东航行到西非海岸，然后回到里斯本。与 1499 年的那次航行一样，维斯普奇的确参与了葡萄牙人的这次巴西探险活动，但关于他是否在此后担任探险队首领及向南到达南纬 52 度的说法则非常值得怀疑。此外，维斯普奇还声称，他在 1503—1504 年再次加入了葡萄牙的巴西探险队，担任其中一艘船的船长。关于这次探险的真实性，除了维斯普奇本人的叙述，没有其他材料予以佐证。

关于维斯普奇的数次航行是否全部属实，我们无法判断，但是至少可以断定他到达了美洲，并且亲眼看见了美洲的真实景况。他根据自己的阅历认为，他看到的蛮荒之地绝不可能是亚洲，而是一片"新"大陆。他在 1503 年的一封信中明确地说道："应当把这些地区称作新世界。"他还细致地描述了那片大陆上各种奇异的生态，并说："这块大陆上的人口和动物之稠密程度比我们的欧洲、亚洲和非洲有过之无不及。除此而外，那里的气候比我们所知任何一个地区都更为温和宜人。"①他断定，这是世界的"第四大洲"。维斯普奇的看法引起了许多同样去过那片大陆的欧洲人的共鸣。他的信件被翻译成多种文字印刷流传，使他成为那个时代最著名的畅销书作家，许多读者把他视为新大陆真正的发现者。

1507 年，一位德国洛林地区的青年地理学家马丁·瓦尔泽缪勒（Martin Waldseemüller）对维斯普奇的判断极为推崇。他在《世界地理概论》一书中，首次将新大陆的南部以维斯普奇的名字变体——"亚美利加"（America）标出。他在书中附上了维斯普奇的两封信，并且

---

① 转引自［苏联］约·彼·马吉多维奇：《世界探险史》，屈瑞、云海译，第 169 页。

写道："现在已被考察过的世界更为广阔了，亚美利哥·维斯普奇发现了世界的第四个部分……我没有看到有谁会以何种理由和具有何种权力能禁止把世界的这个部分称为亚美利加或亚美利加地区。"[①]1538 年，荷兰制图学家墨卡托（Gerardus Mercator，1512—1594）又将美洲分为"南部亚美利加"和"北部亚美利加"，南北美洲由此得名。16 世纪中叶以后，西欧出版的世界地图，一般都沿用这一称法。不过哥伦布的故乡热那亚和哥伦布妻子的故乡葡萄牙直到 17 世纪才接受这种称谓，而哥伦布的赞助方西班牙直到 18 世纪才勉强接受。

关于美洲的最早得名，有一份出版于 1507 年的世界地图予以佐证。2007 年 12 月 3 日，德国总理默克尔（Angela Dorothea Merkel）将这幅长 2.4 米，宽 1.2 米，由 12 张纸拼成的地图亲手移交到了美国国会图书馆馆长的手中。在这幅地图上，美国所在的北美地区的大部分还是大海，但中美洲和南美洲的轮廓比较准确，上面清晰地标明了美洲的名字"AMERICA"，这被认为是美洲的"出生证"。

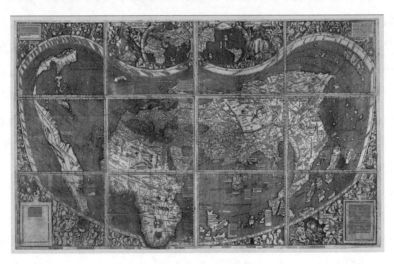

1507 年出版的世界地图

---

① 转引自［苏联］约·彼·马吉多维奇：《世界探险史》，屈瑞、云海译，第 169 页。

美洲"出生证"

二、功过是非后人谈

关于哥伦布与维斯普奇的评价问题，长久以来一直争论不休。其中争执最多的是维斯普奇盗走了属于哥伦布的荣誉的问题。美国学者拉尔夫·爱默生（Ralph Waldo Emerson）甚至称维斯普奇为"小偷"（thief）、"塞维利亚的泡菜小贩"（the pickle－dealer at Seville），并嘲讽说："他的最高职位只是一次没有成功出航的探险队的水手长助手，却想要在这个充满欺骗的世界里取代哥伦布，用他那不诚实的名字给半个地球命名。"①苏联学者马吉多维奇则认为这种说法对于维

---

① F. A. Ober, *Amerigo Vespucci*, New York and London: Harper & Brothers Publishers, 1907, pp.237-238.

斯普奇并不公允，他说："在三个世纪漫长的年月里，这个荣誉变成了一个沉重的包袱，因为这个荣誉成了玷辱维斯普奇个人人格的一种口实。"[①]

根据并不详细的史料记载，维斯普奇后来加入了西班牙国籍。1508 年，西班牙国王任命他担任"大航海长"（Chief Pilot），负责西班牙的航海探险事业，这是西班牙航海事业的最高职位。虽然维斯普奇被当时的西班牙显贵们轻视，但他在任内兢兢业业，显示出卓越的才能，深得国王的满意。[②] 1512 年 2 月，维斯普奇死在任上，没有留下任何财富。公正地讲，即使不能说维斯普奇配得上"美洲之父"的声名，但凭借他第一个断定美洲是"新"大陆这一点，就足以使他本人有资格列入"世界发现者"的行列。

不过，这对于哥伦布确实有些不公。哥伦布的晚年备受西班牙人冷落。他没有得到西班牙王室在《圣塔菲协定》里承诺给他的权利。长年航海留下的痛风病折磨着他，1506 年 5 月 20 日，他在法拉多利市（Valladolid）抑郁而终。他似乎不敢肯定自己的一生是光明磊落的，他在死前祈求上帝的怜悯："天父啊！我将我的灵魂交在您手里。"[③]

哥伦布至死都相信他到达了印度，也正因为这个坚持，他把发现的约占地球陆地 1/3 的大陆拱手让别人署上了名字。瓦尔泽缪勒是否与同时代的许多人一样对于哥伦布"到达亚洲"的观点嗤之以鼻，从而有意藐视哥伦布的成就，我们不得而知。不过，西班牙最终还是给予了哥伦布极高的荣誉。西班牙人后来在塞维利亚为他建造了奢华的陵寝。他的铅制棺材被安放在用 350 千克白银打造的灵台上，上面矗立着的抬棺青铜浮雕给这位外国人充分的尊重，甚至让人觉得是否有些过誉——为哥伦布抬棺的是组成西班牙的四个公国（卡斯蒂利亚、莱昂、纳瓦拉和阿拉贡）的国王。

---

① ［苏联］约·彼·马吉多维奇：《世界探险史》，屈瑞、云海译，第 171 页。

② F. A. Ober, *Amerigo Vespucci*, New York and London: Harper & Brothers Publishers, 1907, p. 235.

③ ［美］塞·埃·莫里森：《哥伦布传》下卷，陈太先等译，第 402 页。

"四王抬棺"青铜浮雕

　　无论如何，死者已矣，纠缠他们的功过是非已经没有太多的意义。我们只是看到，新大陆的发现与大西洋航路的开辟给世界带来了翻天覆地的变化。在新旧世界往来不断的船只上，载着玉米和土豆，黄金和白银，当然也有梅毒和天花，以及在罪恶与文明的相生相克之中，人类进步的神秘档案。

第五章 踏波印度洋

迪亚士绕过了非洲最南端，踏波印度洋，成为首位将新航路延伸至印度洋的葡萄牙人。从此，东西方之间的贸易交往与文化传播能够避开大陆上的纷繁战争与宗教、民族矛盾，沿着一条新的道路展开。海洋成为新的战场，在这条战线上，葡萄牙人取得了胜利。

第一节 纵穿印度洋

迪亚士当然并非是首位踏波印度洋的欧洲人，早在 1800 年前，亚历山大大帝的舰队就曾沿着海岸线横渡这片海洋，只是那种近海航行乃是陆地行军的辅助，而从南至北穿越印度洋到达印度次大陆的航行则是历史性的。这一人类新篇章的标题无疑是"海洋时代"。

一、西葡瓜分世界

当 1492 年哥伦布到达"印度"①的消息传到葡萄牙的时候，对于葡萄牙民族自尊心的刺激一定是巨大的。从亨利王子派出第一支航海探险队以来，70 多年过去了，葡萄牙人一直为开辟到达印度的新航路倾注心血，而只在 1 年时间里，西班牙人就超越了他们。② 更加让葡萄牙人不能接受的是，哥伦布是在遭到本国拒绝后才前往西班牙的，国王的一时疏忽酿成了千古错。然而，葡萄牙并没有立即从懊悔与痛苦中振作精神，直到身患重病的若奥二世国王在 1495 年咽下了最后一口

---

① 指欧洲人眼中的泛印度地区，包括印度、中国、日本、东南亚等。

② 当时哥伦布宣称他到达的就是亚洲，在亚美利哥·维斯普奇提出公开质疑之前，哥伦布的说法也为时人所接受。

气。若奥二世去世后，他的侄子、被称为"幸运儿"①的曼努埃尔国王
（Manuel Ⅰ，1495—1521 年在位）继位，葡萄牙人的航海事业终于重新
拉开帷幕，开始了伊比利亚双雄并起的时代。

早在 1478 年，西班牙尚未完成统一之时，有着非凡远见卓识的伊
莎贝拉女王就注意到了海洋在未来西班牙民族发展中的重要地位。为
了防止葡萄牙由于抢占先机而垄断海洋，她力促与葡萄牙制订海外探
险的分割协议。最终，卡斯蒂利亚与葡萄牙达成了《阿尔卡索瓦斯条
约》（Treaty of Alcacovas）。条约规定横穿加那利群岛的纬线（约北纬
28.5°）为两国势力范围的分界线，以南至印度都归葡萄牙人去发现和
殖民，以北由西班牙人发现和殖民。这是世界历史上第一次在两个国
家之间划分世界范围的条约。

葡萄牙沿着非洲向南的探险是遵照这一条约的，但是，西班牙支
持哥伦布寻找印度的航行显然并未打算遵守这一条约。当哥伦布发现
"印度"归来后，葡萄牙人认为西班牙违反了条约。但是，面对统一后
实力强大得多的西班牙，葡萄牙只得去寻求一个更高权威的仲裁者，
而西班牙也希望欧洲各国承认其对发现地的主权。在那个时代的欧洲，
唯有罗马教皇拥有仲裁欧洲国际事务的强大能力，这就出现了后来的
《托尔德西拉斯条约》（Treaty of Tordesillas）。

当时的罗马教皇是以贪婪著称的亚历山大六世（Alexander Ⅵ，
1492—1503 年在位），他出身于西班牙最臭名昭著的博尔吉亚家族
（House of Borgia），他本人依靠贿选才得以当上教皇，其地位的巩固
离不开威望极高的西班牙国王夫妇的支持。因而，从一开始，这场仲
裁就并非是公平的，西班牙必然成为胜利者。

1493 年 5 月，距离哥伦布首航归来仅两个月。亚历山大六世发布
了仲裁教谕。据说他当着西葡两国代表的面，手持自己的权杖在摊开
的世界地图上画了一条线，这条线是以佛得角群岛和亚速尔群岛以西

---

① 曼努埃尔国王即位时，先辈们为他留下了一个蓄势待发的伟大事业，他只需按部就班地
向前走，就轻而易举地开创了一个伟大的帝国，他在位时期也是葡萄牙的黄金时代，因而他被称
为"幸运儿"。

100 里格处的一条经线，这就是所谓的"教皇子午线"(Papal Meridian)。地球就像切西瓜一样被分成了两半。这条线以西归为西班牙的势力范围，以东为葡萄牙的势力范围。亚历山大六世以此线为界的主要目的是把哥伦布发现的地方划归西班牙。这种公然置葡萄牙利益和民族自尊于不顾的行径令病榻上的若奥二世国王差点咽气，他拒绝接受这一协议，派出新的代表进行抗议。最终，西班牙稍稍做出让步，即把分界线向西移了 270 里格。

1494 年 6 月 7 日，西葡双方在西班牙北部的托尔德西拉斯正式签订条约。条约最终确定：以佛得角群岛以西 370 里格的经线为界，界线以东属葡萄牙势力范围，以西属西班牙势力范围。在当时的西班牙看来，做出的这一让步对其利益并没有多大影响，因为哥伦布发现的陆地仍在其势力范围之内，让出来的只是一片海洋而已。但是，他们很快将为这一让步而后悔不迭。正是让出的这小小一步使西班牙丧失南美最庞大的一块土地——巴西。对于葡萄牙来说，这乃是对错失哥伦布的一种补偿。

《托尔德西拉斯条约》签订后，西葡两国都紧锣密鼓地开始新的探险与发现。该条约决定了此后近一个世纪霸权主义的国际政治格局，直到英、法、荷等国加入海外扩张的大舞台才改变。值得一提的是，几个强国坐在一起瓜分世界的恶例正是以此为开端的。

二、向印度进发

约在航海先驱亨利王子逝世的 1460 年，瓦斯科·达·伽马(Vasco da Gama)出生在葡萄牙南部海滨的希尼斯。达·伽马的父亲是一位贵族军官，曾担任过希尼斯要塞司令，军人的血性与冷酷深深地影响了达·伽马的性格。他后来的成就也显示出坚强、深谋远虑、坚韧不拔而又冷酷无情的军人本色。[①] 少年时代，达·伽马曾被送到埃武拉(Evora)学习数学和航海知识，在那个将未来寄托在海上的时代，航海

① ［美］斯蒂福夫：《达·伽马和其他葡萄牙探险家》，吕志士、马建成译，第 14 页。

知识远比骑马射箭更有用。

1492 年，达·伽马在一次国王指派的秘密任务中，第一次表现出过人之处。这是一次旨在报复法国劫掠葡萄牙船只行为的计划。他在战斗中表现出的胆识与谋略，得到国王的肯定，自此得以跻身国王近臣行列。1495 年，若奥二世驾鹤西去，曼努埃尔一世继位后立即着手完成印度新航路开辟的最后一程。国王的任命状没有交给众望所归的迪亚士，而是交给了身边这个冷峻的军官。此时，达·伽马 35 岁左右，正处于一个男人成就事业的黄金年龄，从他那流传数百年的肖像可以看出他的冷酷与坚韧，他还有一双深谋远虑的褐色眼睛以及那个时代男人们最引以为傲的浓密胡须。

当然，作为葡萄牙当时最著名的航海家和第一个在印度洋上航行的人，迪亚士是葡萄牙开辟印度新航路绕不过去的标志性人物。曼努埃尔国王给迪亚士的任务是根据航海经验来督造探险船队。迪亚士在好望角遭遇风暴的经历让他记忆犹新，他知道船体宽大在风暴中才能幸存。于是他设计了圆形船，船体横梁宽，船腹深，舱内宽敞，前樯和大樯用方帆，后樯张着三角帆，可适于在多风暴的地区行驶。[①] 120 吨的"圣加布里埃尔号"（S. Gabriel）和"圣拉斐号"（S. Raphael）正是这种圆形船。

经过了两年的周密准备，一支葡萄牙航海史上装备最为精良的探险队等待着出航的命令。"圣加布里埃尔号"作为达·伽马的旗舰，"圣拉斐号"由其兄保罗·达·伽马（Paulo da Gama）任船长，载重约 50 吨的小船"贝里奥号"（Berrio），由尼古拉·科埃略（Nicolau Coelho）任船长。此外，一艘载重约 200 吨的补给船也随同航行。4 艘船共计船员 170 名，大都是有航海经验的水手，其中有些人曾跟随迪亚士发现好望角，此外还包括一位随船牧师、几名会阿拉伯语和非洲土著语言的翻译及十几个从绞架上放下来的死刑犯，死囚将作为执行危险任务的当然人选。

---

① 李永采：《海洋开拓争霸简史》，北京：海洋出版社，1990 年版，第 141 页。

　　船队上堆积着足够 3 年的食物，主要是不易腐烂变质的腊肉和饼干。此外饮用的淡水也是必不可少的。曼努埃尔的顾问团还向达·伽马转送了最新的情报和航海资料，其中因宗教迫害而逃到葡萄牙的犹太科学家亚伯拉罕·扎库托（Abraham－Zacut，1452—1515）还向达·伽马提供了极其重要的海图和测量仪器。值得注意的是，这次航行与以往葡萄牙的探险不同的是：船队除了带上用于商品交换的"胡萝卜"，包括珊瑚、铃铛、衣服、帽子、布料和水盆等，还带上了"大棒"。达·伽马的旗舰"圣加布里埃尔号"和其兄保罗·达·伽马任船长的"圣拉斐号"各装备了 10 门威力巨大的射石炮。此外，船上还配备了大量的刀剑、长矛和盔甲。这些典型的战争配备及船队首领的选拔都预示着葡萄牙人前往印度的首次航行不会是一场和平的东西方交往。

　　1497 年 7 月 7 日夜，达·伽马手持曼努埃尔国王赐予的一面印有骑士标志的御旗，带领 100 多名随行船员在圣母贝伦教堂里祷告。他们一夜未眠，静静地等候着黎明的到来。当启明星在天际升起之时，教堂的钟声打破了沉寂的里斯本。卡蒙斯在诗篇中写道："著名的里斯本港口，洋溢着欢腾和崇高的志愿，在那里，特茹河甘甜的水流与白沙汇入了苦咸的海洋"，"海岸上站满了士兵，服装多彩，式样各异，都做了精心准备，为了寻找世界新的领域。在雄伟的帆船上，旌旗在迎风飘扬。它们决心航遍无垠的海洋，像阿耳戈一样成为天庭的星座"①。船员们手捧燃亮的蜡烛以整齐的队列随着达·伽马缓步走出教堂，他们一路上拜别送行的人群，在港口登上等候的小船驶向停泊在不远处的 4 艘大型探险船。卡蒙斯写道："那一天，万人空巷，拥向海滨，一些是朋友，一些是亲属，另有看热闹的市民。他们的脸上都堆着愁云。在上千名虔诚僧侣的陪伴下，船员们严肃地列队行进，一路向上帝祈祷，缓缓走向停泊的船只。"②

---

　　① 载《卢济塔尼亚人之歌》第 4 章第 84、86 节，引自［葡］路易斯·德·卡蒙斯：《卢济塔尼亚人之歌》，张维民译。

　　② 载《卢济塔尼亚人之歌》第 4 章第 88 节，引自［葡］路易斯·德·卡蒙斯：《卢济塔尼亚人之歌》，张维民译。

　　然而，未知的远航预示着未卜的生死，即将踏上征途的船员们与家人的离别必然是痛楚的。卡蒙斯在诗篇中描绘了当时的情形。一位母亲送别自己的儿子，她哭着说："孩子啊，我风烛残年，来日无多，你是我唯一的安慰和依靠，哪知我的晚岁要在苦恼中度过？为什么你要抛下孤苦伶仃的母亲，亲爱的孩子？为什么要离开我的身边，去到天涯海角，葬身大洋供鱼虾充饥？"一位妻子送别丈夫："我亲爱的夫君，没有你的爱，我的生命就毫无意义，你的生命不属于你自己，而属于我，你为什么要拿它到惊涛骇浪的海上去冒险？你怎么能忘记我们的柔情蜜意，而踏上那吉凶未卜的旅程？难道你愿让我们的爱情和欢乐，付诸船帆随风而去？"[①]

　　船队拔锚起航后，迪亚士乘坐另一艘船随船队一起航行了一段时间，这位新航路史上的重要功臣念念不忘他未竟的航海事业，虽然不能随船直达印度，但他却无时无刻不想着为这一事业尽一份力。他向达·伽马提出了中肯的建议：直接航行到非洲大陆最西端的佛得角，在那里修整后不再沿浅滩密布、蜿蜒屈曲的非洲海岸航行，而是可以借助横扫大西洋的西风和急流绕一个巨大的弧线，以绕过非洲南端的多风暴地带，直接进入印度洋。客观上讲，这一建议是非常科学的。在得到达·伽马的采纳后，迪亚士恋恋不舍地转往埃尔米纳[②]（Elmina），与探险船队分开。

　　达·伽马带领船队首先航行到了加那利群岛进行短暂修整，然后准备驶往佛得角停泊。重新起航后不久，他们遇到了第一次考验——大海上迷漫起浓雾。为了防止失散，达·伽马让船只向旗舰靠拢，但雾实在太大了，诸船之间即使相隔很近，也还是无法彼此联络，不久

---

　　① 载《卢济塔尼亚人之歌》第 4 章第 90、91 节，引自［葡］路易斯·德·卡蒙斯：《卢济塔尼亚人之歌》，张维民译。

　　② 埃尔米纳是一座掠夺关押奴隶的城堡，位于西非黄金海岸（今加纳），它是欧洲人在非洲殖民掠夺的象征和永难磨灭罪证。1481 年，葡萄牙人埃尔米纳带领船队在加纳海岸登陆开始修建城堡，作为葡萄牙殖民者掠夺奴隶与黄金的堡垒。城堡由葡萄牙强迫掠夺来的黑人奴隶建成。17 世纪之后，埃尔米纳城堡先后被崛起的荷兰和英国殖民者占据，直到加纳在 1957 年获得独立，这里才摆脱罪恶。

船队失散了。幸好他们早已约定下一站是佛得角，4 艘船都如约先后抵达会合。按照迪亚士的建议，船队将进行一次远离非洲海岸的大弧线航行。达·伽马命令船队紧跟旗舰，顺着大西洋的洋流转向西南航行，然后转向东南。这个跨大西洋的巨大弧形航线足有 3200～4000 海里①，耗时达 3 个月之久。这是欧洲人进行的距离最长、时间跨度最大的海上航行。

尽管如此，他们绕了这个弧形之后看到的不是印度洋的广阔洋面，仍是非洲西部海岸。他们到达的地方位于非洲最南端以北 2 个纬度的圣赫勒拿湾(Saint Helena)。达·伽马率领船员登岸考察，找到了土著人的村落。达·伽马向土著人展示黄金、桂皮、丁香等，但是土著人并不认得这些东西。几天后，达·伽马嗜血军人的性格就暴露了，船员们与土著人发生冲突，他本人也参加了战斗。虽然葡萄牙人拥有先进的武器，但土著黑人却非常勇敢，最后达·伽马和几名船员先后受伤。幸亏伤势不重，否则这次历史性的航行可能就功亏一篑了。

船队于 11 月 16 日再次起航，由于没有按照预想绕过非洲南端的风暴带，因而他们不得不在风暴中度过一周的时间。幸好，4 艘船全部挺了过来，进入了印度洋洋面，只有补给船受了损伤。船队在曾跟随迪亚士至此的老水手的指引下，一路航行到莫塞尔湾，然后登陆。

登陆前，达·伽马烧毁了受损严重、又行动迟缓的补给船。登陆后，葡萄牙人与土著霍屯督人(Hottentots)进行了接触，起初双方的接洽是友好的，葡萄牙人还宰杀了一头野牛度过了出航以来最为惬意的一天。但是，达·伽马好勇斗狠的本性很快又暴露出来。他怀疑当地人要伏击船队，掠夺他们的东西，于是命令船上的大炮向岸上的霍屯督人开火。

12 月 10 日，船队在大鱼河口看到了迪亚士留下的纪念石柱。这里也是迪亚士船队到达的最远端，这意味着此后的航行对于葡萄牙人是完全陌生的。1498 年 1 月 25 日，船队到达了伊斯兰教在非洲影响

---

① 1 海里等于 1.852 千米。

的南部边界赞比西河（Zambezi River）。进入阿拉伯人的势力范围后，葡萄牙人的航行变得更加险恶。此时，在欧洲的东部和南部各个战线上，打着宗教旗号的战争正如火如荼地进行着。

他们与阿拉伯人的第一次冲突在莫桑比克港爆发。船队最初到达该地时，当地的统治者以为他们也是穆斯林，热情地接待他们，给他们送来了淡水和食物。但当他们发现船队上的基督教旗帜时，来自"北非的古老的宗教偏见"使他们的热情转化为敌意。① 冲突随即爆发了，达·伽马命令船队向港口的阿拉伯人开炮，并强行掳走了几名当地人作为导航员。

船队继续北上，到达另一个城市蒙巴萨，冲突演变成了一场战斗。达·伽马的船队遭到偷袭。卡蒙斯在他的著名诗篇中写道：达·伽马船长"高兴地迎接摩尔人上船参观，他轻信了伪装的热情，哪知内心险恶的打算。奸诈的摩尔人纷纷上船，把自己的小船停靠在一边。摩尔人个个乐不可支，深信久待的猎物已落入彀中"，"陆地上在悄悄地准备枪械弹药，只等那些船只靠岸下碇，他们便蜂拥上前，明火执仗攻占船队；企图用这种险恶的阴谋，把葡萄牙人一网打尽，让那毫无戒备的海员，偿还在莫桑比克欠下的罪债"②。一场激战后，葡萄牙人抓捕了一批蒙巴萨人。这些俘虏向达·伽马保证，他们可以在北方的马林迪找到很多优秀的领航员。

在沿着东非海岸建立的一长串伊斯兰城市中，由于存在着商业贸易竞争和领土争端，他们时常为了争夺利益而互相攻伐，甚至不惜引狼入室。葡萄牙人正是借助于此才得以堂而皇之地登堂入室。达·伽马在马林迪受到了热情的接待，马林迪的统治者希望借助葡萄牙人的力量打击其对手蒙巴萨。

葡萄牙人在马林迪最大的收获是找到了一位对未来的航行起到关

---

① M. N. Pearson, *The Portuguese in India*, Cambridge: Cambridge University Press, 1987, p.9.

② 载《卢济塔尼亚人之歌》第2章第16、17节，引自［葡］路易斯·德·卡蒙斯：《卢济塔尼亚人之歌》，张维民译。

键性作用的领航员。这位领航员对印度洋的熟悉超过葡萄牙人对大西洋的熟悉程度。船队在他的带领下仅仅用 20 多天，就完成了 3000 多千米长的海上航行，横跨浪高风急的阿拉伯海，以最短的距离直接抵达了印度。关于这位领航员的确切身份，历史学家们有着不同的争论。根据达·伽马的航海日志记载，这位领航员是居住在印度的基督徒，不过这点并不可信，因为葡萄牙人常把印度教徒作为基督徒的一支。还有资料显示这位领航员不是一位寂寂无名的航海者，而正是当时印度洋最著名的航海家，被称为"怒海之狮"(Shihan Al Dein)的伊本·马吉德(Meguid)。无论如何，这位领航员的出现给这次历史性的航行增添了必不可少的东方元素。正如学者戴维·阿诺德所说："欧洲人采用东方航海辅助技术和器材，以及具有航海技术的印度洋领航员的贡献，标志着地理大发现时代的出现应该被看作是欧亚人民的共同成就，而不仅仅是欧洲人的成就。"[①]

三、到达卡利卡特

1498 年 5 月 20 日，达·伽马率领 3 艘船到达印度西海岸的卡利卡特，对于葡萄牙人来说，"一个探险时代结束了，一个新的开发时代开始了"[②]。卡利卡特人看到这群异邦者，好奇地问他们来此的目的，一位葡萄牙水手直白地说："我们来寻找基督徒和香料。"[③]这就是新航路开辟后东西方之间历史性的首次交谈。

卡利卡特是一个城邦国家，商业繁荣，阿拉伯人是其主要贸易对象，许多阿拉伯商人居住在这里，成为城邦的一部分。不过，卡利卡特的统治者和主要居民为印度教徒，对基督徒没有敌意，只要有利于通商谋利，他们来者不拒。达·伽马向卡利卡特国王萨莫林递交了国书，转达了葡萄牙国王的致意。萨莫林请达·伽马转交一封致葡萄牙

---

① ［英］戴维·阿诺德：《地理大发现》，闻英译，第 36 页。

② ［美］斯蒂福夫：《达·伽马和其他葡萄牙探险家》，吕志士、马建成译，第 25 页。

③ M. N. Pearson, *The Portuguese in India*, Cambridge: Cambridge University Press, 1987, p.14.

国王的回函，上面写着："您朝中的达·伽马先生惠临我国，对此我极感欣慰。我国盛产肉桂、丁香、姜、纸张和宝石，我亟愿以之交换你们的金银、珊瑚和红布。"

达·伽马到达印度
卡利卡特

寒暄过后，达·伽马让随行船员端上来进奉的礼物，包括珊瑚、帽子、布匹等。这一举动暴露了欧洲人的贫困，卡利卡特的官员轻蔑地嘀咕着："即使是麦加或印度最穷的商人，送给萨莫林的礼物也不至于如此菲薄。"作为对这一群长途跋涉来这里贸易的穷苦欧洲人，萨莫林赏赐给他们一盘葡萄牙人从未见过的水果——香蕉。达·伽马惊异地学着卡利卡特人剥开香蕉的样子，成为第一个尝到香蕉的葡萄牙人。

葡萄牙人在印度最大的敌人仍是老对手阿拉伯人。葡萄牙舰队绕过非洲大陆来到印度洋的消息很快传遍了印度洋的阿拉伯世界。一场针对葡萄牙人的大行动开始酝酿。卡利卡特的阿拉伯商人率先行动起来。葡萄牙人希望用随船带来的商品在这里换些香料回去，但阿拉伯人集合起来抵制葡萄牙人并怂恿印度教徒拒绝与葡萄牙人交换商品。性格暴戾的达·伽马从来不会忍气吞声，他与阿拉伯人发生了公开冲突，但是阿拉伯人人多势众，达·伽马本人被扣留。幸好，他机智地乘夜逃脱，捡下一条命。阿拉伯人不肯善罢甘休，准备采取一次秘密行动，杀掉达·伽马，彻底赶走葡萄牙人。当地一名会说西班牙语的突尼斯人因为常遭欺凌，偷偷向葡萄牙人通风报信。达·伽马闻言大骇，命令船员们打点行囊准备离开。

正当达·伽马一行准备起程的时候，萨莫林的收税官来到葡萄牙船上，他们趾高气扬地喝住岸上的葡萄牙人，要他们缴税。达·伽马拒绝了收税官的要求，并立即动身离开，但随即赶来的卡利卡特人扣留了几名没有来得及上船的葡萄牙船员和大批货物。达·伽马恼羞成怒，他立即命令船员们回击，将十几个卡利卡特人抓上船，作为人质。双方最终妥协，达·伽马用人质换回被扣留的葡萄牙人和货物，但他不诚实地未释放所有人质。萨莫林发现后，立即派军舰追击葡萄牙船队，两军在海上进行了一次海战。葡萄牙的射石炮发挥了关键作用，卡利卡特舰队无法靠近，葡萄牙人成功逃脱。达·伽马率领船队北上，在卡纳诺尔和果阿进行了贸易，终于使船上装满了国内葡萄牙人翘首以待的香料。

1498 年 10 月上旬，船队离开印度海岸开始返航。自信的葡萄牙人以为回程不再需要东方的领航员，但是他们错了，由于对这里的季风和洋流毫不熟悉，印度洋上诡谲的波涛让他们尝尽了苦头。在这段从印度到东非的航程中，他们来时只用了 20 多天，而返程却花了近 3 个月。他们摸索着前进，逆风使他们不停地走着"Z"字形航线。这是"葡萄牙人探航西非以来，甚至是地理大发现开始以来，时间最长最困苦的航行"[1]。折磨他们的除了喜怒无常的大海，还有大航海时代最致命的"坏血病"[2]。达·伽马在航海日志中写道："在此期间死去了 30 人。最后，每只船上只剩七八人还能工作，但都已很不健康。如果这种情况再持续两周，我们不是全部死去，便是退回到印度去。"[3]

经过痛苦的 3 个月，船队终于在伊斯兰城市摩加迪沙看到了陆地。不过，这里等待着葡萄牙人的不是美味的食物和解渴的淡水，而是磨刀霍霍的穆斯林战士。一腔愤懑的达·伽马从海上对城市进行了炮击，然后驶往友好的马林迪。踏上马林迪的土地，葡萄牙人才终于得到了些微的安慰。他们迫不及待地狂饮甘洌的淡水，还吃上了新鲜的水果

---

① 张箭：《地理大发现研究：15—17 世纪》，第 102 页。

② 坏血病的发生主要是由于船员长期在海洋上航行，吃不到新鲜的食物，导致维生素 C 缺乏而引起的。这一点直到数百年后才为世人所知。坏血病的症状是：初期病人身体变得虚弱，随后开始关节疼痛，牙龈肿胀，最终在痛苦中死亡。

③ 转引自张箭：《地理大发现研究：15—17 世纪》，第 102 页。

和蔬菜。在马林迪休整后，他们再次起航，经过蒙巴萨和莫桑比克时，他们看到岸上闪亮的阿拉伯弯刀。达·伽马将船队中一艘破损严重的船丢弃，命令船员们张满风帆快速离开了这片不友好的水域。

1499 年 3 月 20 日，他们终于绕过好望角，回到了熟悉的大西洋水域。不过，一场突如其来的风暴将仅存的 2 艘船吹散了。"圣加布里埃尔号"在达·伽马的指挥下驶向亚速尔群岛，他的兄长保罗·达·伽马不幸得了坏血病，上岸第二天就死去了。达·伽马悲痛万分，没有随船回里斯本，而是留下料理后事，直到 9 月才乘船回国。"圣加布里埃尔号"于 8 月底驶进特茹河，回到了葡萄牙。失散的另一艘船已于 7 月 10 日先期回到里斯本。至此，葡萄牙人开辟印度新航路取得成功。

从船队自身来讲，出航的 4 艘船只有 2 艘回来，170 多名船员平安回到葡萄牙的仅余 55 人。不过，这次航行的收益也是令葡萄牙人兴奋的。据说达·伽马带回了高达成本 60 倍的货物，在那个时代的欧洲，除了黄金之外，恐怕只有香料才能有如此贵重的价值。曼努埃尔国王赐予达·伽马"印度洋元帅"的称号和一大片土地。为了确立葡萄牙对印度贸易的垄断权，他派信使通报全欧洲，甚至印发了宣传册。消息传到西班牙，哥伦布的发现显得相形见绌。毕竟达·伽马带回来的是真正的香料，而哥伦布带回来的只是几件不值一提的首饰和几个赤身裸体的土著人。在曼努埃尔 1501 年写给教皇的一封信中，他骄傲地给自己加上了新的头衔——"非洲、阿拉伯、波斯和印度的通商者、航海者和征服者的领主"。

第二节　逐鹿印度洋

印度新航路的开辟改变了整个欧洲的地缘政治格局，原本处于欧洲偏远地区的葡萄牙一跃成为欧洲与东方交往的门户。葡萄牙这个边陲小国一下子凝聚了整个欧洲欣羡的目光。正值 15、16 世纪之交，葡萄牙像一颗启明星，指引了欧洲前行的道路。海洋——这个原本令人生畏的名字，几乎在一夜之间与"梦想"、"未来"这些词联系在一起。

一、卡布拉尔印度行

葡萄牙在达·伽马归来后,立即着手巩固自己的发现。一支欧洲历史上前所未有的庞大商业远征队将要从里斯本外的特茹河口驶向梦想的彼岸——东方。这次航行不仅把葡萄牙真正推上海洋帝国的轨道,而且还将开辟新航线和新天地。

新计划的目的是显而易见的。一方面,葡萄牙要巩固对印度新航路的占有,肃清威胁新航路安全的阿拉伯人海上势力;另一方面,葡萄牙要充分利用新航路建立商业殖民帝国,即要在非洲和印度建立永久性的殖民和贸易据点。对于这次航行的目标,在国王给舰队的训令中有着充分体现。曼努埃尔一世赤裸裸地说:只要在海上遇到摩尔人的商船,就应该向他们发动攻击,尽一切可能造成最大的损失;尽一切力量抓捕他们的商船,用最好的、最有利的办法夺取摩尔人的货物和财产。至于人,除去领航员、船长和主要商人可以带回葡萄牙以外,其余都可以凭赎金加以释放;如果做不到这一点,那么你就应该把他们统统放到一条损坏得最严重的船上去,让他们随风漂荡,把其余的船只都击沉或者烧毁。

对于这次航行的指挥官人选,曼努埃尔国王决定选择一名新贵族来担任。最受信任的侍卫兼参事佩德罗·阿尔瓦斯·卡布拉尔(Pedro Alvares Cabral,1467—1520)幸运地成为历史的"弄潮儿"。

1500年3月9日,葡萄牙历史上最庞大的一支舰队停泊在特茹河口。舰队总计有13艘船,包括12艘战舰和1艘三桅帆船,包括曾随达·伽马直航印度的船长尼古拉·科埃略等葡萄牙著名航海家担任船长。值得一提的是,葡萄牙航海界的元老级人物,为印度新航路的开辟做出决定性贡献的迪亚士也担任了其中一艘船的船长。相隔十数年,如今的迪亚士已非当年的青春壮志,但对实现自己的印度梦想,他依然不改初衷,哪怕自己要卑躬于一位年轻人。

卡布拉尔指挥的这次航行可谓倾葡萄牙全国之力。1500年的葡萄牙总人口至多只有100万人①，而准备登舰出发的船员就有1200多人，超过葡萄牙总人口的千分之一。这些船员并非临时征召，而是在全国挑选的经验丰富、训练有素的老水手。虽然无法与大半个世纪之前中国的郑和船队同日而语，但在当时的欧洲，特别是对于一个小国，实属壮举。舰队预计一年半以内到达印度，为此预备了足够的补给品，且每艘战舰上都配有当时世界上最先进的火炮。

卡布拉尔带领着这支庞大的远洋舰队在大西洋上绕了一个巨大的弧形，意外地发现了南美大陆的巴西，然后绕过了非洲，来到了印度洋。事实上，葡萄牙人血腥、残暴的恶名已经在印度洋上的阿拉伯人和印度人中远播。葡萄牙人的再次到来，遭到了非洲东海岸伊斯兰城市的敌视，幸好，达·伽马曾与马林迪建立了不错的关系，要不然，葡萄牙人甚至都无法找到一个补给的地方。卡布拉尔在马林迪找到了一位领航员，这是达·伽马通过血的教训告诫他的。有了东方向导的帮助，1500年9月，葡萄牙舰队再次驶入了卡利卡特港。

达·伽马与萨莫林及阿拉伯商人此前的冲突使葡萄牙舰队面对的是满腔怒火的敌人。不过，卡布拉尔使用西方人惯用的分化瓦解的伎俩重新获得了萨莫林的好感。他从当地人口中得知卡利卡特的邻邦柯钦（Cochin）与萨莫林有世仇。机智的卡布拉尔抓捕了一艘柯钦商船以讨好萨莫林，这一招果然奏效。很快，葡萄牙人在卡利卡特获得了与阿拉伯人同等的贸易地位，葡萄牙人在印度建立了第一个商业据点。

葡萄牙人的成功遭到阿拉伯人的报复。起初，双方的冲突是通过商业竞争进行的，他们争相拉拢萨莫林，并打起了价格战。很快，和平的竞争演变成武装斗争。葡萄牙人首先动起手来，他们在海上抢劫了一艘阿拉伯商船。愤怒的阿拉伯商人组建了一支准军事力量，突袭了葡萄牙商站，杀死了50多个葡萄牙人。怒火中烧的卡布拉尔认为萨莫林在此事上扮演了阿拉伯人盟友的角色，于是，他命令军舰向卡利卡特城发起炮击，600多名无辜的平民成为这次冲突最大的牺牲品。

---

① M. N. Pearson, *The Portuguese in India*, Cambridge: Cambridge University Press, 1987, p.14.

萨莫林立即联合阿拉伯人组织了庞大的舰队予以还击,卡布拉尔见势不妙向北逃窜。

葡萄牙人在北部小邦中得到了友好的接待,这主要是因为这些小邦长期受到强大的卡利卡特的欺凌,一听说葡萄牙人与萨莫林交战,立即向葡萄牙人伸出了援手。在卡利卡特的舰队追来之前,葡萄牙人已经通过交易换得了大批香料,离开了印度海岸返航。1501 年 7 月底,舰队回到里斯本,带回了超过成本 2 倍的收益。

在这次航行中,1200 多人的舰队仅有不足 1/3 的人安全返回,13 艘船折损了 8 艘。而阿拉伯人和印度人付出了更大代价,卡利卡特城遭到炮击,平民伤亡惨重,阿拉伯商船遭到洗劫,船员被屠杀。这一切都使这次贸易之旅演变成一场不折不扣的血腥战争。

二、达·伽马再出山

卡布拉尔的印度洋之行虽然取得重要成就,但成功的代价过于高昂,葡萄牙人意识到他们在印度洋的真正对手并非是波涛汹涌的海洋,而是阿拉伯人。要想控制与印度的贸易,就必须击败阿拉伯人的竞争,而手段唯有控制印度洋。正如古罗马的哲人西塞罗所说:"谁控制了海洋,谁就控制了世界。"在大航海时代,尤其如此。

卡布拉尔回国后,葡萄牙立即着手组建新的舰队。帝国的柱石达·伽马,不再充当幕后的策划,他将再次出山。1502 年 2 月,15 艘配有先进大炮的舰船在特茹河口一字排开。达·伽马立于船首,依仗身后这支当时世界上最强大的武装舰队,他可以尽情挥发他残暴的军人性情了。如果说达·伽马首航印度时是一位推动世界进步的航海家的话,那么,这一次,他的角色则是一位远征队的将军,嗜杀的刽子手。

在前往印度的途中,舰队遇到了一艘没有武装的阿拉伯商船,船上载着的是一群虔诚的伊斯兰教徒,他们都是去麦加朝圣返乡的平民,包括许多妇女和儿童。达·伽马没有表现出任何作为基督徒应有的博爱与怜悯,他首先下令洗劫该船,然后把船上的所有船员连同老弱妇孺一起关进船舱，放火烧船。在一望无际的大海上，燃烧的船只中传来阵阵哀嚎，然而，达·伽马和他的船员只是狞笑着。这种令人发指的屠杀抹黑了这位海上"英雄"全部的光辉。

达·伽马的残暴才刚刚开始。这年 10 月，他的舰队到达卡利卡特，第一件任务就是封锁这座城市。很明显，他不是来贸易的，他是来复仇的。他用来对付这座城市的手段集中体现了殖民时代的血腥一幕。他抓住 38 名附近的渔民，这些人老实本分，只是出于一点小小的利润向葡萄牙人兜售他们辛勤捕来的鱼。然而达·伽马残忍地把他们吊死在高高的桅杆之上，让他们的尸体向旗帜一样在海风中飘荡。他的目的是让卡利卡特城里的居民胆寒。更令人发指的是，他又将这些尸体肢解，躯干扔进潮水中，使其漂流到岸上震慑当地居民，手脚和头颅被放在小船上送往城内，并附上一封威胁的信。卡利卡特人当然没有屈服，但是，他们无法抵御葡萄牙人的大炮。最终，这座繁荣的城市在炮火之下，沦为人间地狱。

葡萄牙人在印度洋上除了袭击与威慑，当然也没有忘记他们最重要的东西——香料。他们犹如海盗一样，出没于马拉巴尔海岸，抢劫商船，洗劫港口。最终在所有船上都装满货物才满意而归。

回国后，达·伽马被封为伯爵，成为葡萄牙帝国"黄金时代"的元勋和柱石。1524 年，若奥三世国王（João Ⅲ，1521—1557 年在位）任命达·伽马为印度总督。壮心不已的达·伽马接受任命，但是，长途海上航行的劳顿使他透支了自己的身体。1524 年 12 月，他死在印度柯钦自己的官邸，自此，这位海上的"发现者"和"杀人魔王"终结了自己传奇的一生。他的尸体被装进大理石棺运回了葡萄牙，安葬在热罗尼姆修道院的大教堂。

达·伽马是葡萄牙人功勋卓著的英雄，但同时也是人类历史上著名的"杀人魔王"。对达·伽马的评价在历史上一直争论不休。当人类迈进21 世纪的大门，当昔日不可一世的葡萄牙帝国早已习惯平淡的时候，我们需要好好反省的是，文明进步的车轮并不是一定要靠鲜血来润滑的。在人类的文明史上，达·伽马只有一个称呼被永远地记住了，那就是

置于热罗尼姆大教堂的达·伽马石棺

"航海家"。我们之所以记住了这个称号，不外乎一个原因："达·伽马"
这个名字是因为他的航海才具有了意义。

第三节　称霸印度洋

谁控制了印度洋，谁就控制了东方贸易。达·伽马和卡布拉尔的
征服行动虽然取得了一些成果，但印度洋上的贸易还掌控在阿拉伯人
手中，葡萄牙人当然不会就此息战，一场决定印度洋命运的角逐徐徐
拉开帷幕。

一、最终的角逐

1505 年，一支强大的舰队在特茹河口集结。舰队司令弗朗西斯
科·德·阿尔梅达（D. Francisco de Almeida，1450—1510）从国王手中
接过十字旗，走在 1500 名全副武装的船员和 200 名炮手的前头，登上
旗舰，准备开赴印度。国王给他的命令简单明确：去征服印度洋，消
灭一切反抗的敌人。在这支庞大队伍中，有一名 25 岁的普通水手值得
一提，他将在日后建立赫赫声名，他就是费尔南多·麦哲伦，而这次

将要经历战斗洗礼的航行，将成为这位未来的航海家"必不可少的学校"。

舰队绕过好望角后，沿着非洲东海岸航行，首先攻占了基尔瓦（Kilwa），建立要塞，又洗劫了蒙巴萨等城市。每到一处阿拉伯人的港口，炮火就是葡萄牙人的使者，一座座阿拉伯城市遭到葡萄牙人的轰击，一艘艘的阿拉伯商船被洗劫，飘扬在印度洋沿岸的星月旗一面接着一面倒下。

肃清了非洲东海岸的阿拉伯势力，阿尔梅达的舰队到达印度，在柯钦设立了据点，成为葡萄牙重要的贸易据点和武装基地。随后，沿着印度马拉巴尔海岸到阿拉伯半岛，再到东非海岸，到处出没着葡萄牙军舰，他们张挂着十字旗，到处抢劫袭击。

1507 年，葡萄牙人将黑手伸向了印度洋沿岸的战略要地——霍尔木兹城。这座阿拉伯城市扼守着霍尔木兹海峡，控制着波斯湾，是印度与阿拉伯地区最主要的陆海贸易中转地。阿尔梅达的得力部下阿方索·德·阿尔布克尔克（Afonso de Albuquerque，1453—1515）崭露头角。阿尔布克尔克承继了达·伽马等人的威慑手段——屠杀。他率领舰队封锁霍尔木兹海峡，炮击两岸的村庄，将俘获的阿拉伯人割鼻、切耳，然后强行攻占防御薄弱的霍尔木兹城，建立了军事要塞。葡萄牙人一跃成为波斯湾的统治者，向过往所有商船征收重税。[①]

葡萄牙人在印度洋上的横行，使传统的香料贸易中断了。根据史料显示，自 1502 至 1520 年，没有任何马鲁古的香料通过中东运抵意大利港口。[②] 埃及、叙利亚的苏丹怨声载道，他们的税收官焦急地向城外的古老商路张望着，然而，驮着一包包香料的骆驼队却迟迟不见踪影。与此同时，等待在地中海沿岸的威尼斯人也惊诧莫名，当他们最终探听到是葡萄牙在作祟时，立即把大批的水手和炮手送往阿拉伯

---

① 很快，霍尔木兹城又被阿拉伯人夺回。1515 年，已是印度总督的阿尔布克尔克再次武力占领这里。

② ［澳］安东尼·瑞德：《东南亚的贸易时代：1450—1680 年》第 2 卷，吴小安等译，北京：商务印书馆，2010 年版，第 15 页。

和印度，要帮助他们对付这些挡了财路的基督徒同胞。很快，在威尼斯的帮助下，阿拉伯人和印度人的联合舰队建立起来，准备进行一场大反扑。

首先发力的是埃及人。他们的舰队在阿拉伯海北部与阿尔梅达的儿子洛伦索率领的一支小型舰队遭遇。狂傲的葡萄牙人立即发动攻击，但是埃及舰队汹涌而来，将葡萄牙人团团围住，最终将他们全部歼灭。洛伦索阵亡的消息传到阿尔梅达的耳中，他怒火中烧，决心为儿子复仇。他立即召集军队，准备与阿拉伯人和印度人进行海上决战。

1509 年 2 月 2 日，一场争夺印度洋制海权的大战在第乌岛附近的海域展开了。葡萄牙一方拥有 19 艘军舰，1800 多名士兵；阿拉伯—印度一方拥有 2000 多艘各型舰只和 20000 多名士兵。从士兵数量来说，阿拉伯—印度一方的力量比葡萄牙人强出 10 倍以上。然而，战争并非取决于数量，而更多地决定于武器、战斗人员的素质以及协调指挥。这在殖民时代以来的现代战争中尤其如此。葡萄牙的海外扩张史已近百年，他们的水手历经海上磨炼，许多人都追随过达·伽马、卡布拉尔，海战对他们并不陌生，而且，他们船上配备的是当时世界上最先进的大炮，其射程与威力使阿拉伯—印度的船只根本无法靠近。而与此相对，阿拉伯—印度的联合舰队互不统属，指挥混乱，难以协调一致，当他们看到炮弹呼啸而来时，大多畏惧不前，使数量优势难以发挥作用。葡萄牙人的炮火使阿拉伯和印度士兵的鲜血染红了战场的海面。此役，葡萄牙人大获全胜。

第乌海战是一场具有决定性意义的战役，葡萄牙人一举成为印度洋的主人，终结了阿拉伯人在这片广阔海域持续数百年的自由与垄断，为葡萄牙帝国的建立奠定了基础，也为其向远东的进一步扩张铺平了道路。

二、帝国的初现

阿尔梅达在回国途中，途经非洲南端时，与当地的霍屯督人发生了小规模的冲突。不幸的是，这位称雄印度洋的人物竟然被几块飞来的"石头"砸死了。阿尔梅达的部下阿尔布克尔克接替了他的总督之位。这位有着"海上雄狮"之称的悍将在攻占霍尔木兹后得到了国王的赏识。

相较于他的前任，阿尔布克尔克更为残酷，但也更富于谋略。他在印度洋的战略符合葡萄牙小国寡民的状况，那就是占领军事和商业的战略要地。新官上任，他的头一把火烧向了印度马拉巴尔海岸的果阿城（Goa）。

1510 年 3 月，葡萄牙军队占领果阿，但是很快大批印度援军抵达城下，阿尔布克尔克不得不下令弃城撤退。不过，阿尔布克尔克是一个倔强的人，他不会轻易言败。10 月底，他集结了一支更强大的军队再次占领果阿。为了把这座艰难得来的城市打造成葡萄牙在印度的殖民中心，彻底根绝阿拉伯人的势力，他下令处死了全部阿拉伯人，包括妇女和儿童，据说人数达 6000～8000 人。从此，葡萄牙人开启了在这里长达四个半世纪的殖民统治。[①] 卡蒙斯在诗篇中写道："你将看到果阿从摩尔人手中被夺取，后来它成为整个东方的都市，征服者的辉煌胜利，使它登峰造极。在那里，它傲然屹立。"[②]

在阿尔布克尔克任内，果阿城逐渐取代此前葡萄牙在印度的统治中心柯钦，成为新建立的印度洋帝国的心脏。以果阿为基地，葡萄牙人沿着印度西海岸建立了一系列要塞，强迫许多印度城市俯首纳贡。此外，他还在 1511 年攻占了马六甲，将触手伸向了远东地区；1515 年，他第二次占领霍尔木兹，完全控制了波斯湾。至此，葡萄牙的印度洋帝国初具雏形。

不过，正当阿尔布克尔克以果阿为中心在印度大展拳脚、开疆拓土之际，他的政敌们正预谋着将这位"印度洋雄狮"拉下神坛。他们仅仅希望把"掠私活动和抢夺战利品作为葡萄牙人在亚洲的重要形式"，然而，阿尔布克尔克却创立了一个军事帝国。他们攻击阿尔布克尔克创建的这个印度洋帝国"过分军事化和中央集权"。事实也的确如此，

[①] 直到 1961 年才被印度政府用武力收回。

[②] 载《卢济塔尼亚人之歌》第 2 章第 49 节，引自［葡］路易斯·德·卡蒙斯：《卢济塔尼亚人之歌》，张维民译。

从霍尔木兹到果阿，从果阿再到东南亚的马六甲，一连串的城市组成了坚固的军事链条，链条握在他个人的手中，印度洋似乎成了他的私人领地。这种情况引起了许多葡萄牙权贵的恐慌。最终，曼努埃尔国王采纳了这些攻击者的意见，任命他的政敌洛波·苏亚雷斯·德·阿尔布加里亚（Lopo Soares de Albergaria）为印度新总督。气愤的阿尔布克尔克写了一封致国王的信，述说自己在东方的行为及其合理性。在回国途中，他身染重病，抑郁而终。

一代枭雄最终落得"鸟尽弓藏"的命运。后来，曼努埃尔国王相信了他的忠诚，追封他为"果阿公爵"，使这位传奇而残暴的"葡萄牙战神"成为葡萄牙历史上第一位非王室公爵。

阿方索·德·阿尔布克尔克（1453—1515）

第六章　航向远东

在葡萄牙人来到远东之前，古代西太平洋半环贸易网已经存在千年之久。这个古代海洋贸易体系，与以希腊－罗马为中心的古代地中海贸易网和以阿拉伯－印度为中心的印度洋贸易网并称为古代世界三大海洋贸易体系。[①] 这个体系北起朝鲜、日本，中经中国，南达东南亚，其核心是中国。葡萄牙强占的马六甲是这个体系的南方门户。卡蒙斯在诗篇中写道："葡萄牙人点燃的战火，将使波涛比当初更汹涌翻腾，他们将战胜许多民族，带走野蛮的异教徒，俘虏许多摩尔人，他们将征服马来半岛，一直抵达遥远的中国海滨和东方最偏的岛屿，整个大洋都将向他们臣服。"[②]葡萄牙人在 16 世纪初首次将船开进了太平洋水域，他们的目的是"香料和黄金"，但他们也同时负有历史使命，即以新的近代全球贸易网打破古代世界孤立的贸易体系，并用这张网，把东亚、东南亚诸国拉进形成中的世界市场之中。

第一节　航向香料群岛

葡萄牙人攻下果阿后，浩浩荡荡的舰队开始向"远东"进发了。占领马六甲并进入远东，一方面将使葡萄牙人的触角伸向香料的源头，从而独占香料贸易；另一方面可以彻底击溃阿拉伯人的贸易竞争。正如阿尔布克尔克所说："如果我们把马六甲的香料贸易夺走，开罗和麦

---

① 何芳川：《澳门与葡萄牙大商帆：葡萄牙与近代早期太平洋贸易网的形成》，北京：北京大学出版社，1996 年版，第 1~2 页。

② 载《卢济塔尼亚之歌》第 2 章第 54 节，引自[葡]路易斯·德·卡蒙斯：《卢济塔尼亚人之歌》，张维民译。

加将彻底崩溃，而威尼斯商人如果不到葡萄牙来购买，他们就得不到香料。"①

一、占领马六甲城

马六甲城位于马六甲海峡北岸，扼印度洋与太平洋咽喉，是东南亚香料的主要中转站。在阿拉伯控制印度洋贸易的时代里，阿拉伯人正是从这里载着一船船的香料进入印度洋，最终送往欧洲的。

葡萄牙对马六甲觊觎已久。早在1508年，葡萄牙国王就批示要与马六甲建立商业联系，并派出了迪亚戈·洛佩斯·德·塞克伊拉率领船队出使马六甲。1509年9月11日，塞克伊拉抵达马六甲港内，这是葡萄牙人第一次进入远东地区。他们看到了这座巨大的港口里停泊着数不清的船只，既有马来人的舰只，也有阿拉伯人和中国人的船队。

马六甲苏丹从阿拉伯商人那里早已听过葡萄牙人在印度洋上不光彩的残暴行为。在塞克伊拉向马六甲苏丹呈上国书后。苏丹假意表现出极大的热情，在友好的氛围下隐藏着一个可怕的阴谋：将葡萄牙人一网打尽。②葡萄牙人放松了警惕，许多船员还进入马六甲城的集市里玩乐，只有几名船长和少数水手留在船上。越来越多的马来人以送货的名义攀上葡萄牙人的船只，不久，苏丹王宫的方向升起了"攻击"的信号烟柱。登上葡萄牙船的马六甲人和岸上埋伏的人立即行动起来，多数葡萄牙人被杀。庆幸的是，一位叫麦哲伦的水手依靠机智和勇猛逃出了马六甲人的围攻，未来还有更重要的事业等着他。

葡萄牙人遭受袭击的消息传到阿尔布克尔克耳中，此时他在印度的征服事业正春风得意。听到消息，他立即大整军备，要为葡萄牙人复仇。1511年，他率领18艘舰船开赴马六甲。对于印度人、缅甸人和爪哇人等，他好言抚慰，保证不侵犯他们的商业利益；对于阿拉伯商人则予以沉重打击。分化瓦解的伎俩是葡萄牙人能够以一小撮兵力

① 王加丰：《西班牙、葡萄牙帝国的兴衰》，西安：三秦出版社，2005年版，第52页。
② Frederick A. Ober, *Ferdinand Magellan*, New York and London: Harper & Brothers Publishers, 1907, p.48.

统治马六甲 130 年的制胜法宝。[①]

　　葡萄牙人为了巩固对马六甲的统治在东南方的海滨建立了一个坚固的要塞。这个要塞三面环河，一面朝海，地势险要。墙厚 2.44 米，当时的大炮也轰不开，上面还有 7 个炮台。要塞里面有总督府、教堂、礼堂和医院，成为葡萄牙帝国在东方仅次于果阿的统治中心。这里的驻军不多，一般约 300 人，但却能够抵御上万敌人的进攻。

　　占领了马六甲等于掌握了"摇钱树"。从 1513 年起，葡萄牙人转运的香料开始主宰欧洲市场，拿丁香和肉豆蔻为例，每年经葡萄牙人直接转运的数量分别达 30 多吨和 10 吨。[②] 葡萄牙人不仅由此控制了香料贸易，而且通过控制这里实质上控制了整个马六甲海峡，他们强迫进出海峡的船只必须到马六甲贸易，并派军舰日夜巡航，向商船征税。对于不从者，没收货物，甚至强迫船员为奴。在 1544 年以前，马六甲港口的税收每年达 1.2 万～1.5 万杜卡特，自 1547 年起，税收提高到每年 2.75 万杜卡特，到 1600 年甚至高达 8 万杜卡特。

　　控制了马六甲，葡萄牙人实质上打通了远东航路，把传统的阿拉伯—印度海上贸易网与西太平洋贸易网连接起来。下一步，他们的目标就是直航香料的源头——马鲁古群岛以及马可·波罗描绘的东方世界了。

二、到达香料群岛

　　在占领了马六甲之后，葡萄牙实质上已经将传统的阿拉伯中转商踢出了香料贸易，但他们不会满足，他们的目的是占有全部。这正是初生的葡萄牙人资本主义的贪婪。正如学者王加丰所说："无限扩张正是葡萄牙人的思维定势"，"近代殖民主义者从来不为自己设定什么扩张的边界，唯一的边界就是他们自己是否还有扩张的潜力。"[③]葡萄牙

---

　　① 1641 年，马六甲在被葡萄牙统治 130 年后被荷兰人占领，而荷兰人战胜葡萄牙人采取的也是分化瓦解的手段。

　　② 相关数据参考［澳］安东尼·瑞德：《东南亚的贸易时代：1450—1680 年》第 2 卷，吴小安等译，第 15 页。

　　③ 王加丰：《西班牙、葡萄牙帝国的兴衰》，第 57 页。

意图垄断从源头到销售的整个香料贸易，使欧洲人餐桌上的每个胡椒粒都经过葡萄牙人贪婪的手。

香料群岛一般泛指东印度群岛，包括从马来群岛到印度尼西亚的大部分岛屿。最著名的香料产地是摩鹿加群岛，又称马鲁古群岛。这一群岛位于印度尼西亚东部，赤道从中穿过，这里潮湿多雨、气候炎热，最适宜各种香料作物的生长。1511年11月，阿尔布克尔克派安东尼奥·德·阿布雷乌（António de Abreu）率领3艘船从马六甲出发去寻找马鲁古群岛中的班达岛（Banda）。班达岛是当时世界上唯一出产肉豆蔻种衣（mace）的地方。这种香料既可以食用，也可以用作药材，在欧洲市场上的价格极高。

船队在一位马来人的领航下，向东经过爪哇（Java Island）和小巽他群岛（Lesser Sunda Islands），然后向北驶向班达岛。船队在班达停留了一个月，阿布雷乌在获得了大量的肉豆蔻后，满载而归。其中一艘船的船长弗朗西斯科·谢兰（Francisco Serrão）奉命继续在这一带探险。1512年，谢兰的船只遭遇风暴，船体损毁严重，他本人被附近希图岛（Hitu）上的居民救起，从此开启了他在东印度的传奇人生。谢兰被带到马鲁古群岛中的特尔纳特岛（Ternate）。由于精明能干，他很快适应了当地的生活，并取得了当地苏丹的信任。他极力劝说苏丹与葡萄牙开展贸易，建立友好关系。在他的斡旋下，特尔纳特成为葡萄牙在东南亚香料贸易的重要中转站。

1520年，葡萄牙人占领了帝汶（Timor）。1521年，他们在特尔纳特建立了据点。1522年葡萄牙人到达今天印度尼西亚的首都雅加达。1564年，他们通过武力和胁迫将特尔纳特变成葡萄牙的属地。[①] 这样，从马六甲至香料群岛的航路建立起来了。通常来说，葡萄牙船队沿婆罗洲南岸航行，横渡爪哇海，到达泗水附近，从这里经西里伯斯南部至马鲁古群岛。[②] 葡萄牙成功地控制了香料贸易的源头，终于实现了近一个世纪的海外扩张的最初梦想，财富从这里滚滚流向里斯本。

---

① 值得一提的是，特尔纳特人在1575年终于赶走了葡萄牙人。
② ［英］D.G.E. 霍尔：《东南亚史》上册，北京：商务印书馆，1982年版，第305页。

第二节　叩关中华帝国

闯进太平洋水域的葡萄牙人迫不及待地完成他们梦寐以求的两个目标：第一个是找到香料群岛，从源头上垄断香料贸易；第二个就是要同马可·波罗描绘的富庶的中国开展贸易。1512 年，葡萄牙人完成了对香料群岛的发现。随后，他们的船队陆续穿越中国的南海，抵达中华帝国的大门外。

一、新老帝国的碰撞

在葡萄牙攻占马六甲这一年，是明正德六年，统治着中华帝国的是明代最荒唐、怪诞的皇帝武宗朱厚照。这位十足的纨绔子弟 2 岁成为皇太子，15 岁就成为这个庞大帝国的最高统治者，围绕在他身边的是一群逢迎拍马的阉宦弄臣。在他当政的正德年间，是中国历史上太监弄权最严重的时代。以刘瑾为代表的"八虎"成为这位少年皇帝的左膀右臂，搅得这个古老的东方帝国乌烟瘴气。幸好，朱家王朝的老祖宗朱元璋早就料到自己的这些不肖子孙会挥霍自己的老本，特意留下了一股稳定的势力——文官集团，勉强托住了帝国的屋梁。正德六年，当葡萄牙人剑指太平洋，攻占中国南部的战略门户马六甲的时候，皇帝朱厚照的荒诞人生正渐入高潮。

这一年，明帝国境内不大太平。新年伊始，四川仁寿农民方四与任胡子等人在四川、贵州一带率众起义，闹得天翻地覆，明政府疲于应付。不久，江西瑞州的山民罗光权、陈福一等啸聚山林，发动起义，过年也没吃上饱饭的老百姓抄起榔头纷纷响应。起义者一举攻陷瑞州城（今江西高安），在城里补过了一个有白面馒头的新年。还是江西，赣州大帽山的山大王何积钦也率众起义，据险自守，不时攻城略地。在明政府调兵围剿的关口上，四川松潘绰岭寺僧众也凑了回热闹，他们纷纷脱掉袈裟，把周边挨饿的农民聚在一起，发动了起义。次月，山西人李华等率众起义，与同时起义的刘六、刘七起义军相呼应，杀富济贫。九月,广东一支起义军响应全国大起义,由广入赣,攻破多个府县。一时间,明帝国到处星火,似有燎原之势。帝国的中心北京也在这一年的十一月发生了地震,屋倒房塌,死伤极多。

葡萄牙人攻占马六甲,在一定程度上冲破了远东地区以中国为核心的古老宗藩体系,挑战了中国在这一地区的宗主地位。事实上,作为与中国有朝贡关系的王国,马六甲也向中国明政府求援,由于路途遥远,当使者来到中国时,马六甲已经被攻占。明政府收到求援也并未派兵为其复国。根据《明史·满剌加传》记载,嘉靖元年,明政府发布一条毫无意义的敕令:"敕责佛郎机,令还其(满剌加)故土。"马六甲落入葡萄牙手中后,中国南方的海上门户洞开,失去了屏障。中国与西方列强之间的直接碰撞滥觞于此。

葡萄牙人最早到达中国约在 1513 年,一个叫佐治·阿瓦勒斯(Jorge·Álvares)的商人在马六甲找到一艘中国帆船和几名向导。他穿越中国南海到达广东,在一处海滩上搭建了一个简易的窝棚。这个窝棚可以说是葡萄牙人在中国建立的第一个据点。此后,前往中国东南沿海和日本进行贸易的葡萄牙商船都可在此落脚。据传,阿瓦勒斯还在窝棚旁边竖立了一根石柱,这是葡萄牙早期探险中为了宣示占领发现地的做法,后来,这位"窝棚主"不幸被明代中国东南沿海猖獗的海盗杀死。

葡萄牙与中国正式的交往始于正德十一年(1516)。葡萄牙驻马六甲总督佐治·德·阿尔布克尔克(Jorge de Alboquergue)派裴来斯特罗(Rafael Perestrello)来中国做先期考察。次年,又派托马斯·皮列士(Thomas Pirez)和安特拉德(Fernao Peres de Andrade)率舰队闯到广州城下。葡萄牙舰队在从里斯本至马六甲的半个地球的海域里所向披靡,气焰冲天。托马斯·皮列士在其《东方志》中发表了其首次见到中国人的看法。他狂妄地说:"他们(中国人)是软弱的民族,没有什么了不起","印度政府①用 10 艘攻占马六甲的船,能够沿海岸攻占全中国"。

---

① 指葡萄牙在印度的殖民政府。

他还对中国人使用筷子感到很惊奇，他说："他们用两根棍子吃饭，左手把陶瓷碗放近嘴边，用两根棍子吸进去。"这位粗浅的葡萄牙使者还有了一点对中国极其奇怪的看法，他说："中国国王不是由儿子和侄子继承王位，而是由全国会议选举产生。"①总之，初来乍到的葡萄牙人对中国人的印象还停留在道听途说、极其可笑的地步。

葡萄牙舰队开进珠江口，一路耀武扬威。《明武宗实录》记载，沿途"铳炮之声，震动城郭"②。在皮列士买通广东镇守太监前往北京晋见皇帝后，另一批葡萄牙人由乔治·阿尔瓦雷斯（George Alvares）率领来到珠江口，他们比皮列士和安特拉德更为蛮横。根据《广州府志》记载，葡萄牙人强占了广东东莞的屯门岛，"所到之处，硝磺刃铁，子女玉帛，公然搬运，沿海乡村，被其杀掠，莫敢谁何"。《明史·佛郎机传》也记载了葡萄牙人"掠买良民，筑室立寨"的恶行。

在葡萄牙人到来之前，明朝与东南海外诸国的关系是一种宗藩朝贡体系。明廷在广州设有市舶司，管理暹罗、占城、爪哇、琉球、浡泥诸国进贡与互市，实行"贡有定期，防有常制"的对外政策。来华贸易的外国船只需携带明政府发给的"勘合"，每三年进关进行一次贸易，明政府抽取 20％的关税。③ 葡萄牙人的到来对这种传统的国际政治和贸易格局提出了新的挑战。

1521 年，即正德十六年，明武宗暴亡，结束了他荒唐的一生。他在临死前对于明朝的对外关系留下遗命："进贡夷人，俱给赏，令还国。"武宗无嗣，他的堂弟兴献王朱祐杬之子朱厚熜即皇帝位，是为明世宗（1521—1566 年在位），年号嘉靖。这位少年天子也是 15 岁即位，但他即位后大整朝纲，诛佞臣，除弊政，清明一时。正在嘉靖即位之初，又一支葡萄牙船队来到广东沿海要求与中国贸易，气焰比较嚣张。礼部和兵部奏称：葡萄牙人假借通使，实则是贩货通市，并且强占广

---

① ［葡］多默·皮列士：《东方志——从红海到中国》，何高济译，南京：江苏教育出版社，2005 年版，第 96～99 页。

② 《明武宗实录》卷 194。

③ 费成康：《澳门：葡萄牙人逐步占领的历史回顾》，上海：上海社会科学院出版社，2004 年版，第 9 页。

东外海岛屿，图谋不轨。嘉靖帝下令囚禁此前来华的葡萄牙使臣皮列士，并发兵驱逐在广东骄纵的葡萄牙舰队。

广东海道副使汪鋐受命指挥中国水师驱逐广东屯门岛上的葡萄牙人。葡萄牙首领阿尔瓦雷斯率领舰船 7 艘盘踞于此，并在屯门岛上修筑了工事，竖立了纪念柱，表示对此地的占领。汪鋐率领水师进攻葡萄牙大船，但是葡萄牙人火炮齐发，明军损失严重，第一次进攻失败。汪鋐随后制订了新的作战计划，在船上装满膏油草料，用火攻船扑向葡萄牙人的大船。葡萄牙人躲闪不及，数艘船只着火，船员跳海逃命。汪鋐还派遣一支潜水部队，将火攻中幸免的葡萄牙大船从底部凿穿。待葡萄牙人慌乱之时，汪鋐亲率 4000 余名兵士登上敌船与葡萄牙人对战。最终，葡萄牙人败退，趁天黑驾驶剩余的 3 艘船退出屯门岛海域，逃回了马六甲。屯门海战是中葡之间的第一次正面交锋，也是中国与西方国家爆发的首次战争，以中国人的胜利而告终。

次年八月，另一位葡萄牙使臣阿方索（Martim Affonso de Mello Coutinho）率领 300 余人分乘 5 艘军舰抵达广东。他来的目的是与中国谈判，并奉命在中国沿海建立据点。然而，此时防守广东的明军已经得令，凡见到悬挂葡萄牙旗帜的船只一律击毁。葡萄牙舰队航行至新会西草湾时与前来阻击的明军水师相遇，爆发了著名的西草湾之战。葡萄牙舰队面对汹涌的明朝军队，很快败下阵来。史料记载，明军"生擒别都卢、疏世利等四十二人，斩首三十五级，获其二舟"。明军将领还缴获葡军火炮，"官军得其炮，即名为佛郎机"，这些火炮后来被明军用于西北战场。另有数十名被明军俘虏的葡萄牙官兵被枭首示众。

经过屯门和西草湾两次交锋，葡萄牙人见识到了这个东方的大帝国与他们在非洲、印度和东南亚的对手都不同。论当时的国力，明帝国几乎可以与整个欧洲抗衡，仅在这个帝国边陲的广东省就驻有多达 13 万军队，比整个葡萄牙全国的军队还要多。明帝国全部军队的数量在 120 万左右，超过了葡萄牙全国人口的总和。① 两次交战使葡萄牙

---

① 转引自费成康：《澳门：葡萄牙人逐步占领的历史回顾》，第 8 页。

人认识到了依照传统的扩张政策对付中国是行不通的。

与此同时，明政府的对外政策也发生了变化。葡萄牙人虽然不足以对明帝国构成威胁，但是他们庞大的舰船和先进的装备显示的力量还是不容小觑。此外，东南沿海海盗和倭寇也愈益猖獗。这些都促使明廷的海外政策更趋于保守。此后，对于一些来自东南亚国家的商船，明政府也盲目驱逐。这种排外的态度产生了严重的后果：一方面使有利可图的对外贸易几近中断，两广地区"番舶不至，公私皆窘"；另一方面促使走私贸易和海盗活动更加严重。

无法在中国建立商业据点的葡萄牙人加入了中国东南沿海的走私贸易和海盗活动的行列。嘉靖十九年（1540）前后，葡萄牙人与倭寇及中国海盗李光头、许栋等人勾结，在宁波的双屿建立据点，时常骚扰沿海的中国商人和百姓。嘉靖二十七年（1548），副都御史朱纨调遣都指挥卢镗、副使魏一恭等率兵进攻双屿，终于将他们一网打尽，烧毁营房，杀死俘虏了一大部分葡萄牙人。部分逃脱的葡萄牙人又转移到福建泉州的浯屿（今金门），联合海盗为祸漳、泉一带。嘉靖二十八年，朱纨和福建巡海道副使柯乔合力进攻浯屿，并在走马溪一带截住葡萄牙船队，予以重创，海盗头目李光头等96人被打死。由于葡萄牙人的为非作歹，明廷严令中国沿海居民不得与葡萄牙人贸易，禁止向他们提供给养。

在中国建立殖民据点的失败及在走私贸易中受到的打击使葡萄牙人彻底认清了明帝国的实力，为了继续开展对华贸易，他们彻底转变了态度。葡萄牙国王若奥三世给远东的葡萄牙人下达了新的对华指令，即"努力寻求和平与友好"。

二、澳门：出租的祖产

嘉靖三十二年，即1553年，一位葡萄牙的商人头目莱奥内尔·索萨（Leonel de Sousa）以谦恭的态度寻求与中国的贸易。经过友好的谈判，广东海道副使汪柏代表明政府同意了葡萄牙人的贸易请求。葡萄牙人还谎称商船遇到风暴，要借澳门曝晒货物，为了得到明政府同意，他们向汪柏行贿，获得准允上岸定居。

明朝政府对葡萄牙人态度的转变，一方面是由于葡萄牙的卑谦态度迎合了明朝统治者虚妄自大的心理[①]，另一方面也与当时明朝面对的内外环境有着必然的联系。1550年，北方蒙古铁骑突破长城，一路烧杀抢掠，发生了著名的"庚戌之变"。1553年，蒙古军队再次南下侵犯。与此同时，南方江浙、广东一带倭寇和海盗极其猖獗。在这种情况下，葡萄牙人以友好的态度开展对华关系对于明朝来说是有利而无害的，正如学者费成康所说："在北起长城南至广东烽火遍地、危机四伏的险境中，有一股敌对势力主动愿意和解，广东官府直至明政府自然是极为欢迎的。"[②]而且，对外贸易的扩展还能带来一定的税收，对于财政吃紧的明廷来说具有很大的吸引力。

葡萄牙人还曾协助明政府抓捕海盗、镇压兵变。福建同安人林希元在《与翁见愚别驾书》中记载："林剪（海盗）横行海上，官府不能治，彼则为我除之，二十年海盗，一日而尽，据此则佛郎机未尝为盗，且为我御盗；未尝害吾民，且有利于吾民也。"此事应发生在嘉靖二十六年（1547）前后，中葡联合剿灭了浙江双屿附近的海盗。嘉靖四十三年（1564），粤东柘林兵变，广州被围，总兵俞大猷曾派人联系澳门的葡萄牙人夹击叛军，"功成重赏其夷目"。万历年间，两广总督刘尧海还曾联合居澳门的葡萄牙人夹击海盗林道乾，"赏赐银牌，花彩缎如礼，与我师并击"[③]。

葡萄牙人占据了澳门后，使之成为远东贸易的重要中转站和据点。《明史·佛郎机传》说："自（朱）纨死，海禁复弛，佛郎机遂纵横海上无所忌。而其市香山澳、壕镜者，至筑室建城，雄踞海畔，若一国然，将吏不肖者反视为外府矣。"万历年间，明朝政府派官吏管理澳门，每年向葡萄牙人征收地租税金。在清朝末叶以前，葡萄牙人与中国政府基本维持了和平友好的关系，从主权上说，虽然他们定居澳门，但从

① 颜广文：《再论明政府允许葡人租借澳门的原因》，《中国边疆史研究》1999年第2期澳门专号。

② 费成康：《澳门：葡萄牙人逐步占领的历史回顾》，第8页。

③ 转引自颜广文：《再论明政府允许葡人租借澳门的原因》，《中国边疆史研究》1999年第2期澳门专号。

未享有主权，其与中国政府是一种租赁关系。

澳门位居古代西太平洋海上贸易网的中心位置，在葡萄牙人的经营下，日渐成为远东贸易航路的中心。澳门至日本长崎、澳门至马尼拉、澳门至香料群岛的航线成为葡萄牙海上商业帝国的重要组成部分。当然，由于紧贴远东地区最大的市场和原料产地——中国，从澳门出发的商船装载最多的还是中国商品。澳门—马六甲—果阿—里斯本航线成为葡萄牙的经济命脉，这条航路全长 19000 多千米，几乎绕地球半圈。

第三节　抵达东方的尽头

把中国和东南亚纳入了葡萄牙海上商业帝国的链条后，在远东地区的最东方，还有一个文明国家——日本置于葡萄牙人的视线之外。由于中华文明兴盛较早，又处于丝绸之路的起点上，因而，欧洲人对中国的了解较多，对于日本，他们仅仅从马可·波罗等人的描绘中略知一二。在与中国人和中国东南沿海的日本海盗的接触中，葡萄牙人开始越来越多地了解这个古老的国度。

一、战国时代的日本

15—16 世纪的日本处于室町幕府末期的战国混乱时代。1467 年，日本发生"应仁之乱"，成为日本历史的重要拐点，开启了日本的战国时代。这一事件缘于幕府将军的嗣位问题。

1464 年，幕府将军足利义政无嗣，让其弟、僧人足利义寻还俗，改名为足利义视，以待日后继位。足利义视由幕府重臣细川胜元作为保护人。出乎意料的是，第二年，足利义政的妻子日野富子怀孕，生下了足利义尚。这一突发事件埋下了重大的隐患。足利义政想要反悔，立自己的儿子足利义尚为继承人，并将他托付给另一重臣山名持丰。细川胜元和山名持丰都是实力雄厚的守护大名，两大集团在应仁元年因嗣位问题爆发激战。日本政治中心京都在战火中化为焦土。此后，幕府形成了东西对峙局面，直到 1477 年，才结束争斗。"应仁之乱"结束后，室町幕府的统一已经名存实亡。守护大名各自为政，互相争伐，不服幕府召令。1493 年又发生了"明应之变"，将军足利义材被细川氏联合京都势力罢免，幕府威信丧失殆尽。

室町幕府的衰落一方面促使了各地守护大名的纷争与战乱，另一方面也大大冲击了传统的日本封建社会结构。日本各地兴起了许多工商业城镇，同时，作为封建体系末端的武士阶层也开始瓦解，特别是在西南沿海地带形成了一股极强的"无序力量"①。其中一些人从事有利可图的海外贸易，与东南亚、中国进行商业交往；另一些人则来到中国东南沿海从事劫掠活动，形成明代最头疼的"倭患"。

日本战国时代一直延续到 1603 年②，德川幕府建立才算正式结束。值得一提的是，江户幕府的创建者、日后将统一日本的德川家康就是在葡萄牙人第一次意外闯入日本的这一年(1543)出世的。

德川幕府的创建者德川家康(1543—1616)

---

① 何芳川：《澳门与葡萄牙大商帆：葡萄牙与近代早期太平洋贸易网的形成》，第 47 页。
② 关于日本战国时代结束的时间问题，学者们还提出了其他多种不同意见。

二、东西航路全线贯通

葡萄牙人对日本的了解主要是从中国人的口中得知的。根据多默·皮列士的记载：“据中国人说，日本岛比琉球岛更大，其国王更有权势和强大，并且不喜欢做生意，他的子民也不喜欢。他是一位异教国王，中国国王的藩属。他们不常去中国做生意，因为距离远，他们又没有船只，也不是航海的人。”①这便是葡萄牙人在到达日本之前的印象。

与大航海时代许多重大的地理发现一样，风暴虽然有时制造灾难，夺人性命，却也会在适当时机，给人带来意想不到的收获。1543年，一艘从暹罗（今泰国）出发到中国浙江的葡萄牙船只遇上了台风，被吹离了航线。这艘船在海上漂流，一直漂到日本鹿儿岛县南边的种子岛。这艘船上的葡萄牙人因此成为有史以来第一批到达日本的葡萄牙人，向西方揭开了这个东方民族的神秘面纱。

关于葡萄牙人首次到达日本的情况，南浦文之《铁炮记》记载：“船客百余人，其貌无类，语言不通，见进皆怪之。”②船上还载有一名被称为“儒生”的中国人，其名为“五峰”。根据史料显示，这位所谓的中国“儒生”很可能就是明代最著名的海盗头目王直③。那么这艘葡萄牙船很可能是与中国海盗勾结从事走私贸易的商船。种子岛当地的村主织部丞闻讯后赶到海边，与“五峰”进行了交流。虽然两国语言也不相通，但当时的日本人长期受中国文化影响，熟悉中国文字。两人在沙滩上用木杖进行笔谈。日本人了解情况后，通知了种子岛的领主时尧。时尧派数十条小船将葡萄牙大船拖到赤尾木港进行休整。“五峰”代表葡萄牙人与当地一位精通汉语的僧侣进行了更为深入的交谈，日本人了解到他们是来自西南的“蛮种”。

日本人长期仰中华文明鼻息，虽然在文明的征程中步履维艰，但却是个实实在在的爱好学习的民族。岛民对葡萄牙人的鸟铳非常感兴

---

① ［葡］多默·皮列士：《东方志——从红海到中国》，何高济译，第96～99页。
② 转引自郑彭年：《日本西方文化摄取史》，杭州：杭州大学出版社，1996年版，第5页。
③ 王直与倭寇勾结，后来成为倭寇首领。1559年，被明朝将领胡宗宪设计诱杀。

趣,"内有两人手执'铁炮',试之,果然异于凡响"。领主时尧花费重金"求为家珍"。日本人还学会了鸟铳使用之法,成为日本人虚心学习西方文化之肇始。葡萄牙人离开后,时尧命令工匠八板金兵卫仿制,但是未能成功。次年,又一支葡萄牙人被台风吹到种子岛附近,时尧的工匠八板金兵卫立即登船求教。为了讨好葡萄牙工匠,他还答应将女儿许配于葡萄牙人,最终学会了制铳技术。此后,这一技术迅速在日本全国传播,成为战国时代日本大名相互争伐的利器。在今天种子岛最南端的门仓崎还立有一块"步枪传来记功碑"。

此后,葡萄牙人时常航行至日本,成为西部大名们重要的贸易伙伴。长崎港日渐成为日本对葡萄牙贸易的中心。葡日贸易的航路,主要是经由福建的漳州和浙江的宁波至长崎。葡萄牙人往来于澳门和长崎之间,用中国的生丝与纺织品换取日本的金银,获利颇丰,成为葡萄牙海上商业航路中的重要支线。根据史料,在17世纪初,葡萄牙商船每年从日本输出白银超过100万金币,而每年输出的黄金也至少在60吨以上。[1] 当然,日本西南诸大名也从葡日贸易中获得了很大利益。他们一方面购进葡萄牙人的火器,并借葡萄牙人从中国、印度等地进口大量货品;另一方面也出口本国的产品,如漆制品、和服、刀矛等,获利也相当可观。

日本被纳入葡萄牙海上贸易网后,葡萄牙人的太平洋贸易网形成了。这个网络中有一条主航路,即马六甲—澳门—长崎航路。这三个港口又同时向周边辐射,形成贸易网。其中,马六甲是东南亚的商业中心,澳门则是中国商品的集散地,长崎则是日本的对外贸易中心。这样,从葡萄牙本土到日本,一条沟通亚欧大陆最西端和最东端的贸易航线全面贯通。

从西欧跨越大西洋、印度洋和太平洋至远东的这条航路的主角是葡萄牙大商帆。这种大商帆可载重600吨以上,它们从葡萄牙港口出发,装载着毛织品、水晶、玻璃制品、钟表、葡萄酒、红布等,沿着非洲西海岸南下,绕过好望角前往印度的果阿、柯钦等地。在印度期间,他们

---

① 何芳川:《澳门与葡萄牙大商帆:葡萄牙与近代早期太平洋贸易网的形成》,第55页。

进行贸易，用船上的部分商品换取印度的棉布等，然后在每年四、五月间起航前往马六甲港。在马六甲，他们再次进行贸易，装载上来自东南亚各地的香料、鹿皮、檀木等，然后驶往澳门。在澳门，葡萄牙人会停留 1 年左右，用于同中国进行贸易，装载上丝绸、瓷器等商品。次年 6 月至 8 月，他们乘上西南季风，前往日本九州。在日本九州的长崎等地装载大量金银、漆器等，再于 10 月底左右乘东北季风返航。然后，葡萄牙商船再进行一次路线基本相同的返程贸易：将从日本带来的货物和部分金银换取中国的丝货、瓷器等，再经马六甲，装载大量香料后前往印度，在印度装满商品后返回葡萄牙。这样的贸易往返一次约需 3 年时间，获利极丰，一次可达 15 万～20 万杜卡特金币①。

---

① 何芳川：《澳门与葡萄牙大商帆：葡萄牙与近代早期太平洋贸易网的形成》，第 56 页。

第七章　环航地球

16世纪之初，哥伦布发现的大陆并非东方的事实逐渐被证实。在发现中南美洲的阿兹特克与印加帝国之前，西班牙人并没有从新大陆获得可观的财富。与西班牙相比，葡萄牙人则实现了全部的东方梦。1498年，达·伽马到达了印度；1512年，葡萄牙船队发现了香料群岛；1513年，葡萄牙人又到达了中国。从印度和远东获得的巨大财富源源不断地流向里斯本。对此，西班牙人当然不甘心，他们仍然梦想着前往东方，但是，由于葡萄牙人垄断了绕过非洲前往东方的航路，西班牙必须另辟蹊径。摆在西班牙人面前的道路只有一条：向西穿过新大陆，航向东方。

第一节　麦哲伦传奇

麦哲伦也许是所有航海家中最受争议的人物了，他被冠以"环球第一人"的称号，可事实上，他并没有完成环球航行，尽管我们不怀疑他如果不是死的如此草率的话，肯定可以实现这一目标。但是，真的给他戴上这顶"帽子"，似乎又是言过其实。至少我们不能说这次可以与阿波罗登月相媲美的传奇航行是麦哲伦一个人的功绩，正像我们不能说阿波罗计划的成功源于阿姆斯特朗的个人奋斗一样。另外一点不得不提的是，在16世纪这个伟大的变革时代，民族性虽然已经突显，但并非拴住个人命运的锁链。这次在西班牙旗帜下进行历史性航行的主角——麦哲伦并非西班牙人，而是来自竞争对手葡萄牙。

一、早年人生

1480 年春季的一天，麦哲伦降生在葡萄牙北部的萨布罗萨（Sabrosa）的一个山村。他的家庭并非平民，但也不是大富大贵之家。麦哲伦的父亲路易·德·麦哲伦（Rui de Magalhães）是一名没落的葡萄牙骑士。在大航海时代即将来临的 15 世纪末，船只取代马匹，火枪取代长剑，最有前途的职业是海员，而骑士的时代早已成为历史。老麦哲伦整日在酒乡里寻找骑士梦，没能给他的儿子们带来富足的成长环境，事实上，除了债务和一个虚妄的"骑士"称号，他什么也没有留下。不过，这一虚妄的"骑士"称号虽然不能当饭吃，却能成为谋得一份差事的敲门砖。麦哲伦在 12 岁时进入葡萄牙王宫中当了一名侍童，这一年邻国西班牙发生了改变历史的两大事件：一是伊莎贝拉女王夫妇完成了西班牙的统一，将摩尔人赶出了伊比利亚半岛；二是哥伦布率领一支探险船队到达了美洲大陆。

在当时的欧洲各国，宫廷和贵族之家是培养少年的理想学校。少年们既要在这里学习艺术，又要培养自己的武功和马术等。葡萄牙宫廷与其他欧洲宫廷略有不同，寄居在这里的贵族少年还要学习航海、天文和制图学。麦哲伦正是在这一时期最早接触了航海知识，为他日后的东方冒险和环球航行打下了基础。17 岁这年，曼努埃尔国王派达·伽马率领船队向印度洋进发，两年后，达·伽马满载香料从印度返回，成功开辟印度新航路。这一成功大大鼓舞了少年麦哲伦的航海热情。

离开宫廷后，麦哲伦被分配到葡萄牙航海事务局，成为一名管理航海事业部门的公务员。由此，他得以经常与航海家和水手们打交道，对航海和东方有了更深的了解。1505 年，麦哲伦终于找到前往东方的机会。曼努埃尔国王派弗朗西斯·德·阿尔梅达率领舰队远征印度。25 岁的麦哲伦成为 1500 名水手中的一名，开启了他在东方的殖民者生涯。他参与了袭击非洲东海岸的战役，也曾参与葡萄牙人与马六甲人的冲突。

1509 年 9 月 11 日，麦哲伦跟随塞克伊拉率领的葡萄牙舰队来到马六甲，站在船舷上的麦哲伦第一次看到了太平洋水域。马六甲人并不欢迎远道而来的葡萄牙人，向他们发动了偷袭。在同马六甲人厮杀的人群中，有一位葡萄牙水手被团团围住，虽然他武艺了得，但是双拳难敌众手，很快负伤倒下。危急时刻，麦哲伦及时赶到。他手握长剑，步步为营，杀出了一条血路，终于靠近了这名水手。两人背靠背与四面八方赶来的敌人周旋，不时有人倒在他们的剑下。最终，两人竟奇迹般地杀出重围，登上了岸边接应的小船，成功脱险。麦哲伦救出的这名水手名为弗朗西斯科·谢兰，正是后来第一个抵达香料群岛的葡萄牙船长，他也是大航海时代葡萄牙人的传奇探险家。两人成为一生的挚友，在麦哲伦一生中最失意的日子里，正是这位挚友一封封温暖的信鼓舞了他。1511 年，麦哲伦又参加了葡萄牙人攻占马六甲城的战役。关于麦哲伦在这场战役中的表现，没有留下可靠的资料。一次又一次战火的洗礼磨炼了麦哲伦，使他变得异常坚毅和勇敢。

1513 年，麦哲伦回到葡萄牙，他没有像其他人一样在东方发财致富，他唯一带回来的是一名马来亚人奴隶。他为其取名"亨利"，用以纪念葡萄牙航海事业的奠基人亨利王子。值得一提的是，这位马来亚人亨利追随麦哲伦，成为首位完成环球航行的亚洲人，单就这一点来说，他的成就甚至可以说已经超越了亨利王子。

不善言辞的麦哲伦在葡萄牙没有谋得一官半职。茨威格在《麦哲伦传记》中这样描述麦哲伦："他是那种终生默默无闻的人。他不善于引人注目，也不善于引起别人的同情。只有当他肩负重任，特别是当他自愿挑起重担时，这个克己和内向的人才会表现出惊人的胆识"，他还是一个善于等待的人，"他似乎感到，命运在让他建立未来的功勋之前，还要长久地教导和考验他"[①]。失意的麦哲伦再度投身军旅，成为葡萄牙在北非军事扩张最前线的一员。他是天生的军人，在战场上总是冲在最前头，毫不顾及个人安危。在围攻摩洛哥阿扎摩尔（Azem-

---

① ［奥地利］茨威格：《归来没有统帅——麦哲伦传》，范信龙译，长沙：湖南文艺出版社，1982 年版，第 38 页。

mour)的战役中，他被敌人的箭矢射中左腿，膝盖从此无法弯曲，成为跛脚。从前线退下来，他被安排成为一名军需官。对于麦哲伦来说，最能发挥才能的地方是战场，和平的环境对他而言是一种折磨，他总是沉默寡言，表情僵硬，远离人群。这种冷漠的态度使周围所有人一致地将这个冷峻、瘸腿、执拗的老兵视为异类。

很快，麦哲伦就遇到了新的麻烦。在一次押运行动中，有几十只作为战利品的羊丢失了，所有人都一口咬定是麦哲伦将它们偷偷卖给了摩尔人。他有没有变卖这些羊不得而知，不过，从他一生的光明磊落来看，他绝非爱贪小钱的营苟之辈。面对卑鄙的指控，麦哲伦没有向身边的人多费口舌，离开了军营。回到国内，他再次面见国王，他没有提及军营的事，因为他根本不想为了一个莫须有的指控多作解释，相反，他认为自己对王国的贡献应该得到补偿。他直白地向国王提出加薪的要求，他的要求并不高，仅仅每个月半个"克鲁萨多"（cruza-do），这是一笔极小的钱。曼努埃尔国王看着眼前这位瘸腿老兵闪烁着执拗冷傲的眼睛，没有透露出半点他惯常看到的卑躬、恳求的神情，因而他简单粗暴地命令麦哲伦离开他的王宫。曼努埃尔国王的傲慢与偏见将给他的对手西班牙送去一份绝世大礼。[①]

被赶出宫廷的麦哲伦进入他人生最为失意的阶段，孑然一身的他已经 35 岁，无妻无子，有的只是残疾的左腿和满身的伤疤。幸好，他的挚友谢兰寄来了一封封夹带着东方气息的信件，给他送来了光明和温暖，也送来了希望。循着这片光明和希望，他将终究给自己过去十年的负累一个妥善的交代。

此时的谢兰在东方呼吸着自由的空气，他娶了妻，生了子，备受当地人尊崇。东方的尽头，那片自由淳朴的土地散发着天堂般的诱惑。十年来的东方见闻在麦哲伦的头脑中不断闪过，他最终发现了自己真正的价值所在。他曾四次绕过好望角，熟悉非洲海岸的每一个岬角；他会划桨、掌舵、张帆，能够熟练地使用罗盘和一切航海设备；他还

---

① Frederick A. Ober, *Ferdinand Magellan*, New York and London: Harper & Brothers Publishers, 1907, pp. 58-59.

经历了数十次战火的洗礼，对火枪和大炮的使用了如指掌；他的足迹遍及东方，对印度人、阿拉伯人、马来亚人的地理和风俗十分了解。所有的这一切都印刻在他沧桑的面颊和全身的伤疤之上，成为他人生不可磨灭的财富。他在黑夜中透过窗子看到了夜空中的星光，终于悟到了自己命运的归属：前往未知的海洋。

当然，麦哲伦是那种喜怒不形于色的人，他的沉默尽管使他在人生的道路中屡屡受困，但这沉默却也能成为一项艺术、一项人生的技艺。他没有立即打点行囊向东方进发，而是一头钻进了葡萄牙航海事务局国家档案库的幽暗密室里。那里存放着自亨利王子以来近一个世纪的航海发现纪录。① 在那些卷宗中隐藏着许多尚未揭开的秘密。

在麦哲伦如饥似渴的阅读这些航海记录的这段时间里，路易·法利罗（Ruy Faleiro），一位在性格上与他分属两个极端，却有着同样坎坷命运的人物走进了他的人生。法利罗说话口无遮拦、脾气暴躁、恃才自负，但他也是当时葡萄牙最博学的航海理论家。虽然从未出海远行，但他制作的海图、罗盘图和星盘等航海设备在欧洲无人能及；他还发明了独特的经度计算法，拥有自己的一套完整的地理概念体系。尽管由于他张狂自负、略带神经质的性格使他和麦哲伦同样不受周围人群欢迎，但即使是他的敌人也不得不承认他在天文学和地理学上的权威身份。但是，人际纠纷是古今中外许多大才大贤一生抑郁的主要缘由。法利罗这位"大才"因为一张爱抱怨、直率无遮的大嘴巴得罪了不少宫廷中的权贵。法利罗游走在宫廷之外，希望能够得到皇家天文学家的职位，但他始终没有被接纳，而且，他在学术界的敌人还喜欢在国王身边吹一些恶毒的风，他们散布谣言说，法利罗的科学成果借助了魔鬼的力量，应将他送到宗教裁判所进行拷问。

由于两人在性格上的明显互补和"同是天涯沦落人"的惺惺相惜，很快成为"最佳搭档"。在命运的齿轮上，两个人碾合在一起，一个理论家，一个实践家，仿佛天作之合。他们经常坐在一起阅读、讨论，

---

① 这些珍贵的资料大多数毁于1755年的里斯本大地震中。

一起寻访从巴西和东方归来的水手。没有人知道他们具体在讨论什么，许多葡萄牙权贵甚至向这两位人生的失意者投去鄙夷的目光。在两人日复一日的努力下，一项伟大的计划渐渐成形。

这个航海计划的基本思路并不复杂，即向西航行穿越新大陆的海峡，越过巴尔博亚（Vasco Nunez de Balboa，1474—1519）发现的"大南海"，直航东方。不过，这个计划中有一个最关键的环节——新大陆的海峡。麦哲伦后来反复并坚定地宣称：只有他知道那条海峡的秘密。关于麦哲伦如何得到这个秘密，我们无从知晓，因为他并没有到过美洲，而留下来的资料也没有证据表明在麦哲伦环球航行之前有人找到过穿越美洲的海峡。通过麦哲伦后来的行动，我们推断：麦哲伦一定看到了马丁·贝海姆（Martin Behaim，1459—1507）绘制的世界地图，在这张地图上，贝海姆在南纬 40 度附近标示了一条通向东方的海峡；麦哲伦从葡萄牙水手的口述资料中肯定了这张地图的正确性；他的搭档法利罗通过计算又为麦哲伦提供了论证。总之，当麦哲伦与法利罗携手走出葡萄牙航海档案馆的幽暗密室时，他已经可以向任何可能赞助他的人，用钢铁般的声音宣布：只要为他装备一支船队，他就可以带来一个新的帝国。

出于一名葡萄牙人的臣民义务，他首先把这个计划呈交给了葡萄牙国王曼努埃尔。然而，这位国王坐在曾把哥伦布赶出宫廷的若奥二世当年坐的那把宝座上，没等麦哲伦陈述他的计划，就冰冷地拒绝了他。他不相信眼前这个曾为了半个克鲁萨多而纠缠不休的瘸腿老兵真能提出什么有价值的计划。这一次，麦哲伦没有感到羞辱，因为他相信自己手上的计划将给任何重用他的人带来不尽的财富与荣耀，而国王的拒绝只能增加将来的悔恨。他在被卫兵拉出宫门之前，向高高在上的国王发问："尊敬的陛下，如果我转去为别人效劳，您是否同意？"曼努埃尔国王用轻蔑的、带着侮辱性的口吻回答道："你可以去任何愿意接纳你的地方。"他给了自己的祖国一次机会，现在，他可以一身轻松地离开脚下这片曾为之抛头颅、洒热血的土地，踏上自己把握命运的征程。

二、挂起将帆

1517 年秋天，麦哲伦带着自己的仆人马来亚人亨利来到西班牙最著名的航海之城塞维利亚，准备向西班牙国王呈递自己的发现计划。当时，寻求西班牙支持的各种探险计划数不胜数，每个想要在海洋上建功立业的人都想像哥伦布那样取得辉煌的成就，其中也不乏一些投机之徒。在塞维利亚掌管西班牙航海事务的机构是政府监督下的印度公司。当然，这里并非是任何人都可以踏进门槛的地方，想要把自己的计划放到办公桌上必须要有中间人的推荐，这对于沉默寡言、不善交际的麦哲伦来说，谈何容易。况且，在西班牙人眼中，他还是一名背弃祖国的"叛逃者"。

麦哲伦在塞维利亚四处游历，寻找机会。在这里，麦哲伦遇到了改变他一生的"贵人"——塞维利亚的要塞司令迪奥古·巴尔波查(Diogo Barbosa)。巴尔波查原是葡萄牙人，也曾远航到过东方，他从麦哲伦饱经风霜的脸颊和坚毅的眼神里看到了某种他非常欣赏的东西，那是一种只有经历过巨大的人生风浪后才能显现的东西。两人一见如故。巴尔波查的儿子杜阿尔特(Duarte Barbosa)也很欣赏他。麦哲伦述说他在东方的见闻，勾起了老巴尔波查对年轻时在东方航行的回忆，也激起了杜阿尔特对东方的无限向往。自此，麦哲伦成为巴尔波查家的常客，最后，经不住热情的邀请，麦哲伦住到了他们家。看惯了冷眼的麦哲伦十几年来第一次感到一种温暖，那是一种家一般的温暖。在他还没来得及好好感受这份温暖的情谊之时，他又迎来了爱情。巴尔波查的女儿比亚特里兹(Beatriz Barbosa)逐渐对他产生了好感，当然，这也离不开她的父亲兄弟的极力撮合。两人很快喜结连理。在巴尔波查家生活的这段时间，尽管非常短暂，却是麦哲伦寂寞的一生中最幸福的时光。

有了巴尔波查的引荐，印度公司的大门向麦哲伦敞开了。但是，印度公司的审议员们认为麦哲伦的计划不值得投资，最重要的一点是，他们认为麦哲伦不过是位外国人，而且来自西班牙最强劲的对手葡萄牙，对他的支持可能给西班牙带来不利。麦哲伦带着失望离开了印度公司，正当他对前途感到迷茫之时，印度公司的经理胡安·德·阿朗达向他发来了私人邀请。阿朗达在公开场合拒绝了麦哲伦，却在私下里向麦哲伦表示：他非常欣赏这一计划。这位精明的生意人当然并非出于好心和投机，他看准了这项计划背后可能的利润与收益。他还秘密派人对麦哲伦进行了全方位的了解，尤其对他在葡萄牙航海事务局档案室的那段经历颇为重视。慧眼识英才的阿朗达成为了麦哲伦的支持者，并充当他的代言者和经纪人。他运用私人关系进行了有效的运作，为麦哲伦的计划争取到了一个由国王任命的委员会进行审核的机会。

在王室委员会的审议中，麦哲伦并没有滔滔不绝地阐述他的计划，他总是沉默的，这使他看上去与那些幻想家有着极大的不同。他的拍档法利罗携带着一个自己制作的地球仪与麦哲伦站在一起，作为一个知名的地理学家和天文学家，他的到来大大增加了计划的可信性。法利罗在王室审议员面前，用精密的计算对该计划进行了理论性的论证。最能引起西班牙人兴趣的是，他认为香料群岛位于教皇划定的西葡分界线的西班牙一侧，因而西班牙人有权前往那里，而不是坐等葡萄牙人去收获果实。这个结论虽然后来被证实是个错误，但在当时对西班牙王室的诱惑是无法抵挡的。阿朗达郑重地向审议员介绍了麦哲伦，特别强调了只有他知道一条穿越美洲的秘密海峡。当众人把目光投向这位寡言的人，并询问他的想法时，他的回答简洁明了，每个字都掷地有声、不容置疑。同时，他坚毅的眼神与那明显是海风吹皱的脸颊也增强了审议员对他的信心。在这次审议中，最重要的成员是当年百般阻挠哥伦布西航的胡安·罗德里格斯·德·丰塞卡（Juan Rodriguez de Fonseca，1451—1524）主教，但是，这次他破天荒地支持了麦哲伦的计划。作为御前大臣，丰塞卡主教是国王最为信任的人之一，他的支持起着决定性作用。麦哲伦的计划获得通过。

就这样，麦哲伦找到了一位强大支持者，新大陆的主人、神圣罗马帝国未来的皇帝、西班牙、那不勒斯、西西里和低地国家（荷兰、比利时、卢森堡）的国王查理。国王赐封麦哲伦为海军上将，对他提出的所有条件都予以满足。在双方签订的合同中还规定：麦哲伦与法利罗将被赋予在未经考察过的海洋里发现陆地的特别优先权；麦哲伦和法利罗将获得新发现土地上全部收入的二十分之一，如果他们发现 6 个以上的小岛，还将获得其中的两个。如果麦哲伦幸运地完成了计划，他将成为所有发现地的总督、若干岛屿的所有者，享有无限的荣光。至此，他完成了个人命运的重大转折。

当麦哲伦取得西班牙的支持，开始着手准备西航的船只、装备和人员的时候，葡萄牙的宫廷里炸开了锅。曼努埃尔国王的朝臣们一边咒骂麦哲伦对祖国的背叛，一边暗自揣摩着如何破坏他的计划。很快，葡萄牙驻西班牙大使阿尔瓦罗·德·科斯塔接到国王的密函，要求他把麦哲伦的探险计划扼杀在摇篮里。

科斯塔立即行动起来，他一面派人与麦哲伦见面，威逼利诱，企图让麦哲伦放弃为西班牙效劳，回到自己的祖国；一面向西班牙国王提出抗议，请求

意大利画家提香（Tiziano Vecellio，1489 或 1490—1576）所绘的查理五世

年轻的国王把葡萄牙臣民麦哲伦等人遣返，或至少推迟一年执行计划。然而，这两种策略都没有取得任何成效。麦哲伦是那种一旦确定了目标就一往无前的人，他不可能使自己费尽心力争取到的东西，仅仅因为曾抛弃他的国王洒下的一点阳光就放弃。对于查理，虽然他年纪轻轻，又以优柔寡断著称，但这一次，他根本没有理会葡萄牙的抗议。

葡萄牙人的破坏一波未平，一波又起。驻塞维利亚的葡萄牙领事塞巴斯蒂安·阿尔瓦列什挑起了一场阴谋冲突。他来到船队中的西班牙水手中间煽风点火，说他们不过是为两个背叛祖国、以欺骗手段获取国王信任的葡萄牙人卖命。在他不间断制造的危险舆论中，西班牙

船长和水手们开始议论纷纷，民族主义情绪成为葡萄牙人破坏麦哲伦计划的有力工具。在这种情绪高涨后，阿尔瓦列什又放了一把火。一天，麦哲伦的旗舰"特立尼达号"上的西班牙旗帜被降下来清洗，主桅上飘扬着麦哲伦"海军上将"的旗帜。阿尔瓦列什秘密派人在人群中造谣说，麦哲伦在西班牙船上升起了葡萄牙旗。一时之间，不明就里的人们被民族主义情绪点燃，他们在阿尔瓦列什收买的地痞无赖的带领下纷纷向港口聚拢，高呼要"让葡萄牙人尝尝西班牙拳头的厉害"。在一片混乱之中，塞维利亚的市长和港口警卫司令也被煽动起来，要去逮捕麦哲伦。一场阿尔瓦列什策划的流血冲突似乎就要实现。然而，麦哲伦再次展现出他的隐忍艺术。他冷静地命令忠于他的船员们收回出鞘的刀剑，并郑重地告诫港口官员和警察：他是授命于国王的，他可以降下旗帜，离开船只跟警察走，并把船和船上的一切交出来，任凭处置，但是，所有这一切可能带来的损失和责任都将由港口官员们承担。在他说完这些后，西班牙警察和官员害怕了，他们谁也承担不起侵犯国王利益的罪责。人群被驱散，港口再次恢复平静。① 麦哲伦挫败了这次可怕的阴谋，船队终于顺利装备起来。

　　然而，另一个麻烦似乎更为棘手。也许麦哲伦不得不感叹，他的成功与失败更多的不是决定于未知的海洋，而是隐藏在船队中的阴谋。国王授命他来招募水手，但是，这并非易事。船队将要前往未知的海域，但凡有其他出路的水手都是不愿冒险的。麦哲伦费尽千辛万苦终于从欧洲各地凑足了 250 名船员，包括西班牙人、英国人、意大利人、塞浦路斯人以及数十名葡萄牙人。查理国王听信谗言，要求麦哲伦只能保留 5 名葡萄牙人，同时，派来一些对航海毫无用处的西班牙人加入船队。这些人被冠以司库、督察官、会计等头衔，享有很大的权力。其中，督察官可以对船上所有人执行监察权，包括麦哲伦本人，从这点来说，其地位与麦哲伦是平等的。毋庸置疑，他们是被派来监视麦哲伦的。无须阿尔瓦列什吹风，麦哲伦就看出了端倪，不过这位坚忍

---

　　① Frederick A. Ober, *Ferdinand Magellan*, New York and London: Harper & Brothers Publishers, 1907, pp. 89-90.

不拔的人还是遵旨接纳了这些人。

经过一年多的精心准备，麦哲伦终于把水手、5艘船只和物资都准备妥当。麦哲伦选择载重110吨的"特立尼达号"（Trinidad）为旗舰；最大的"圣安东尼奥号"（San Antonio）（载重120吨）由胡安·德·卡尔塔海纳（Juan de Cartagena）任船长，他是查理派来的船队督察官、西班牙人的首领。载重为85吨和90吨的"维多利亚号"（Victoria）和"康塞普逊号"（Concepcion）分别由西班牙人路易斯·德·门多萨（Luis de Mendoza）和贾斯帕·凯塞达（Gaspar Quesada）指挥。载重75吨的"圣迪亚戈号"（Santiago）由谢兰的兄弟若奥·谢兰（João Serrão）任船长。

船员共计265人，尽管来自许多国家，但西班牙人占绝对多数。为了防患于未然，麦哲伦带上了几名亲信，其中有他的小舅子杜阿尔特·巴尔波查、表弟阿里瓦洛·麦斯基塔（Alvaro de Mesquita）、葡萄牙舵手制图学家埃斯特万·戈姆斯（Esteban Gāmez）以及他最忠心的仆人马来亚人亨利。此行还有一位志愿者，即梦想环游世界的安东尼奥·比加费塔（Antonio Pigafetta），他的日记是这次历史性的航行保留下来的最真实的记录。在出发之前，法利罗给自己算了一卦，他预言自己将无法从航行中安全返回，于是退出了航行。尽管他没有使自己的姓名载入"发现者"的光荣之列，却可能真的捡了一条命。

船队载有足够2年食用的面包，以及大量的腌肉、沙丁鱼作为主食，还包括蜂蜜、葡萄干、食糖、大葱、蒜等副食。让水手们欣喜的是，麦哲伦还在船上装载了足够每个水手每天喝上一杯的酒。为了能得到新鲜的饮料和食物，在临行前，麦哲伦又吩咐船员把七头"可怜又幸运"的大奶牛赶上船。他们还带上了用于贸易的货物，其中最主要的是小镜子、铃铛、小刀子、头巾、帽子等便携的商品。船上还少不了先进的大炮、枪支和刀剑。

第二节　发现麦哲伦海峡

1519年8月10日，船队离开塞维利亚港，前往桑卢卡尔港

（Sanlúcar），他们将在那里离开大陆。麦哲伦同他的岳父迪奥古·巴尔波查及妻子和襁褓中的儿子道别，转身奔向岸边等待的船只。

一、艰难的寻找

9月20日，船队正式启航进入大西洋。此前，老巴尔波查派人给他送来可靠消息：船队中的西班牙船长们领有特别任务，他们将不会唯麦哲伦之命是从。麦哲伦早已想好应对之策，那就是"绝对权威"原则。他规定：白天，所有船都必须依据旗帜的指示航行；夜晚，所有船必须跟从旗舰上的灯火指示行动。每天夜幕降临之前，所有船只都必须向旗舰靠拢，所有船长都必须亲自向海军上将致敬。任何违反规定的行为都要受到极其严厉的惩罚。

9月26日，船队到达加那利群岛的圣克鲁斯岛（Santa Cruz），这是最后一块熟悉的土地。离开圣克鲁斯岛，麦哲伦指挥旗舰改变了向西直航的既定航线，把船头转向西南，由于这一改变，西班牙船长们与麦哲伦发生了首次冲突。西班牙人的首领卡尔塔海纳要求麦哲伦解释改变航线的理由。麦哲伦决定借此机会树立自己的"绝对权威"。他冰冷地拒绝了卡尔塔海纳的要求，并向所有人宣布：他将独自指挥船队，任何人无权要求他做出解释。羞愤的卡尔塔海纳没有服软，他不再按照规定每天向麦哲伦致敬。

卡尔塔海纳公然违抗命令的行为并没有激起麦哲伦的反击，他展示出奇异的沉默。他不与任何船长交流，每天都独自伫立、思考。事实上，他酝酿着一次行动。很快，机会来了，一名船员犯了错，麦哲伦以征询惩罚意见为由召集4名船长来到旗舰。卡尔塔海纳也来了，他的目的不是要处理船员犯错的事情，而是再次向麦哲伦质问改变航线的原因。麦哲伦依旧保持沉默。卡尔塔海纳不依不饶地继续逼问，两人的对峙达到顶点，这或许正是麦哲伦想要的结果。他命令警卫将卡尔塔海纳逮捕，并告诉他："你现在是我的阶下囚"，随即又宣布撤销他的全部职务。麦哲伦的态度坚决，行动果断，使其他西班牙人个个胆战心惊，这招杀鸡儆猴的手段取得成功。麦哲伦任命安东尼奥·

德·科卡（Antonio de Coca）取代卡尔塔海纳为"圣安东尼奥号"的船长，船队又恢复了纪律。[①] 不久，麦哲伦任命自己的表弟麦斯基塔取代科卡担任船长，完全控制了这艘最大的船只。

经过两个多月的航行，船队于 11 月 29 日抵近巴西海岸，这里是葡萄牙人的势力范围，但葡萄牙人还没有在这里建立殖民据点。当地的土著居民从四面八方向岸边聚拢，他们对船上的小商品很感兴趣。根据比加费塔的记载，船员们用船上极其廉价的小物品可以换得比之价值高出十倍、百倍的东西。一把小梳子可以换两只鹅；一面小镜子可以换十只鹦鹉；一个小铃铛可以换得一筐白薯。当他们离开巴西时，船队上已经装满了土著人的各种货物。

沿着南美海岸，他们于 1520 年 1 月 10 日到达了拉普拉塔河（Río de la Plata）河口，这条大河的入海口非常宽阔，以致早先到此的葡萄牙人都以为这可能是穿越新大陆的海峡。麦哲伦在葡萄牙的航海资料中看到过这个记录，而且，马丁·贝海姆那张神秘的地图上也在河口所在纬度附近标示了海峡。麦哲伦曾经反复宣称的"海峡的秘密"应该指的就是这里。他派三艘较轻便的船只溯河而上进行探察。然而，越来越窄的水路无情地掐灭了麦哲伦的希望之火，归来的船只报告说，这不过是一条宽阔的河流。这一消息对麦哲伦的打击是沉重的。船员们也似乎从"海军上将"闪烁的眼神中看出了某种令人不安的东西，他们觉察到，这位阴郁的葡萄牙人可能发现了自己的错误。然而，很快麦哲伦就恢复了镇定，他不动声色地带领着船队继续南行。此时，他不得不抛开马丁·贝海姆的地图和法利罗通过自负的计算得出的所有结论，独自寻找那可能存在的海峡。这位一向百折不挠的航海家一定确立了"不成功便成仁"的决心。

在往南航行中，每到一处海湾，麦哲伦都仔细勘察，但他不得不面对一次又一次的失望。2 月 24 日，他们到达辽阔的圣马提阿斯湾（San Metias）。3 月 31 日，船队进入南纬 49 度的圣胡利安湾（Puerto

---

① F. H. H. Guillemard, *The Life of Ferdinand Magellan and the First Circumnavigation of the Globe* 1480-1521, London：George Philip & Son, 1890, pp. 152-153.

San Julian），严寒使他们无法继续南行。于是，麦哲伦决定在此停泊过冬，开春再起航。至此，船队已经航行超过半年，严寒已经夺去几名身体羸弱的船员的生命，几头大奶牛也早被船员们当了下酒菜。在这样的情况下，麦哲伦下达了一个更加令人绝望的命令：所有船员必须节食，以保证来年的航行。怨声载道的船员们表达了愤怒：他们当初被告知是前往香料群岛发财的，不是前往极地忍受酷寒和饥饿的。他们质问麦哲伦，他所说的秘密海峡究竟在哪里？为什么食物缺乏不返回？然而麦哲伦却只是冰冷地重复一句话："大家都应该跟随我前进，谁也无权让我做出解释。"

二、闪击叛乱者

麦哲伦的态度彻底击溃了西班牙船员对他仅存的信任与服从。他们聚集到一直盼望着的西班牙船长们的周围。在南大西洋这个寒冷、阴郁的港湾里，在这个远离人类文明的新大陆的边缘地带，来自文明世界的一小撮人没有团结起来共同对抗可怕的风暴、刺骨的严寒、致命的饥饿和疾病，而是在一片平静冰冻的空气中酝酿起相互残杀的阴谋。

西班牙人的首领们主要包括"圣安东尼奥号"的两位前任船长胡安·德·卡尔塔海纳和安东尼奥·德·科卡，以及"康塞普逊号"船长贾斯帕·凯塞达和"维多利亚号"船长路易斯·德·门多萨。他们聚在一起，借助一支昏暗的蜡烛确定了行动方案。夜晚，一只小艇悄悄向船队中最大的"圣安东尼奥号"驶来。此时的"圣安东尼奥号"的船员正在熟睡，谁也不会料到在这个荒凉的、人类第一次踏足的海湾里会遭到同伴的袭击。卡尔塔海纳和科卡登上船后直奔船长室，将在睡梦中的麦斯基塔制服，戴上了准备好的镣铐[①]。舵手胡安·德·洛里亚加（Juan de Lorriaga）听到声响，立即冲出来，要求登船的西班牙人离开，凯塞达回答他："我们不为一个蠢材卖命"，然后，他用匕首结束了洛

---

① 船队上备有为叛乱分子准备的刑具和镣铐。

里亚加的性命。① 很快，船上的水手纷纷爬出船舱，所有人都意识到了这是一场叛乱。西班牙籍水手立即团结在西班牙船长周围，帮助他们制服了船上的所有葡萄牙人。控制了"圣安东尼奥号"后，西班牙船长们任命塞巴斯提安·埃尔卡诺(Juan Sebastián Elcano)为新任船长。

这样，在这片依旧平静的海湾里，麦哲伦和西班牙人的力量对比发生了关键性的变化。4 艘有战斗力的船只中有 3 艘已经牢牢控制在西班牙人手中②，麦哲伦似乎败局已定。但是，西班牙人并不打算直接诉诸武力，因为这样的话，他们回国后即使不会遭到国王和人民的责难，也将终生背负叛逃的恶名，对于视荣誉如生命的西班牙贵族是不能容忍的。当黎明从东方升起，阳光扫清海面上的雾霭后，停泊在这片遥远海湾里的 5 艘船只依旧平静地在海涛中轻轻摇晃。一艘来自旗舰的小艇像往常一样来到"圣安东尼奥号"船边，招呼几名水手一起上岸寻取淡水。一名西班牙水手探出头来告诉他们：这艘船不再服从麦哲伦的命令。小艇上的水手闻声立即调转船头返回旗舰。

得到叛乱消息的麦哲伦眉头紧蹙，这是他那惯常的冷漠面颊出现的罕见表情，身边的船员从这一变化中看出了事情的严重性。很快，一艘小艇来到旗舰，西班牙水手带来一封西班牙船长的信。信中，西班牙船长态度依旧谦恭，他们请求海军上将能与他们坐下来平心静气地谈判。摆在麦哲伦面前的道路似乎只有一条，接受西班牙船长们的建议，打开沉默之口，承认自己的误判。如果他这样妥协了，那他就不是麦哲伦。在他孤独多难的一生中，绝没有出现过"妥协"的字样。

他当即扣留了送信的小艇，然后把自己信任的人召集起来。大家从他坚毅的眼神中已经预知他的决定。麦哲伦把手放在船队警卫、他最信任的水手贡萨洛·戈梅斯·德·艾斯皮诺萨(Gonzalo Gomez de Espinosa)的肩膀上。艾斯皮诺萨重重地点了点头，他已经领会了海军上将的意图。5 名水手跟随艾斯皮诺萨乘坐小艇向"维多利亚号"驶去，

---

① F. H. H. Guillemard, *The Life of Ferdinand Magellan and the First Circumnavigation of the Globe* 1480-1521, London:George Philip & Son, 1890, p.166.

② 若奥·谢兰驾驶的"圣迪亚戈号"是一艘载重最小的轻便探险船，基本没有战斗力。

船长门多萨看到旗舰来人，立即指令全体船员进入战斗状态。艾斯皮诺萨态度谦恭地要求上船把和谈的信件交给门多萨。看着几名赤手空拳的水手，门多萨答应了他们的请求。艾斯皮诺萨登上船，手里拿着信，向门多萨船长递过去。就在门多萨低头展开信的那一瞬间，一把匕首穿过了他的喉咙。正在船上的水手为这突如其来的行动惊得目瞪口呆之时，杜阿尔特·巴尔波查率领着 15 名全副武装的水手也登上了"维多利亚号"，迅速接管了船只。缓过神的西班牙水手看着倒在地上死去的船长吓破了胆。就这样，通过一次闪电般的突袭，力量的天平再次向麦哲伦倾斜。

"维多利亚号"与"特立尼达号"、"圣迪亚戈号"一起驶向海湾的出海口，堵住西班牙人控制下的 2 艘船的出路。西班牙船员们站在"康塞普逊号"和"圣安东尼奥号"船舷上注视着 3 艘船上黑洞洞的炮口和立于船首的海军上将，丧失了战斗的勇气，失去支持的西班牙船长们也只得放下武器。

叛乱失败了，叛乱分子无助地等待着麦哲伦的审判，谁也不知道，麦哲伦这个沉默冷酷的人会给他们的命运做出怎样的安排。不过，胆大心细的麦哲伦并没有草率地收割手下败将的头颅，而是召开了一次非常郑重的审判。他要求把原告、被告、证人的每句话都记录在案，他自己则充当法官，这是国王赋予他的"公正裁决"权力。他一方面要维护自己的权威，严惩叛乱，另一方面又要保存船队的人员数量。因而，他没有将所有的叛乱分子全部判刑，虽然他可以这样做。麦哲伦深知：他们不是为了相互战斗而来到这片荒凉海域的，他要有足够的人手去探险和发现，对于叛乱者，只需杀一儆百。于是，凶狠捅死水手洛里亚加的凯塞达被宣布死刑。凯塞达的仆人，一同参与凶杀的路易斯·德·莫利诺（Luis de Molino）被选作刽子手，因为如果他不执行这项让他一生蒙下阴影的命令，他的头颅将与自己的主人一起被挂到桅杆上，警示他人。为了保住自己的脑袋，他砍掉了主人的脑袋。从这点来说，麦哲伦是不人道的，但是，在船上确实无法找到愿意执行这项命令的其他人选。叛乱的总头目卡尔塔海纳当然也难逃厄运，作为国王任命的与麦哲伦享有同等地位的皇家官员，麦哲伦无法判处死刑，不过，在这片远离人类文明的荒凉之地，有一种比死刑更可怕的惩罚——放逐。与卡尔塔海纳一同被放逐的还有一位鼓动叛乱的牧师。

三、航向太平洋

叛乱被镇压了，船队又恢复了过去的平静。他们在圣胡利安海湾继续停泊，直到皑皑白雪的陆地上出现了些许春意。麦哲伦派轻快的"圣迪亚戈号"向南探航，其余人则上岸休整。他们在这片被上帝遗忘的土地上竟然意外地碰到了同类。这是一群处于文明之外的土著人，由于身材魁梧，长有一双大脚（patagao），他们称其为"巴塔哥尼亚人"（Patagonia）。南航的"圣迪亚戈号"被风暴卷到岸边，撞到了巨石上损坏了，幸好船员们全部幸存。2 名水手奉命从陆地上返回报信，最终，所有船员都安然无恙地回到船队中。

1520 年 8 月 24 日，在停泊了 5 个月后，麦哲伦命令船队继续南行。事实上，他们已经距离那条苦苦寻找的海峡只有 3 个纬度了。如果他们当初一鼓作气地继续航行三四天，就不必白白浪费 5 个月的时间等待了。然而，他们还将在这剩下的 3 个纬度里再浪费掉宝贵的 2 个月。2 天后，他们到达"圣迪亚戈号"失事的圣克鲁斯河口。这里距离海峡仅剩 2 个纬度，如果他们继续南行，仅需 2 个昼夜。然而，麦哲伦再次命令船队驻泊休整。

1520 年 10 月 18 日，船队在南美南端几个纬度的航程里耽搁了近 7 个月后，再次起程。10 月 21 日，他们看到一个巨大的海湾。麦哲伦当然不敢肯定这是海峡还是大河口，他已经受过太多次命运的愚弄了。此时的麦哲伦已下定决心，如果这不是海峡，他就停止南航，转道向东，绕过好望角前往香料群岛或返回西班牙。他命令"圣安东尼奥号"与"康塞普逊号"向海湾深处探察。数天之后，归来的 2 艘船带来了好消息，他们虽然没有看到一望无际的大洋，但他们确信，那越来越宽的水路与始终如一的咸味的水流绝不可能是一条河。惊喜的麦哲伦虽然保持了平静的面容，但他的心脏早已剧烈地跳动起来。发现海峡的那天是"万圣节"，麦哲伦将其命名为"万圣海峡"①。他带领 4 艘船立即向纵深处航行。船队发现海峡的南侧在夜色中可以看到整夜不灭的火光，于是麦哲伦将其命名为"火地"（Land of Fire），他尚不知道这其实是一个巨大的岛屿，那些火光是土著人为了保存火种而昼夜燃烧的现象。

这条海峡并非如地球上许多著名的海峡那样有一条笔直的通道，它与其发现者麦哲伦多舛的人生一样，充满了激流、浅滩以及各种不得不做选择的岔道，有时水路突然变窄，似要合拢，然后又突然放宽，让人充满希望。对于这样一条阴森恐怖的海峡，只有极其出色的航海家才能顺利通过，麦哲伦这位善于驾驭苦难命运的人生舵手，成功地完成了挑战，征服了自然力抛给他的又一次艰险。当他们经过 1 个月的探察与航行终于看到浩瀚无边的"大南海"时，比加费塔记述道："海军上将高兴地流下了眼泪。"麦哲伦穿过海峡发现的这片广阔大洋，正是巴尔博亚站在达连湾（Gulf of Darien）的山峰上看到的"大南海"。平静的海面直铺天际，与波涛汹涌的大西洋相比，它是如此的温顺，于是麦哲伦将之命名为"太平洋"。

进入太平洋，麦哲伦清楚香料群岛和富庶的中国就在彼岸，然而，此时他却必须再次面临重大的抉择。原来，船队中最大的一艘、携带着最多食物的"圣安东尼奥号"已叛逃回国。据后来得知，船上的西班牙人趁与其他船只分头勘探海峡航路时再次掀起叛乱，劫持该船后偷偷返航了。这意味着，船队失去了足够的食物和水手，以及一艘最好的航船。对于麦哲伦来说，找到海峡就意味着他已经发现了环球航路，如果现在返航，国王肯定会重新装备一支船队沿着发现的航路前往香料群岛，事实上，这也是最符合逻辑的想法。但是，他不想重复葡萄牙航海先驱迪亚士的命运。一生梦想前往印度的航海家迪亚士，为葡萄牙人发现了"好望角"，进入了印度洋，但在船员们的要求下，他返航了。可悲的是，前往印度的新船队直到 10 年后才启航，而指挥官已

① 后人为了纪念麦哲伦的发现，将其改名为"麦哲伦海峡"。

经换作了达·伽马，开辟新航路的荣耀也归到了达·伽马名下。数年后，迪亚士终于再次登上航船，本以为可以踏上印度的土地，却又悲剧性地葬身于好望角附近的风暴。作为葡萄牙人，麦哲伦对迪亚士的命运当然非常熟悉，这位百折不挠的人决定继续前行，航向他梦想的东方。只是他断然没有想到，这竟然是又一个悲剧的起点。

在麦哲伦海峡北部上岸休整后，1520 年 11 月 28 日，麦哲伦指挥 3 艘船开始了他的太平洋之旅。他首先带领船队沿着南美大陆西海岸向北航行，28 天后，转向西行。在航行中，麦哲伦发现 2 个巨大的星团在夜空中闪耀，仿佛装饰着灯火的云朵飘浮在暗黑的天际，为了纪念这一发现，后世人将之命名为"麦哲伦星云"(Magellanic clouds)。

太平洋太过平静，对于熟悉了风暴与巨浪的水手们来说，这似乎是天赐的美好，但慢慢地，他们就为这日复一日的宁静所烦恼。麦哲伦把太平洋估计的太小了，这个约占地球总面积 1/3 的大洋，东西宽度近 2 万千米，几乎相当于地球周长的一半，时间一天天过去，他们开始体会到绝望的感觉。比加费塔写道："我们在 3 个月零 20 天的时间里没有吃到一点新鲜食物，我们吃的是面包干，后来连面包干也吃不到了，我们只能吃带有小虫子的面包碎屑，这种食物散发着像老鼠一样的臭气。我们喝的是已经发酵了多少天的黄浊混水……我们还吃了覆盖在横桁上的牛皮……还经常吃木头的锯末。大老鼠的价钱是半个杜卡特一只，但是，就是出这样的价钱还买不到。"[①]辘辘饥肠和坏血病夺去了许多船员的生命，而幸存下来的也已奄奄一息。

1521 年 3 月 6 日，一名甲板上瞭望的水手高声喊叫着"陆地！"所有人都挣扎着跑到甲板上，那是一连串郁郁葱葱的岛屿。这是西太平洋的马里亚纳群岛(Mariana Islands)，他们登上了群岛南部一个大型岛屿。岛上有汩汩的泉水、动听的鸟鸣，还有热情的土著。不过，土著人热情得过了头，他们登上船只，毫不客气地拿走任何有用的东西，完全把船员们当成了自家人。这并不难理解，因为他们尚处于原始民

---

① 转引自[苏联]约·彼·马吉多维奇：《世界探险史》，屈瑞、云海译，第 205 页。

主制时期，没有私有观念。当他们要把旗舰上的小艇也划走时，麦哲伦下令反击。土著人根本不懂还击，利剑刺进他们的身体，他们竟然只是眼睁睁地看着，没有任何反抗，于是冲突实质上是一场屠杀。屠杀过后是放纵的掠夺。船上这群在浩瀚的大洋上饱受饥饿、疾病和寂寞折磨的水手纵情掠夺土著人的食物、水果以及女人。船队离开时，船员们给这个岛取名"强盗岛"（Ladrones Island），真不知道他们是指自己还是指的被他们屠杀、掠夺的土著人。

第三节　最后的航程

离开马里亚纳群岛，船队继续向西航行，此时他们已经离开西班牙一年半的时间，穿过了大西洋，也横越了太平洋，来到了东方文明世界的边缘地带。对于麦哲伦来说，他的梦想只差一步之遥，他一定庆幸自己当初的坚持，感谢上帝的眷顾，但他不会想到，这竟是他最后一段航程。

一、短暂的幸福

1521 年 3 月 17 日他们到达了菲律宾群岛，这是一片跨入文明门槛的土地，处于以中国为中心的东亚文明区的边缘地带。由于麦哲伦对航线的计算失误，他们向北偏了约 10 个纬度，从而错过了一直寻找的香料群岛。不过，他们发现的地方并不比香料群岛逊色。查理五世曾允诺，只要发现 6 个以上的岛屿，麦哲伦将得到其中的 2 个，而菲律宾群岛有大小 7100 多个岛屿。

由于在马里亚纳群岛上的不愉快经历，麦哲伦为了避免与当地人接触，率领船员登上了一个无人小岛进行休息。他们尚不知来到的是一个文明地区，附近岛屿上的居民乘坐小船来到大船旁边，没有登船抢劫，而是带来了各种食物、水果以及工艺品。水手们从船上拿来镜子、刀子和铃铛，这些小物件可以换得他们急需的食品和美味的水果，这些东西很快使船上半死不活的船员恢复了体力和健康。

3 月 27 日，麦哲伦带领船员们来到一个有人居住的岛屿——马索华岛（Massaw）。在这里，马来亚人亨利第一次听到了熟悉的乡音，虽然并非听懂所有语言，但这里无疑已是马来语地区，距离香料群岛不远。他们在此进行贸易，并受到了当地酋长的热情款待。复活节这天，麦哲伦带领全体船员在海岸边矗立起高大的十字架，全体跪拜，进行了庄严的宗教祭礼。不远处海面上的 3 艘航船鸣响礼炮，不明就里的岛民看到如同雷电般的大炮，惊恐万分，也模仿他们做起了祷告。这样，麦哲伦带领一小群基督徒穿越世界上最广阔的两片大洋，为他一生虔诚信仰的上帝赢得了一片新的信徒。不过，麦哲伦并没有止步，他想要为他的上帝奉献更多，他决定前往菲律宾群岛的文明中心——宿务岛（Cebu）。

此时，麦哲伦是幸福的，这是他颠簸的一生中不多的幸福时刻之一。他从亨利与当地居民的交流中，了解了自己的成就，这里，即使不是香料群岛，也一定非常接近那里。更重要的是，经历了两年的颠沛流离和危险的叛乱之后，在与风暴、疾病、饥渴做了无数次艰苦卓绝的斗争之后，他终于来到了东方，很快将会实现亘古未有的环球之行。此后，他将沿着他熟悉的水路，穿过印度洋的波涛，绕过好望角，回到他的亲人那里。他将与那些受万千人景仰崇拜的航海家们的名字一起被镌刻在历史的纪念柱上永垂不朽。然而，沉浸在这短暂幸福中的麦哲伦还没来得及细细品味，就迎向了他命运的终点。

在前往宿务岛的一路上，无数的小岛在他眼前闪过，正像一位巡视王国的国王，麦哲伦不忍眨眼地看着这些富庶的小岛。经过 3 天的航行，他们来到了文明之邦。宿务岛的统治者拉甲胡玛波恩（Rajah Humabon）并非像马索华岛的土著居民那样没有见过世面，他允许麦哲伦来此贸易，但同时义正词严地要求他们交税。这对于麦哲伦来说是无法接受的，他派出比加费塔作为全权代表，让亨利充当翻译，上岸进行谈判。拉甲的身边有一位与欧洲人打过交道的阿拉伯商人，他深知这群船上装备着大炮，手里握着火枪的白种人非常厉害：他们从非洲最南端绕到印度洋，侵占了阿拉伯人数百年来一直纵横驰骋的海洋；他们的大炮轰击过从非洲海岸、印度次大陆到马六甲的城市。拉甲得知这一切后，立即转变了之前的态度，他深知这是一支可以用来帮助他实现野心的力量。他用盛放在来自中国的瓷盘里的食物招待麦哲伦的使者，为他们搬来用丝绒套着的豪华座椅。经过友好的协商，胡玛波恩给予西班牙人商品免税的权利。

麦哲伦在宿务岛上的传教工作也进展得非常顺利。拉甲及其家人在观看了麦哲伦做礼拜后，表示愿意接受基督教。1521 年 4 月 14 日，麦哲伦为拉甲及其家人，以及从四面八方赶来的贵族和平民举行盛大的洗礼入教仪式。麦哲伦为胡玛波恩改名为卡洛斯，以纪念他所侍奉的西班牙国王卡洛斯一世（即神圣罗马帝国的皇帝查理五世）。随船牧师不停地为越聚越多的人们划着十字，撒着圣水。麦哲伦在宿务岛取得的巨大成功助长了他的雄心，最终将他引向死亡。

二、麦哲伦之死

麦哲伦决心利用拉甲胡玛波恩的力量在菲律宾建立一个天主教的国家联盟，这种想法正合胡玛波恩之意，因为，在麦哲伦的计划中，他将是这个国家联盟的首领，所有其他地方的首领都要向他效忠。但是，计划实行起来并非易事。仅凭几十个西班牙水手和胡玛波恩的部众，要统一菲律宾群岛上数不清的部落王国实在是有点痴人说梦，仅宿务附近的马克坦岛（Mactan）上的岛民就难以驯服。

马克坦岛的首领拉布拉布（Lapu-Lapu，1491—1542）是胡玛波恩的宿敌，他对西班牙人和基督教丝毫不感兴趣。麦哲伦先是派出使者意图劝服马克坦岛民归顺，但拉布拉布告诉麦哲伦的使者：他们将让西班牙人尝尝矛枪的滋味。盛怒的麦哲伦决定首先对这个"不自量力"的小岛下手，以起到杀鸡儆猴的作用。麦哲伦想要借此树立西班牙人的威望，创造白种人战无不胜的神话。然而，他过高地估计了自身的实力，这个神话被他一生中罕见的一次草率行动彻底毁灭，一同毁灭的还有他自己。

为了显示西班牙人的能力，麦哲伦只带领 60 名船员乘坐小艇向马克坦岛进发，要求胡玛波恩的士兵待在远处见证自己的强大。他相信60名全副武装的船员足以完成教训赤身裸体的岛民的任务了。他们的敌人是站在岸边的约1500名马克坦土著战士。虽然没有金属武器，但他们用竹木制成的长矛和箭头同样尖锐。

战斗打响了，麦哲伦命令水手们奋力向前冲杀。他们穿着铠甲，但是腿上却没有防护，马克坦战士们发现了这点，于是一起瞄准了他们的腿射箭。由于马克坦人数太多，他们的火枪根本无法有效击退汹涌的人潮。很快，一支毒箭射中了麦哲伦的右腿，迫不得已，麦哲伦只得命令逐步后撤，但是马克坦战士紧追不放。面对凶猛扑来的敌人，一些胆怯的西班牙水手开始四散而逃。马克坦战士发现麦哲伦是西班牙人的指挥官，于是全都向他进攻。麦哲伦身边只剩下几个人。一个马克坦战士用长矛刺伤了麦哲伦的脸，他立即反击，用长矛刺进对方的胸膛，长矛刺得太深，无法拔出。于是，麦哲伦想把剑抽出来，但是另一个马克坦战士用镖枪刺中了他的右手，使麦哲伦无法动弹。很快，他的左腿被砍断，重重地倒下了。最后，马克坦人一窝蜂地向他扑去，无数的长矛刺向他。[1] 比加费塔在日志里写道："就这样，我们最敬爱的人、我们感到安慰的人、我们真正的领袖战死了，他不时向后看我们是否全体都上了船。"[2]麦哲伦的传记作家茨威格写道："历史上最伟大的航海家，在他完成大业的崇高和美好时刻，竟在同裸露的岛民——一伙乌合之众的小规模战斗中无谓地牺牲了。"[3]

战斗结束后，船员们曾派使者面见拉布拉布，意图用金钱赎回麦哲伦的尸体，遭到了拉布拉布的拒绝。这个为人类开辟环球新航路的人最后死无葬身之地，没有人知道马克坦人怎么处理他的尸体。领导马克坦土著反抗入侵的拉布拉布后来被尊为菲律宾的民族英雄。

---

① Frederick A. Ober, *Ferdinand Magellan*, New York and London: Harper & Brothers Publishers, 1907, pp. 238-242.

② [苏联]约·彼·马吉多维奇：《世界探险史》，屈瑞、云海译，第208页。

③ 见[奥地利]茨威格：《归来没有统帅——麦哲伦传》，范信龙译，第211~212页。

被奉为民族英雄的拉布拉布

站在远处观战的胡玛波恩的部众本来是要一睹白人"天兵"的威力，却看到了麦哲伦战死，于是仓皇撤退了。很快，白人首领被打死、部下四散奔逃的消息就传遍了菲律宾群岛。这一"新闻"彻底击碎了白人刀枪不入的迷信，环绕在他们身上的光环消失了。麦哲伦构建天主教国家联盟的计划在第一步就因自己毫无意义的死亡而失败。曾经起誓与西班牙人永结同好的胡玛波恩也背信弃义，他知道这群异乡人并不能帮他实现野心，竟然贪慕起西班牙船只上的各种"宝贝"。他假意邀请船员们做客，并声称他有礼物要送给西班牙国王，请他们转交。

胡玛波恩的"鸿门宴"给船队造成了又一次重大打击。麦哲伦最信任的 2 名船长杜阿尔特·巴尔波查和若奥·谢兰接替了指挥官职务，2人没有丝毫怀疑地带着 20 多名水手来到岸上。当他们走向热情过度的人群中时，舵手胡安·洛佩兹·卡尔瓦罗（Joao Lopez Carvalho）和船队警卫戈梅斯·德·艾斯皮诺萨产生了怀疑，他们想把所有船员都召集过来，以备不测。可是，当他们刚刚飞奔到海岸边，就听到阵阵惨叫，原来埋伏在四周的胡玛波恩的士兵向杜阿尔特和若奥发起了突袭，转眼之间，水手们就纷纷倒地。2人迅速奔回船上，指挥所有大炮向岸上开火。只有若奥·谢兰从围攻他的士兵中杀将出来，跑到岸边呼救，但是追杀而来的人又包围了他。胡玛波恩要求用2门大炮和几桶铜换回若奥·谢兰的命。然而，或许是害怕再次上当，又或许新任指挥官胡安·洛佩兹·卡尔瓦罗根本无意营救自己的上级，从而使自己刚刚得来的指挥官权力拱手送回。总之，这群失去雄狮带领的水手们堕落成了羊群，他们调转船头，把麦哲伦用生命捍卫的一切都抛弃了，包括1名在岸边痛苦呻吟，等待他们搭救的同伴。

三、未尽的航程

离开了菲律宾群岛，船队仅余下115人，不及出发时的一半。由于人手短缺，他们不得不丢弃已经漏水严重的"康塞普逊号"。比失去船只和减员更严重的问题是，他们失去了优秀的航海家和使他们团结一致的领导者。2艘船在卡尔瓦罗的指挥下开始寻找香料群岛的历程，然而，这位"瘸子里拔出的将军"显然并不称职。他带领船队在大海上漫无目的的漂流，香料群岛位于他们的西南方，但他却把船头对准了西北。他们绕着弯路穿梭在印度尼西亚数不尽的岛屿中，除了抢劫过路的小帆船，他们没有任何收获。时间一晃半年，水手们终于按捺不住对卡尔瓦罗的愤怒，联合起来罢免了他。"特立尼达号"的船长戈梅斯·德·艾斯皮诺萨、"维多利亚号"船长塞巴斯提安·埃尔卡诺等人组成了执政团队，使船队渡过了政治危机。

1521年11月8日，在一位土著人的带领下，他们终于来到了香料群岛中的蒂多雷岛（Tidore Island）。麦哲伦苦苦寻找的地方终于到达，只是他本人无法感受这份喜悦了。在这个充满着香料气息的天堂般的小岛上，他们度过了2年多以来旅途中最惬意的一段日子。土著国王热情地接待他们，号召他的臣民与西班牙人进行贸易。西班牙人用船上不值一提的小物件换得了大量的黄金、白银和香料。当2艘船装满货物准备返航时，"特立尼达号"船底意外触礁受损，修好它需要数周时间。52名船员自愿留下来，2年多以来的经历让他们对长时间的海上漂流感到恐惧，他们想在这片天堂般的土地上多逗留些日子。就这样，2 艘船分道扬镳。"维多利亚号"的船长埃尔卡诺带领其余船员及 4 名蒂多雷岛的土著人上路了，他将完成麦哲伦未尽的环球之旅。这位曾参与针对麦哲伦的叛乱的西班牙人将回到故国领取本该归于麦哲伦的荣誉和奖赏。"特立尼达号"的船长艾斯皮诺萨，这位麦哲伦最忠实的战友，曾在镇压同一场叛乱中发挥关键作用的人物留下了，等待他的是短暂的休憩后葡萄牙人的囚牢。[①]

1522 年 2 月 13 日，埃尔卡诺指挥着"维多利亚号"离开他们在马来群岛的最后一站——帝汶，然后乘着向东的季风，开始了漫长的归途。他们很快驶进了葡萄牙人的势力范围。从马六甲到印度次大陆和非洲东海岸，整个印度洋沿岸都被他们小巧的邻国控制着，更为严峻的情况是，葡萄牙国王曼努埃尔下达命令，要葡萄牙人截住从东面来的麦哲伦船队。为了避开葡萄牙人巡弋的舰队，以防这次历史性的征程功亏一篑，船队横穿印度洋，直达非洲最南端。

然而，在宽阔的印度洋上航行的这些岁月里，最让他们难以忍受的，不是旅途的寂寞，而是饥饿。他们预备了 6 个月的粮食，但是储存的猪肉早在印度洋的热浪中腐烂，他们只能日复一日地拿水泡开坚硬的米粒充饥。一些意志薄弱的水手要求埃尔卡诺把船开到葡萄牙人的港口，祈求他们的怜悯。然而埃尔卡诺，这位曾经站在麦哲伦的对立面，企图阻止这次征程的船长，继承了麦哲伦的意志，他告诉他的船员们说，他宁愿死也不愿意去向葡萄牙人屈膝。

1522 年 5 月 18 日，他们绕过了夺去迪亚士生命的风暴之角。7 月 9 日，他们在靠近佛得角群岛的地方停泊。此时，船员仅余 31 人，一些人躺在甲板上被坏血病带来的病痛折磨着，另一些人晃晃悠悠地勉强站立着，深深的眼窝和褴褛的衣着让他们看上去更像一群野人。船

---

① 　留下来的西班牙人在数年后因眷恋故土，沿着原路返回西班牙，不幸被海上的最大对手葡萄牙人俘获，这经辗转，这群人中只有 4 个人，即艾斯皮诺萨和 3 名水兵最终回到了西班牙。他们也是环球航行的完成者，只不过他们的后半程是在葡萄牙舰队的监牢里完成的。参见［苏联］约·彼·马吉多维奇：《世界探险史》，屈瑞、云海译，第 211 页。

上已经没有什么可以吃的东西了。顽强的船长埃尔卡诺望着佛得角上空葡萄牙人飘扬的旗帜，终于还是选择低下高贵的头颅。埃尔卡诺让能走动的船员乘小艇上岸去见葡萄牙人，假装他们是被风暴从美洲吹到非洲海岸的，希望葡萄牙人能够基于对落难基督同胞的同情，施舍一些食物。岸上的葡萄牙人相信了他们的话，基于人道主义向他们提供了补给，小船载着救命的面包和淡水回到了"维多利亚号"。留在船上的比加费塔从回来的船员那里得到一个奇怪的消息：葡萄牙人的日历上写着那天是星期四。比加费塔翻开自己的日记，根据记录，这天明明是星期三。他立即找来船上另一位每天记日记的舵手，两人的记录是一致的。他想起了古希腊哲学家赫拉克里特（Heraclitus，约前530—前470)提出的那个千百年来从未被验证过的猜想：地球并非静止不动，而是以匀速运动转动（即地球自转），如果一个人顺着自转方向向西航行，那么就可以从无穷的时间中失去极少一点。这群快要饿死的水手验证了这个伟大猜想。

当小艇的船员们最后一次登岸装运食物时，他们被葡萄牙人扣留了。极有可能，他们中的某个人不小心透露了他们是麦哲伦船队残余的秘密。机警的埃尔卡诺一直站在船头注视着岸上的一切，他立刻拨转船头带领船上余下的船员逃离了。

四、寂寞身后事

1522 年 9 月 6 日，在西班牙的桑卢卡尔港外，一艘千疮百孔的老船摇摇晃晃进入人们的视野。谁也没有想到这会是 3 年前从这里出发的麦哲伦船队中的一艘，2 年前就已回来的"圣安东尼奥号"的船员们早就反复告诉人们：其他船都葬身海底了。然而，当 18 个人颤颤巍巍地相互扶持着站在甲板上向岸上的人群挥手致意时，还是有人认出了他们。消息在人群传播开了，四面八方的人放下手头的活计向港口聚拢。他们给船员们带来了可口的面包和水果，迫不及待地询问他们经历的一切。

船队绕地球一圈回到西班牙的消息迅速从桑卢卡尔向整个西班牙

蔓延，又越过比利牛斯山陡峭的山峰传遍了欧洲。自哥伦布发现新大陆以来，欧洲人再次听到一个震惊的新闻。数千年来，人类关于地球形状的猜想、海洋是否相连的争论一直未曾间断，但谁也无法为自己的观点提供充分的论据，因为谁也不曾亲自验证，而这一次航行解答了所有的问题。并且，这群世界发现者还给他的投资人找到了一条向西航行到达香料群岛的航路。船上20多吨散发着浓郁香味的香料除了抵偿了船队的全部损失外，还带来了丰厚的利润。

此时已经成为神圣罗马帝国皇帝的查理五世闻讯后大喜过望。他立即晋升埃尔卡诺为骑士，赏赐他500杜卡特金币的终身年金。埃尔卡诺还得到了一枚徽章，徽章上刻着地球的轮廓，"地球"上写着"你第一个环绕我航行一圈"的字样。埃尔卡诺俨然成了西班牙帝国的大功臣，享受着国王的恩宠和人民的仰视。然而，此时的麦哲伦已然家破人亡。中途叛逃的"圣安东尼奥号"上的西班牙人回国后在国王面前大肆诋毁麦哲伦，曾经和他们一起参与叛乱的埃尔卡诺当然不会为麦哲伦翻供。正如茨威格所说："活人同死人打官司，活人总是对的。"

幸好，比加费塔，这位不是为了致富与荣誉而踏上征途的纯粹的旅行家为我们留下了最宝贵的财富——真相。他虽然没有也无力与西班牙船长们争辩，但他把真相传给了后世。正是他，让数百年后的人得以了解在那漫漫3年长途中发生的一切事实，从而没有忽略这场传奇航行中最关键的人物"麦哲伦"。在比加费塔的一封信中，他公允地评价了麦哲伦："我希望如此高尚的船长的光荣长留史册！使他增辉的美德中，最为出色的一点，就是他在极其险恶的灾难时刻始终表现得比任何人都要坚强。在饥饿的日子里，他比任何人都更能忍受艰苦，他对地图和航海的知识，超过全世界的人。他完成了在他之前谁都不敢想、不敢做的事业……"

麦哲伦曾经留下遗嘱，希望"能葬在塞维利亚圣玛丽亚教堂的单独墓穴"。然而，他深知此番一去，路途险恶，生死难料，他交代他的船员，如果他不幸没能回到西班牙，请他们"看在最神圣的圣母面上，在最近的教堂内给我的遗骸准备一块最后的安息之地"。但是，即便是这点小小的要求，也未能如愿。

我们似乎还有必要去看一下这位航海家遗嘱的其他部分，这是他从西班牙启航前两天写下的。当时，他无法预料自己的命运，更无法估量自己的财产。他料想他的结局有两种可能：如果他的计划取得成功，找到香料群岛并发现新的岛屿，那么，他将拥有庞大的财富，并成为发现地的总督；如果他迷失在茫茫大海上，船只沉没，那他能留下的只有伤痛和笑柄。他在遗嘱中分配他未知的财产："总利润的十分之一必须在维多利亚圣玛丽亚教堂、圣玛丽亚·蒙塞拉教堂和波尔图的圣多明各教堂平均分配；一千马拉维迪给塞维利亚小教堂，启航前他曾在这里享受了圣餐"；"把一枚雷亚尔银币用于十字军远征，另一枚用来从异教徒手里赎回基督教徒俘虏，第三枚捐献给麻风病院，第四枚和第五枚献给鼠疫病医院和圣塞巴斯蒂昂孤儿院"；"在我的安葬日给三个贫苦的人分发衣物……而且还要管另外十二个人吃饱饭……"

在向教会贡献自己的财产之后，他没有谈及自己的妻儿，而是为他的奴隶亨利的命运不安。他吩咐道："自我死亡之日起，我的俘虏和奴隶亨利，即脱离奴隶或从属地位，可以随他的意愿行动。其次，我愿意从我的遗产中拿出一万马拉维迪帮助他。我所以给他这一笔钱，因为他已经成了基督教徒并将为拯救我的灵魂而祈祷上帝。"最后，他才提到自己的妻儿，然而，他最关心的并非给予自己的家人留下丰厚的财产，而是有关他的荣誉及贵族称号的继承。

然而，悲剧性的是，所有这些都没有实现。他的尸体在异国他乡被当作战利品腐烂掉了；他想要奉献的几座教堂没有得到一分钱；他的仆人亨利没有得到应有的自由，被迫逃跑了；他的妻子和年幼的儿子都已去世，他的贵族称号，甚至找不到一个近亲去继承。唯一活下来的是他的岳父迪奥古·巴尔波查，这位年迈的老人是该怀念还是应该咒骂他的这位女婿呢？要知道，正是这位女婿使自己的女儿在抑郁中早逝，又是他把自己的儿子领上死无葬身之地的大海。这就是传奇的麦哲伦的悲惨结局。

　　许多年以后，在麦哲伦殒命的菲律宾马克坦岛上，竖起了两个相对而立的纪念碑。面朝大海，手提大刀盾牌的正是杀死麦哲伦的菲律宾民族英雄拉布拉布，而那不足百米之外的巨型纪念柱是麦哲伦的死难纪念碑。两个冤家对头咫尺相隔。

第八章　探寻北方航路

伊比利亚人开启了近代世界海洋文明兴起的时代，两个新兴民族国家，一个向东、一个向西，开辟了将世界紧密相连的新航路，建立了自己的海洋帝国。海洋时代到来后，在大海的摇篮里沉睡的英国也很快加入到海外扩张的行列，一面用手中的剑为自己的船赢得海洋；一面把自己的船队派往北方，探寻新的航路。

第一节　不列颠的崛起

一道浅浅的海峡隔开了欧洲大陆与不列颠岛，但它既剪不断英国人的大陆梦，亦扯不开大陆帝国侵略英国的野心。然而，也正是这道海峡，虽然没有阻挡住罗马人的军团，却抵挡住了拿破仑的火炮；虽然没有阻挡住诺曼人的铁蹄，却抵挡住了希特勒的坦克。没有这道海峡，就没有独特的不列颠；没有这道海峡，也不会有纵横海洋的英帝国。浅浅的海峡塑造的是一段深深的历史，一段属于海洋文明的不列颠历史。

一、来自海上的民族

或许不列颠文明要从神秘的巨石阵说起，然而，这些神秘的巨石虽然蕴含着文明的线索，却是难解的无字天书。不列颠文明的进程应从公元 1 世纪罗马统治的时代说起。罗马人给不列颠带来了坚固的城堡、石砌的大道、训练有素的军队，但很难说他们带来的地中海文明融进了不列颠的血液。诚如 E. P. 切尼所说："罗马的统治只是英国历史中一个独立的插曲，而并非连续进程的组成部分。"①

公元5世纪，随着日耳曼民族大迁徙时代的到来，来自欧洲大陆的盎格鲁人和撒克逊人侵入不列颠，英国历史进入盎格鲁—撒克逊时代。至公元7世纪以后，他们已经占据不列颠大部分地区，同时，各部族之间开始相互混战，争夺地盘。后来，盎格鲁人占据优势，统治了北部土地，"英格兰"（盎格鲁人的土地）这一名称得以流传，并逐渐成为今日英格兰全部地区的统称。比德在《英格兰教会史》中最早使用"英格兰人"代指盎格鲁—撒克逊人统治的地区。②

在盎格鲁—撒克逊诸王国竞相争霸的公元8世纪，北欧的海盗民族维京人也看上了这片土地。在反抗维京人入侵的过程中，盎格鲁—撒克逊治下的英国人民族主义渐渐成长，从而推动了英吉利民族的生成和国家统一的进程。至公元9世纪末叶，在伟大的阿尔弗雷德大帝（Alfred the Great）的领导下，英格兰的统一取得了决定性进展。不过公元10世纪，维京人再度大举入侵英格兰。11世纪初，著名的丹麦人克努特大帝（Canute the Great）不仅统一了英格兰，而且建立了横跨北海的克努特帝国③。1035年，克努特死后，北海帝国分崩离析，1043年，英格兰贵族将寄居在诺曼底的"虔信者爱德华"（Edward the Confessor）迎回英国，他拥有一半的英格兰血统和一半的诺曼底血统。

盎格鲁—撒克逊时代是罗马人走后不列颠从蛮荒向文明过渡的关键阶段。它完成了以下几个方面的进步：其一，盎格鲁—撒克逊诸王国开始了原始民主制解体和封建化的进程；其二，维京人的入侵推动了英吉利民族主义的萌芽和国家统一的步伐；其三，罗马天主教传入不列颠，同时把欧洲大陆上的文明带到这片土地上。公元6世纪，圣奥古斯丁（St. Augustine）奉教皇之命来到英格兰，给这片"被上帝遗忘的土地"带来了"福音"。基督教在英国发展迅速，很快，全国各地遍布

---

① E. P. Cheyney, *A Short History of England*, New York: Ginn and Co., 1932, p. 34.

② Krishan Kumar, *The Making of English National Identity*, Cambridge: Cambridge University Press, 2003, p. 41.

③ 克努特于1019年继承丹麦王位，1028年又继承了挪威王位。

教堂和修道院，教士们来往于英吉利海峡，不断把文明的血液输进这片先天营养不良的土地。

维京政权退出不列颠后，英国人又迎来新的外敌。1066年，"虔信者"爱德华死后无嗣，法国的诺曼底公爵威廉①借口爱德华曾亲口允诺由他继承王位，率领一支训练有素的部队渡海来到不列颠。此时，英国人已经推举爱德华临死时指定的哈罗德（Harold Ⅱ，1066年在位）为国王。在著名的黑斯廷斯战役（Battle of Hastings）中，哈罗德英勇战死，诺曼底军队大获全胜。随后，威廉挥师北上，征服了整个英格兰。1066年圣诞节，威廉作为征服者坐上了英格兰国王的宝座，称威廉一世（William Ⅰ，1066—1087年在位），坎特伯雷大主教战战兢兢地为他戴上了王冠。

诺曼底征服是英国历史的重大转折点。其一，诺曼底成熟的封建制度被移植到了英格兰，"使其由分裂的部族社会逐渐向等级与依附关系下的统一封建社会过渡"②。其二，英国与法国之间长达数个世纪的纷争就此拉开帷幕。其三，诺曼底征服也是不列颠最后一次被外来力量征服。此后近一千年里，无论是拥有无敌舰队（Armada）的西班牙国王菲利普二世，还是所向披靡的拿破仑，抑或是战争狂人希特勒，都没能再踏上英伦三岛半步。其四，诺曼底征服使英吉利民族的血统最终成型。除了不列颠的先民凯尔特人以外，罗马人、盎格鲁人、撒克逊人、丹麦人、挪威人以及诺曼底人无不从欧洲大陆横渡海洋来到不列颠，并把本民族的血液汇入不列颠民族的血脉，最终，一个来自海上的多民族血统塑造了现代英吉利人。可以说，英国人是一个来自海上的民族。

二、英吉利民族国家的创建

16世纪是伊比利亚人纵横全球的时代，他们的崛起源自于海外扩

---

① 值得一提的是，诺曼底公国也是由维京人南侵时创建，后成为法国国王附庸，被法国文化同化，威廉是维京人后代。

② Stephen Haseler, *The English Tribe: Identity, Nation and Europe*, London: Macmillan, 1996, pp. 9-10.

张事业的成功，而支撑这一事业的无疑是强大的民族国家。退出大陆的英国人急于加入这一海外探险与扩张的帝国俱乐部。早在 1497 年，意大利人卡伯特（John Cabot）就受雇于英国，拉开英国向大西洋扩张的序幕。然而，没有强大民族国家的支持，英国的海外事业难以取得伟大的成就，历史的发展要求英国必须首先完成国家的转型，建立统一的现代民族国家。完成英吉利民族国家创建任务的是伟大的都铎王朝。

1453 年，英法百年战争结束，除了英吉利海峡对岸的加莱港外，英国人完全失去了数百年来一直在法国经营和扩张的领地。一方面是法国国家的统一和崛起，另一方面则标志着英国不得不退守到不列颠岛。然而，刚刚从法国的战争泥潭里拔出脚的英国骑士们又不安分起来，势力最为强大的约克家族和兰开斯特家族为了争夺英国最高统治权进行了长达 30 年的封建混战。由于兰开斯特家族和约克家族分别以红白玫瑰为徽章，因而这场战争也被称为"玫瑰战争"（Wars of the Roses，1455—1485）。

玫瑰战争对英国历史发展所产生的影响也是巨大的。一方面，战争使英国屡屡陷于政治危机，两派势力兵戎相见，对英国的经济、文化和社会发展都产生了极其恶劣的影响。另一方面，这场战争也大大推动了英国历史前进的脚步。两大封建集团都在战争中被一扫而净，这些被消灭的封建领地军事贵族，"正是组建民族国家的最大障碍"。对于英国来说，"在玫瑰战争废墟的昏暗上空中，已经露出了现代世界的第一丝曙光"[①]。

1485 年，里士满伯爵埃德蒙·都铎（Edmund Tudor）之子亨利·都铎率领支持者从法国跨过海峡进入英国，在博思沃斯战役（Bosworth Field）中一举击败了约克王朝的理查德三世（Richard Ⅲ，1483—1485 年在位），即位后称亨利七世（Henry Ⅶ，1485—1509 年在位）。亨利七世的母亲玛格丽特·博福特（Margaret Beaufort）的祖父是兰开

---

① 钱乘旦、许洁明：《英国通史》，上海：上海社会科学院出版社，2007 年版，第 15 页。

斯特公爵冈特的约翰(John of Gaunt,1340—1399),他因此继承了一点兰开斯特家族的血统,即位次年,他迎娶了约克家族的国王爱德华四世(Edward Ⅳ,1461—1483 年在位)的女儿,从而彻底消弭战争的根源。亨利七世结束了英国的内战,开创了政治稳定的都铎王朝,从而迈开了创建英吉利民族国家的第一步。亨利七世在位时期励精图治,政治上进一步打击封建贵族,加强中央集权;经济上实行重商主义,鼓励工商业发展;外交上奉行保护国家安全和商业利益的"英国中心主义"(Anglocentric)政策①。经过长期的努力,英国终于从长期战争的阴霾下走出来,人口增长了2倍左右,达400万②,成为一个欣欣向荣的国家。

亨利八世(Henry Ⅷ,1509—1547 年在位)继位后,依靠其父积累的国力开始在国际舞台上展露拳脚。时值欧洲大陆宗教改革思潮风起云涌,民族与宗教矛盾引发剧变,亨利八世一方面努力提升英国在欧洲的国际地位,另一方面与罗马教皇分庭抗礼,拉开了英国宗教改革的序幕,从而迈出了民族国家创建的第二步。随着独立的英吉利民族教会的建立和绝对君主制的日益加强,英吉利民族国家初具雏形。

这次成功的转型或许是从上帝的一句咒语开始的。在《圣经·利未记》中,上帝说:"人若娶兄弟之妻,这本是污秽之事,……他们二人必无子女。"亨利八世的王后阿拉贡的凯瑟琳(Catherine of Aragon,1485—1536)本与亨利的哥哥亚瑟王子订有婚约,后因亚瑟早逝,凯瑟琳嫁给了亨利。两人结婚24年,多次生育却只有一个女儿玛丽存活,似乎应验了这个诅咒。盼子心切的亨利八世想要与凯瑟琳离婚,迎娶另一位美貌的年轻侍女——安妮·博琳(Anne Boleyn,1501—1536)。这场离婚案最终成为引发英国宗教改革的导火索。充当仲裁的罗马教皇迫于凯瑟琳的外甥、神圣罗马帝国的皇帝查理五世的压力,拒绝了

---

① John M. Currin, "England's International Relations, 1485-1509", In Susan Doran, Glenn Richardson, eds., *Tudor England and Its Neighbors*, Palgrave Macmillan, 2005, p. 15.

② Roger Lockyer, *Tudor and Stuart Britain* 1471-1714, Longman, 1964, p. 132.

亨利八世的离婚请求①。恼羞成怒的亨利八世撇开教皇废黜了凯瑟琳。为了给自己的行为提供合法性，他宣布与罗马天主教彻底决裂，他自己担任英国教会的最高领袖和绝对权威，并在全国发动了宗教改革运动。罗马教皇的势力被清除出英国，标志着英国二元政治结构被绝对君主制取代，国王成为英吉利民族的代表和国家的至尊领袖。

亨利八世

亨利八世废黜了一个王后，便喜新厌旧地更换了六任。不过这个在私生活中不如意的国王似乎命定不能拥有一个像他本人一样健康强大的男性继承人。第三任妻子简·西摩（Jane Seymour，1508—1537）生下了爱德华王子，而这位唯一的男性继承人自小体弱多病。亨利死后，他还没来得及亲政就一命呜呼了。亨利可能做梦也没有想到，他那波及全国甚至是全欧的婚姻产生的后果并非随他一起埋葬，他留下了两个极富传奇色彩的女儿。

亨利八世这一双女儿的母亲正是离婚案的两位主要当事人——凯瑟琳和安妮·博琳。这对情敌的身上刻写着鲜明而完全不同的背景和标志。凯瑟琳与亨利是父母之命、媒妁之言，是位虔诚的天主教徒，她性格温和保守，代表着传统；安妮·博琳与亨利是自由恋爱，她活泼开朗、年轻漂亮，深受新教的强烈影响。安妮用自己的美色与隆起的肚子征服了亨利，而凯瑟琳来自古老的、亨利极其厌恶的西班牙王室，而且，她那欧洲最有权势的外甥——神圣罗马帝国皇帝查理五世正对整个欧洲颐指气使，包括英国。两位分别代表着新、旧时代的女性最终以安妮·博琳的胜出终结。两人之间的斗争延续到各自的女儿

---

① 凯瑟琳出身显赫，她的父母是著名的西班牙双王伊莎贝拉女王和斐迪南国王，查理五世的母亲"疯女"乔安娜（Juana，1479—1555）是她的姐姐。

身上，并且激起了更加汹涌的政治浪潮。

在安妮·博琳做王后的这段时间，凯瑟琳的女儿玛丽丧失了合法性，她从一位集万千宠爱于一身的公主沦为安妮所生的伊丽莎白的侍女。作为一名生在帝王家的女性，玛丽是不幸的。她目睹了自己的母亲被父亲废黜和监禁，直至抑郁而终；在她 37 岁成为女王之前，她甚至没有恋爱过，更没有婚姻，支撑着她活下去的唯一支柱是信仰——虔诚的天主教信仰。从荣到辱、起伏跌宕的人生轨迹使她养成了独特的性格。不幸的是，这种性格在她成为女王后演变为王国的灾难。

伊丽莎白公主的早年生活与玛丽有着几乎相同的轨迹。安妮·博琳并没有生下一位男婴，而是一个女孩。这个打击是致命的，正如 J. E. 尼尔所说："博琳所生的这个女孩，好像是出现了一块乌云，这乌云最后终于把她遮蔽掉。"不久后，她又怀了孕，然而，事情的发展却愈发糟糕。"几乎是一场诅咒，在 1536 年 1 月 29 日，在为凯瑟琳王后举行葬礼的这一天，安妮·博琳腹中的婴儿奇异地流产了。这的确是一个男婴，一个本该可以让她稳坐王后宝座的救星。"①安妮不幸重蹈了凯瑟琳的覆辙。亨利八世厌倦了她，并看上了另一位侍女简·西摩，正像当年他看上作为凯瑟琳王后侍女的安妮一样。不久之后，安妮王后被亨利八世以通奸罪关进伦敦塔。她的罪名非常离奇：她和包括亲哥哥在内的 5 个男人通奸。她是否真的有罪当时就有很大的争论，后世亦无可考。5 月 19 日，这位"绝代王后"被处死。亨利八世还算念了一点旧情，雇佣欧洲最快的剑客用最锋利的剑砍了安妮的头颅，以减轻她的痛苦。在母亲横死之时，伊丽莎白公主只有 2 岁零 8 个月。与玛丽一样，她也丧失了作为公主的合法性，沦为私生女，从高贵的公主沦为平民，并成为亨利八世第三任王后所生的爱德华王子的侍女。在这种起伏的命运中成长，伊丽莎白也锻造了自己的性格，那就是出奇的早慧，据说，6 岁时的她已经庄重得像个 40 岁的中年人。

---

① ［英]J. E. 尼尔：《女王伊丽莎白一世传》，聂文杞译，北京：商务印书馆，1992 年版，第 6 页。

英国没有女人不得继承王位的法律，在爱德华六世因肺病去世后①，依据亨利八世关于继位顺序的遗嘱，玛丽承袭了王位。② 早在 12 世纪，英王亨利一世（Henry Ⅰ，1100—1135 年在位）的唯一女儿玛蒂尔达（Matilda）就差点登上了王位，但是遭到了亨利一世的外甥斯蒂芬（Stephen of Blois）强有力的竞争，双方为此还进行了长达 10 年的战争。虽然没有明确的法律规定，但是人们普遍认为如果女人继承王位，国家必将面临或内忧或外患的危险，因为"她必须结婚，要么是和国内的人结婚，要么是和国外的人结婚。如果是和国内的人结婚，由于她的丈夫的权力会遭到妒忌，国家就有发生内战的危险。如果是和外国人结婚，国家又有并入另一个国家变成一个行省的危险"③。玛丽成为女王后的统治加深了人们的这种观念。

扬眉吐气的玛丽肆无忌惮地运用自己手中的权力。她做的第一件事就是回报在她最痛苦卑微的时候陪伴她的天主教信仰，"把英格兰这艘在大海上漂泊的大船重新舶到教皇的港口"④。1544 年 11 月 30 日，教皇的使节波尔枢机主教接受女王与议会以谦卑的忏悔所做的祈求，"女王无声地抽泣着，议员们互相拥抱、哭泣，口中回答'阿门！阿门！'波尔庄严地宣布赦免这个国家"。她不仅把早已被赶出英国的罗马教会势力重新引入英国，还在全国范围内大肆迫害新教徒，将数

有"血腥玛丽"之称的玛丽一世

---

① 排在玛丽之前的亨利八世的另一个儿子——私生子里奇蒙公爵也已早夭。

② 爱德华六世去世后，一批新教贵族拥护简·格雷为女王，但很快被拥护玛丽的势力推翻，简·格雷被关进伦敦塔，后被玛丽秘密处死。简·格雷在位仅 9 天，史称"九日女王"。

③ ［英］J. E. 尼尔：《女王伊丽莎白一世传》，聂文杞译，第 3~4 页。

④ Alan G. R. Smith, *The Emergence of a Nation State*, New York：Longman，1984，p.78.

百人送上了绞架。法国启蒙思想家伏尔泰这样痛斥当时的宗教迫害："有个怀孕的妇女在烧着的柴堆上生下了孩子。几个公民出于恻隐之心，把孩子从火中救出来了。信天主教的法官又把小孩扔进火堆。听到这样的惨无人道行为，我们究竟相信自己是活在人间，还是活在那些处于备受酷刑煎熬的深渊而拼命把人类推入其中的魔鬼之间？"①

她的婚姻也背离了英国人民的愿望，她嫁给了表兄查理五世的儿子、西班牙的菲利普（Felipe Ⅱ），而菲利普的求婚显然并非出于对年老、矮小、脾气古怪的玛丽的爱慕。英国人民感受到英格兰有沦为西班牙行省的危险。结婚后，菲利普当然并不愿意与玛丽长久生活，很快他就找借口离开了英国。1554 年 9 月，玛丽发现自己停经还伴有晨吐，天真地以为自己怀了孕，宫廷中所有人都不敢打破玛丽天真的幻想，曲意逢迎着女王。但是，事实还是无情地证明了这是一场闹剧。失去生儿育女的希望，又受到丈夫的冷落，玛丽女王很快病倒了。

伊丽莎白公主在姐姐的阴影下艰难地度过了 5 年时间，玛丽女王一直对她颇有疑虑，但是，她的聪慧挽救了她。玛丽登上王位后，复兴天主教的风暴即将来临。由于伊丽莎白的母亲安妮·博琳是新教徒，伊丽莎白的信仰受到玛丽的猜忌，为了避开可能的灾祸，她选择离开宫廷这片是非之地。在离开时，为了表明自己对天主教的信仰，她要了一个小计谋。她在启程走了 10 英里后故意派人到宫廷里找她的姐姐要轿舆，顺便向她的姐姐要一身斗篷式长袍和神父举行弥撒时穿的无袖长袍，这些都是举行天主教宗教仪式需要的衣物。研究伊丽莎白的学者尼尔评价说："这是一个很有特色的计谋！"②

由于伊丽莎白的聪慧及其在宗教上对玛丽的曲意逢迎，她幸运地躲过了玛丽即位初期复兴天主教和迫害新教运动的危机。然而，1554年，她被怀疑参与了怀亚特叛乱③（Wyatt's Rebellion）。玛丽女王对伊

---

① ［法］伏尔泰：《风俗论》中册，梁守锵等译，北京：商务印书馆，2006 年版，第 625 页。

② ［英］J. E. 尼尔：《女王伊丽莎白一世传》，聂文杞译，第 38 页。

③ 玛丽宣布要嫁给西班牙的菲利普后，托马斯·怀亚特爵士（Sir Thomas Wyatt the Younger，1521—1554）发动了叛乱，主张废黜玛丽一世，立伊丽莎白为女王，后遭到玛丽女王的镇压，怀亚特被处死。

丽莎白早有猜忌，西班牙大使雷纳为了让玛丽趁早除掉伊丽莎白，向她禀告了一件真伪难辨的事情。据说在玛丽加冕时，伊丽莎白曾向法国大使抱怨说，她戴的冠太重。法国大使的回答耐人寻味，他说：忍耐一下吧，你很快就会有另外一顶更好的。尽管玛丽对伊丽莎白的忠心非常怀疑，但正如伊丽莎白在窗台上刻下的那句话："对我多所怀疑，无一能够证实"，谨慎聪慧的伊丽莎白没有给玛丽留下任何把柄。但是，她还是被以"莫须有"的罪名在伦敦塔里度过了 2 个月困苦的时光，直到强大的舆论压力迫使玛丽将她释放。

　　玛丽女王在病榻上把伊丽莎白叫到了床前，她已经无力阻止自己的妹妹、仇人的女儿继承自己的王位，她唯一能做的是让伊丽莎白再次保证天主教信仰，虽然她并不相信她会那样做。1558 年 11 月 17 日清晨，她撒手人寰了。一个在英国的西班牙人写道："全国甚至每一个异教徒和每一个叛徒都好像从坟墓里跳出来，带着欢欣鼓舞的心情在寻找（伊丽莎白）。"伊丽莎白"身材较高，体态绰约多姿，再加上举止庄严，使她显得高贵。她的头发是金黄色的，略为偏红。她的橄榄色皮肤很美，眼睛动人，一双手纤细柔美"①。她朝气蓬勃的形象与新教信仰使她赢得了更多的支持。虽然还是一位少女，但早年生涯的跌宕起伏已使她成长为一位成熟的政治家。她懂得适度的隐忍，懂得如何正确使用手中的权力，并知道如何保住权力。

　　伊丽莎白统治最大的秘诀是她把自己视为初生的英吉利民族的代表和象征。与她的先辈一样，她深知"权力的基础是民族，没有民族做后盾，王朝就没有立身之处"②。她也在各种场合拉近自己与人民的距离。一位编年史家写道："如果说曾有人具有一种天赋和风采能赢得民心的话，这人就是伊丽莎白女王。她把温和与尊严结合在一起，庄严地俯身向最卑微的臣民致意。她的所有官能都在活动，而一举一动都似乎受到思想感情很好的支配：她的眼睛望着一个臣民，她的耳朵在倾听另一个臣民的声音，她心里又在对第三个人的意见作出判断，而

---

　　① ［英］J. E. 尼尔：《女王伊丽莎白一世传》，聂文杞译，第 31 页。
　　② 钱乘旦、许洁明：《英国通史》，第 15 页。

她却正在和第四个人交谈；她的精神似乎无所不在，但又都像是全神贯注，并未分心似的。她对有的人表示同情，对有的人加以称赞，对有的人表示感谢，而对另一些人却诙谐机智地予以戏谑嘲弄。她不责备任何人，她不忽略任何礼仪，她故意向众人微笑，展示自己的优雅仪态……"①她还曾当众郑重地说：使她获得王位的不是菲利普，也不是英国的贵族们，而是她的臣民。连西班牙大使菲利亚也对此持肯定态度，他在给西班牙国王的信中写道："她非常热爱她的臣民，她坚信臣民都站在她的一边，这的确是真的。"②在她对臣民的柔情攻势下，她很快巩固了自己的地位，也正是她这种将自己置于人民之中的态度与感情使她一再赢得人民的尊重和爱戴。

伊丽莎白一世女王

从亨利七世到伊丽莎白一世，英国完成了内部的统一，并获得了外部的主权，从一个分裂的封建王朝转变成一个强大的现代民族国家，进而把英国推进到可以发动现代化的起点上③。拥有民族国家这一载体，英国很快把目光投向深蓝色的大海，参与开辟新航路的伟大事业，拉开了属于英国的海洋时代。

---

① ［英］J. E. 尼尔：《女王伊丽莎白一世传》，聂文杞译，第 62 页。
② ［英］J. E. 尼尔：《女王伊丽莎白一世传》，聂文杞译，第 57～58 页。
③ 钱乘旦、许洁明：《英国通史》，第 125 页。

三、蓝色诱惑：角逐大西洋

英国独特的地理位置决定了海外扩张是其国家未来发展的必然选择。不过，在伊比利亚人推动近代世界海洋文明兴起之前，英国的主要对外扩张对象是英吉利海峡对岸的法国。直至百年战争结束后，英国才开始真正退出在欧洲大陆的扩张，退居到不列颠岛。然而，英国人是典型的海洋民族，民族的本性使其不可能甘于蜷缩在海岛上，那么，英国的未来在哪里呢？伊丽莎白时代的探险家、诗人和政治家沃尔特·雷利（Sir Walter Raleigh，1552—1618）给英国人指出了未来的方向："谁控制了海洋，谁就控制了贸易；谁控制了世界贸易，谁就控制了世界财富，控制了世界财富也就控制了世界本身。"

民族国家建立后，英国开始把目光投向环抱不列颠岛的大海，一场挑战旧的大西洋政治和军事格局的战斗拉开了序幕。16世纪的西班牙是无可争议的欧洲强国、大西洋上的霸主，英国对其抱有一种既羡慕又怨恨的心理①。从国力来说，它拥有世界上最广袤的海外殖民地，占据着新大陆的垄断权，源源不断的财富穿过大西洋被运往西班牙。从军事上说，西班牙庞大的舰队巡弋在大西洋上，掌控着大西洋的制海权。而在欧洲大陆，哈布斯堡王朝垄断着神圣罗马帝国的皇冠，其领地从德国到尼德兰，从意大利到西班牙，遍及欧洲。此外，从美洲运来的一船船黄金、白银为这个强大的欧洲帝国提供源源不断的财源，巩固着它的霸权。从宗教上说，西班牙是一个狂热的天主教国家。在与摩尔人的斗争中，西班牙人始终把天主教作为战斗的旗帜和精神源泉，国家统一后，捍卫天主教事业仍然是其不变的宗旨。新教主义从德国兴起后，西班牙立即义无反顾地踏上了反宗教改革的道路。菲利普二世统治时期，西班牙人对"宗教的狂热激情比在对抗土耳其人的十

---

① W. D. Hussey, *The British Empire and Commonwealth*, Cambridge：Cambridge University Press, 1963, p. 2.

字军东征中更加高涨"①。

相对于西班牙，16 世纪的英国还是封闭在孤岛上的弱国。卡伯特虽然为英国开通了北美航路，但英国人却没有在北美立足；霍金斯家族和德雷克的船队虽然活跃在非洲和美洲沿岸，但他们却只能挂着海盗旗，不敢公然挑战西班牙的利益，更不敢在新大陆驻足。英国加入新教阵营后，西班牙随即针对英国进行政治和经济上的封锁。在大西洋上，西班牙垄断大西洋贸易，禁止英国人在大西洋和美洲从事任何商业活动。在欧洲大陆上，西班牙凭借其庞大的领地和来自美洲的财富，处处打击新教势力，拉拢天主教国家，阻止英国势力的扩展。西班牙的目的就是要把英国封锁在孤岛之上。此外，菲利普二世还

野心勃勃的菲利普二世

寻找时机直接干涉英国内政，企图支持英国国内的天主教势力复辟，把英国拉回天主教阵营。

那么，对于英国来说，如何在强权当道的海洋时代里得到自己的那份利益呢？挑战西班牙主导的旧的国际秩序几乎是必然的选择。然而，挑战旧的国际秩序，就意味着让它的维系者——霸权国家让步，在那个以弱肉强食的自然法则为基本原则的时代，武力似乎是最快捷的选项。但是，问题在于，16 世纪的英国尚不具备挑战霸权国家西班牙的实力。因而，在力量积蓄完成之前的伊丽莎白统治初期，英国争取海洋利益的主要手段是海盗行动。直到伊丽莎白统治中后期，英国人完成了力量的凝聚与储蓄，而备受英国海盗之苦的西班牙也决心教训一下英国人，在这种情况下，两国之间角逐大西洋的战争似乎不可

---

① ［法］费尔南·布罗代尔：《菲利普二世时代的地中海和地中海世界》第 2 卷，吴模信译，北京：商务印书馆，1996 年版，第 31 页。

避免。

英国人拥有自身独特的优势。就海军本身来讲，虽然难以匹敌西班牙的庞大舰队，但是英国人除了霍华德勋爵（Howard of Effingham，1536—1624）指挥的34艘皇家军舰，还有上百艘的武装商船助战。最重要的是，英国拥有战术上的绝对优势。被誉为"英国海军之父"亨利八世率先对战舰进行了革命性的改进，即在战舰上安装射程较远的舷侧炮，这种军舰成为日后舷侧风帆战舰的雏形。[①]这种转变使海军可以进行一种新型战争，这种新型的战争是由战舰的航行能力和战舰上的重炮的射程所决定的。相比之下，此时的西班牙虽然拥有了一支规模庞大的舰队，但在1580年获得葡萄牙海军以前，它一直没有适于远洋奔袭的舰只。西班牙人惯用帆船式战舰的海战传统——接舷战，即主要是用铁锚抓住敌舰，然后强行登舰，和敌人进行一场海上的陆地战斗。这种战斗方式也决定了西班牙战舰的笨重设计及船上载满陆军士兵的模式。[②]一旦开战，在英国舰队的火炮之下，这些手提大刀、长剑的步兵除了呐喊助威，并没有实质作用。就舰队阵形来说，西班牙舰队采用横向阵形，目标太大，而且不便于发挥舷炮的威力，只能让舰首一只孤炮开火。而英国人采用纵向阵形，可以直接插入截断西班牙舰队，并且充分发挥了两舷众多火炮的威力。此外，就作战时机来看，西班牙舰队并非奔着与英国海军决战的目的而去，而是为了接应英吉利海峡对岸的西班牙陆军，因而，其舰队必须沿英吉利海峡北上，把上风优势白白让给了英国舰队，使英军秘密武器——火攻快船得以充分发挥作用。

就将领方面来说，1577年，传奇海盗头目约翰·霍金斯（John Howkins，1532—1595）被任命为海军财务总管，他大力革除海军的腐败现象，将新式海战思维传播到海军之中。西班牙最畏惧的"海上魔

---

① 胡杰：《海洋战略与不列颠帝国的兴衰》，北京：社会科学文献出版社，2012年版，第46~48页。

② ［英］J. E. 尼尔：《女王伊丽莎白一世传》，聂文杞译，第317页。

王"德雷克也获得了伊丽莎白女王的重用，他被任命为皇家舰队的前锋。德雷克的战略是"以攻为守"，在战争开始前一年，他就对西班牙发起了突袭。

1587年4月，德雷克率领一小队精选的舰船出发了。他们在西班牙的各个港口搜寻西班牙商船队和舰队，一方面希望阻遏西班牙舰队向里斯本聚集，因为无敌舰队要从这里出发；另一方面，尽可能地阻断西班牙人赖以支持其军事的财路。德雷克倚仗其舰队的轻巧灵便，无视西班牙人的要塞和大量战舰，直接冲入加的斯港，德雷克站在船头，宣称要"烧掉西班牙国王的胡须"。他指挥船上的远程大炮轰击西班牙船，击沉和烧毁了数千吨西班牙船舶和大批货物，而笨重的西班牙舰队竟无可奈何，眼睁睁地看着德雷克胡作非为后迅速逃跑。这一战给西班牙造成了巨大的损失，使其财政空前吃紧，大大延缓了进攻英国的时间。袭击加的斯港后，德雷克又占领了圣维森特角，以此为基地，他不时地出没于葡萄牙和西班牙海岸各处，袭击西班牙的舰队。有一点颇令人遗憾，德雷克将亨利王子建立的海外探险基地——圣维森特角的王子镇彻底毁坏了。在西班牙舰队准备给德雷克致命一击时，德雷克又转而去袭击西班牙商船队，他在亚速尔群岛的海面上俘获了一艘满载价值11.4万镑货物的商船。

德雷克的舰队神出鬼没，给西班牙造成了极大的困扰，完全打乱了敌人的计划。甚至当他把战利品带回普利茅斯港时，西班牙舰队的司令还在广阔的大西洋上搜寻德雷克，以为他还在四处出击。J. E. 尼尔评价说："德雷克进行的这次海战可以作为一支小小的、指挥得很好的舰队……能够使处于动员状态的一支巨大海军力量瘫痪的一个最好的例证。"[①]

1588年，西班牙的"无敌舰队"还是组建完毕了。西班牙海军共计130艘舰船，载着19000人的作战部队。此外，在英吉利海峡对岸还

---

① ［英］J. E. 尼尔：《女王伊丽莎白一世传》，聂文杞译，第319页。

有一支 27000 人组成的远征军集结待命，由久经沙场的老将帕尔玛公爵（Duke of Parma）率领，准备乘西班牙舰队直接登陆英国作战。1086年威廉征服之后，时隔 500 年，英国再次面临来自欧洲大陆的入侵，而且这次的对手可不是几千名诺曼底骑士，而是上百艘全副武装的西班牙战舰和数万名装备齐全、征战多年的西班牙部队。

这次战争对于大西洋的命运是决定性的。正如法国著名史家布罗代尔所说："这场战争的结果将决定大西洋归属宗教改革派还是归属西班牙人，归属北欧人还是归属伊比利亚人。"[①]在这一关键的时刻，伊丽莎白女王表现出一位伟大君王的气节。她骑在一匹高大的战马上，一身戎装，手里拿着权杖，检阅她的陆军部队，并发表了慷慨激昂的演说。她鼓励将士们说："我在目前这个时候来到你们中间，……决心在战斗紧急的时刻，和你们全体共存亡；为了上帝，为了我的王国，为了我的臣民，贡献我的荣誉和热血，甚至我的生命。我知道，我只有一个纤弱女人的躯体，但是我有一个君王的胸怀和意愿，一个'英国'君主的胸怀和意愿。"[②]在女王的旗帜下，英国人的众志成城为他们赢得战争的最终胜利起到了关键作用。

西班牙的战略是以陆军为主，"无敌舰队"奉命前往英吉利海峡对岸与帕尔玛公爵率领的军队会合，然后一道在英国登陆作战。英国舰队的任务就是要阻止西班牙舰队和帕尔玛公爵会合，不让西班牙人建立作战基地。7 月 21 日，英西两国的舰队在英吉利海峡北端相遇，"无敌舰队"无心恋战，英国舰队则穷追不舍。由于航速较快，舰炮射程远，"无敌舰队"被严重削弱。27 日傍晚，西班牙舰队到达加莱海面停泊休整，本以为可以松一口气，但是，仅仅一天后，德雷克指挥的火攻船"地狱燃烧者"就乘夜袭来。一千多年前，中国人在赤壁上演的那一幕在地球的另一端也上演了。排列整齐，威武雄壮的"无敌舰队"

---

① ［法］费尔南·布罗代尔：《菲利普二世时代的地中海和地中海世界》第 2 卷，吴模信译，第 32 页。

② ［英］J. E. 尼尔：《女王伊丽莎白一世传》，聂文杞译，第 323 页。

却在穿梭往返的英国小船和火攻船面前败下阵来。英吉利海峡一片火光之后，不可一世的"无敌舰队"仓皇逃窜。英国舰队一面追击，一面继续炮击。至次日凌晨，无法摆脱追击袭扰的西班牙舰队只得应战，但是显然他们无法像在勒班陀海战①中对付土耳其人那样取得辉煌的胜利，因为时代已经变了。他们在付出巨大伤亡后，彻底失去和帕尔玛公爵会合的希望，期间大约15艘战舰被英军俘获。残余舰只被迫顺风向北逃遁，企图绕过苏格兰北部和爱尔兰西部逃回西班牙。然而，风暴再次给西班牙人带来灾难，最终逃回西班牙的舰只不足来时的一半，而且多半受损严重。

英国在大西洋海战中的胜利可以说是英国历史上最为辉煌的时刻，或许只有第二次世界大战期间英国独撑战局的时刻才可比拟。② 当然，这场战役的影响并非仅仅战场上的输赢，而是根本性地撼动了16世纪的国际政治格局，英国一跃成为欧洲一流强国，而西班牙从强盛的顶峰开始走下坡路。此外，此役还标志着英国在挑战西班牙对海外权益垄断方面，开始从遮遮掩掩走向公开化，英国争夺海上霸权的时代拉开帷幕。

第二节　北方航路的探察

民族国家的崛起是英国海外扩张的不竭动力。这个时代诞生了许多出色的探险家，他们离开不列颠海岸，第一次不是把船驶向英吉利海峡对面的欧洲大陆，而是拨转船头朝向未知的大海前进。他们怀揣

---

① 1571年，由西班牙人领导的欧洲基督教国家的"神圣同盟"与奥斯曼土耳其帝国在希腊勒班陀附近海域里进行的一次海战，经过激战，奥斯曼帝国战败。战后，帆船舰队逐渐取代排桨战船成为海战的主力。

② 第二次世界大战中，法国沦陷后，不列颠战役打响，英国独自支撑危局，对抗强大的德国及其属从国。1940年6月18日，丘吉尔在下院发表讲话说："法兰西之战已经结束。不列颠之战要开始了……因此，让我们勇敢地来承担起我们的责任，而且我们应当鞠躬尽瘁，死而后已。英帝国就是存在一千年之后，人们还能说：这是他们最光辉的时刻。"

着葡萄牙人和西班牙人在 15 世纪同样的东方梦想启航了。一批接一批的探险队寻找着通往东方的海峡。卡伯特向北探寻，为英国人发现了北美大陆；德雷克向南航行，发现了德雷克海峡，并完成了麦哲伦也未完成的环球事业；哈得孙和弗罗比歇在北美寻找西北航路，为英国人探察了加拿大北部的河湾、海峡；威洛比和钱瑟勒寻找东北航路，为英国人开辟了北方航线。

一、卡伯特父子发现北美

英国的海外扩张始于对西北航路的探险。早在 15 世纪，布里斯托尔(Bristol)的商人就不断派出船队在大西洋上航行，寻找不列颠以外未知的岛屿和新大陆。卡伯特父子成为英国海外探险扩张事业的启明星。

1497 年，来自威尼斯的航海家约翰·卡伯特(John Cabot，1450—1499)怀揣着哥伦布一样的梦想和探险计划来到英国。他把自己的探险计划呈交给英王亨利七世。在计划书里，他向亨利七世建议，由他穿越大西洋探寻从西北到达亚洲的航路。此时，哥伦布到达新大陆已有数年，欧洲各国早已耳闻，只是苦于各国内政堪忧，无暇西顾，而此时的英国在亨利七世治下已经安享了十年的太平光景。雄才大略的君主亨利七世也想要参与到与东方的贸易之中，而英国的地理位置使其更适于向西航行，直达东方。亨利七世颁发给卡伯特皇家特许状，授权他"以充分自由的权力航行至东海、西海、北海的所有海域和海岸，去寻找、发现和考察位于世界任何部分的、迄今为基督教世界所不知的、异教徒和不信神者所居住的海岛、陆地、国家和地区"，亨利七世希望他能在英国的旗帜下"给他的王国或至少给他所喜爱的布里斯托尔商人带来利益"①。

卡伯特出生在热那亚，与哥伦布是同乡，他在 11 岁时随父母搬迁到威尼斯，加入了威尼斯国籍。卡伯特的父亲经营着当时最有利可图

---

① G. E. Weare, *Cabot's Discovery of North America*, London: John Macqueen, 1897, p. 107.

的香料贸易，开办了一家香料工场。由于父亲经常外出经商，见识非凡，从父亲的口中，卡伯特了解到外部世界的广阔，从小就萌生了探险世界的想法。16 岁时，他进行了一次远足，跟随商队来到阿拉伯人的圣地——麦加，在阿拉伯世界的游历，大大增长了他的视野。这段时间里，他还首次阅读了《马可·波罗游记》，对其中的描述心驰神往，立下了一定要前往东方探险的誓言。

回到威尼斯后，他潜心学习航海知识，并掌握了制图技能，成为一名优秀的水手。1484 年，他带着自己的妻子和 3 个儿子前往西班牙，担任西班牙港口建设的顾问。此时的西班牙已经完成了初步统一，伊莎贝拉女王与斐迪南国王正全力进攻南部的格拉纳达王国。国内百业待兴，特别是航海方面，亟待追赶邻国葡萄牙。1492 年，哥伦布在王室的支持下向西航行，到达了"东方"。

此后数年，卡伯特逐渐形成自己的探险构思。卡伯特对哥伦布的发现深表怀疑。他从哥伦布带回来的赤身露体的"印度人"身上没有看到富庶文明的东方痕迹。他认为哥伦布发现的只是中国大陆南部一些荒蛮的小岛。于是他提出了新的探险计划，即沿着更高的纬度前行，他还提出如果"地球是球体"的假设正确，那么纬度越高，到达东方的航程越短。他的具体航向是首先向北，到达高纬度后转向西行，这样可以更快地到达中国。从实际情况来看，卡伯特对中国所处纬度的假定是正确的，只是他与哥伦布一样，完全没有想到在欧洲与亚洲之间的广袤大洋上，还横亘着一片大陆。

卡伯特的计划与当时堆积成山的众多探险计划一样被呈递给西班牙王室后石沉大海。没有等到任何音讯的卡伯特又把计划书呈递给葡萄牙王室，然而，此时的葡萄牙已经发现好望角，绕过了非洲，到达印度指日可待，无意再多费周折，向西探险。于是，失望的卡伯特只得退而求其次，把目光投向北方刚刚完成国家统一的英国。

1494 年，他迁居英国布里斯托尔，这里是远洋商人的乐园，英国海洋贸易最发达的地方。此时的英国国王亨利七世完成了国家统一与稳定的大业，开始鼓励海外贸易，积极关注海外探险事业，对葡萄牙和西班牙的成就非常羡慕。他对西葡两国瓜分世界的《托尔德西拉斯条约》特别不满，但迫于国力衰弱，又无航海良将，正处于隐忍时期。卡伯特的到来给亨利七世带来了希望。

在得到国王的支持后，卡伯特于1497年在布里斯托尔商人的资助下组建了一支探险队。卡伯特的行动被西班牙驻英国大使得知，他立即给自己的主子写了一封信，说："一个像哥伦布那样的人向英国国王提议要进行通往印度的航行。"西班牙国王向亨利七世提出了严正抗议，声称此举严重损坏了西班牙的利益。亨利七世对此敷衍了事，坚决支持卡伯特的探险。

1497年5月20日，约翰·卡伯特带着他的次子塞巴斯蒂安·卡伯特(Sebastian Cabot，1476—1557)及18名船员乘坐"马修号"探险船从布里斯托尔启航。按照预定计划，他们首先向北行驶，到达北纬52度后转向西行。经过一个多月的航行，他们发现了陆地，这是北美海岸附近的巨大岛屿。卡伯特将此处取名"纽芬兰"(Newfoundland)意为"新发现的陆地"。他们在此登陆后，企图找到中国的城市，不过，他们除了看到几条人工纺织的绳子和被砍过的树干外，并没有找到这里的居民。不过，他们还是在纽芬兰做了详细的考察，绘制了地图。在返航途中，他们看到了大群的鲱鱼和鳕鱼，多到可以"踏着水中鱼群的脊背上岸"，他们当时尚且不知，这是世界上最大的渔场之一。

回到国内，他立即将自己的发现报告给亨利七世，并将渔场的消息广而告之。他说："我到达了大汗的王国(中国)，并且为你们找到了一个渔场，这里的鳕鱼多得不需用渔网，只要在篮子里放块石头沉到水中再提上来，篮子里就装满了鱼。"

他的发现令英国人非常振奋，据时人记载："卡伯特满载荣誉而归，被人们封为伟大的司令，他身着绸缎，英国人发疯似的跟他跑……"一向小气的亨利七世也掏出10英镑作为奖赏，并允诺给卡伯特20镑的年金。

　　对于卡伯特的第二次探险，英国人
慷慨许多。他们组建了一只由 5 艘船组
成的船队，雇用了 200 名水手。亨利七
世郑重地颁发给他新的特许状，让他去
推进对中国的探险，为英国谋得利益。
卡伯特率领船队于 1498 年 5 月出发。
这次探险没有留下任何可靠的记录，卡
伯特的生死也成为历史之谜[①]。据后来
的历史学家推测，他们可能最远到达了
格陵兰岛，然后转向西行，到达了巴芬
岛，之后转向南行，在拉布拉多半岛做
了考察。此后，他们可能还到达过圣劳
伦斯湾。他们与北美印第安人历史性地

卡伯特父子

会了面，然而，卡伯特看到的印第安人比之哥伦布带回西班牙的印第
安人在文明程度上相差无几，他们都还没有进入文明世界，更谈不上
建立马可·波罗笔下那样富庶的城市了。他的儿子塞巴斯蒂安·卡伯
特在回到英国时掌握着船队的指挥权。

　　卡伯特虽然没有完成预定使命，但他的贡献却是极为重要的。首
先，他为英国人发现了北美大陆，揭开了北美洲的神秘面纱，并为后
来英国人在北美的殖民探险拉开了序幕；其次，他为英国人发现了纽
芬兰渔场，这里成为后来英国商人和渔民的乐园，这个渔场产出的鱼
类，在饥荒年代，曾经养活了半个欧洲的人口。

　　塞巴斯蒂安·卡伯特继承了父亲的航海事业。1504 年，他曾组建
新的探险队第三次前往北美，带回了 40 吨腌制的咸鱼和 70 吨重的鳕
鱼肝脏。1508 年，塞巴斯蒂安在亨利七世的支持下，第四次向西北大
西洋探险。当时维斯普奇已经提出了"新大陆"的看法，塞巴斯蒂安也
确信这点，因而这次远征，他的目的很可能是希望找到能够穿过新大

---

　　① 　张箭：《地理大发现研究：15—17 世纪》，第 145 页。

陆的海峡，打通西北航路前往东方。目前流传下来的史料不足以清晰
展示这次探险的旅程。据推测，他们可能发现了哈得孙海峡，并将哈
得孙湾误以为新大陆与亚洲之间的大洋。最终，寒冷的气候和危险的
冰山阻止了他们进一步探险的脚步。

　　亨利七世死后，继位的亨利八世被自己的婚姻问题搞得焦头烂额，
后来又忙于欧洲事务和宗教改革，无暇顾及海外探险。塞巴斯蒂安转
而回到他父亲曾经供职过的西班牙航海界，据说，他还曾担任过西班
牙的大航海长。1525 年，他曾随西班牙探险队前往南美大陆探险。他
重新进入英国人的视野中是 1547 年，此时，他已经步入晚年。但在他
人生的最后几年里，对英国海外探险的帮助却是极为关键的。他帮助
英国组建了著名的"商人企业家协会"，即莫斯科公司的前身，该组织
致力于对北方航路的探察，他本人在其中担任主要职务。

二、探索西北航路的努力

　　卡伯特父子未竟的事业激励着不懈的英国人继续努力。伊丽莎白
时代著名的探险家吉尔伯特（Humphrey Gilbert，1539—1583）曾撰写
过一篇题为《试论通过西北航线到达中国和东印度的通道》（*Discourse
to Prove a Passage by the North—West to Cathay and the East Indies*）
的小册子，在英国各阶层间广为流传。1576 年，他又发表了一篇名为
《论从西北航线到达中国的通道》（*Discourse of a Discovery for a New
Passage to Cathay*）的文章。吉尔伯特大力鼓吹向西北探索的主张，他
深信只要发现西北航路就可以用更短的时间到达东方。[①]

　　1578 年，女王授予吉尔伯特"去发现、探测、寻找和考察那些遥
远的、异教的、蛮荒的并且未被任何其他基督教君主或人民占有的土
地、国家和领地……"[②]当年，他带领一批殖民者前往佛罗里达的方

[①]　W. D. Hussey, *The British Empire and Commonwealth*, Cambridge: Cambridge University Press, 1963, p. 4.

[②]　M. C. Fuller, *Voyages in Print: English Travel to America* 1576-1624, Cambridge: Cambridge University Press, 1995, p. 16.

向，但"可怜的吉尔伯特和他所乘的已经渗漏的曲柄老船在风暴中被迫返航"[①]。1583 年，他又组织新的探险队航向更北的海域，在纽芬兰登陆，经过考察，他认为这里是适宜的定居点，可以作为向东方航行的中转站。他本来想要继续开展他的计划，可惜他在回国的途中不幸葬身大海。

另一位探寻西北航路的航海家马丁·弗罗比歇（Martin Frobisher，1535—1594)取得了重要的发现成果。弗罗比歇曾是著名的大西洋海盗，长年在非洲和美洲之间进行奴隶贸易。长年的海盗生涯练就了一身航海本领。1576 年 6 月，他得到政府和商人的支持，带领 3 艘小型多桅小帆船(排水量在 20～25 吨之间)绕过苏格兰开始了发现之旅。7月 11 日，他们来到格陵兰岛南端海域，冰冷的海面开始掀起风浪。其中一艘小船不幸失事，船员全部遇难。另一艘小船见状退出了探险，仓皇回国。弗罗比歇驾驶着旗舰没有畏首不前，他们在北纬 63 度的北美海岸发现了一个深深的海湾，弗罗比歇大喜过望，将之命名为弗罗比歇海峡。沿着这条"海峡"，他又向西北方前进了超过 50 多海里。在岸边，弗罗比歇找到了一种亮闪闪的黑色石块，认为它们是金矿石。他们还第一次看到了爱斯基摩人，不过弗罗比歇从他们黄色的皮肤和扁平的鼻子错误地判断他们是鞑靼人。他派 5 名船员上岸与土著人进行易物贸易，但是这些上岸的船员再也没有回来，去向不明。等了许多天，弗罗比歇被迫下令返航，并劫持一名"鞑靼人"随船带回。

弗罗比歇成功找到通往亚洲的西北通道并带回金矿石的消息鼓舞了英国人。很快，伦敦商人成立了一个"中国公司"，连伊丽莎白女王也入了伙。一艘由 140 人组成的更大的船队于次年离开英国向西北驶去。7月中旬，他们到达巴芬岛东南半岛附近，或许是他们对金子的贪欲作祟，他们并没有进行探险，也没有再去"海峡"，而是装满了岸上的"黑色金子"后返航了。国内的专家肯定了这些黑色矿石确实含有黄金，这激起国内商人蜂拥而至。

---

① D. B. Quinn & A. N. Ryan, *England's Sea Empire* 1550-1642, London：George Allen & Unwin，1983，p.41.

1578 年，一支由 15 艘各种船只组成的庞大舰队离开英国海岸向北进发。他们的任务是要在弗罗比歇海峡建立一个要塞，以防止其他国家染指，同时继续沿海峡航行直达中国。当年 6 月，船队到达"海峡"处后，遭遇了暴风雪。一艘船在风暴中与冰山相撞沉没。船队随风向南飘流到拉布拉多半岛北部的昂加瓦湾，看到了哈得孙海峡，沿着这条海峡，船队一直前进了 200 英里。弗罗比歇相信这是另一条可以前往亚洲的海峡。回航后，船队向东北方向航行，到达了弗罗比歇湾。与上次航行一样，船队在满载黑色矿石后返航。不过，风暴把他们吹散，但是全都安然无恙，最终逐个回到英国海港。

一船船的黑色矿石被运回英国，而一则不幸的消息使弗罗比歇刚刚从女王那里得来的"在中国发现的一切海洋、陆地、岛屿和地区的元帅"的称号黯然失色。原来这些黑色的"金矿石"被投入冶炼炉后并没有提炼出一丁点儿的黄金。成立不久的"中国公司"应声倒闭。弗罗比歇发现的"海峡"也很快被发现只是一个海湾而已。失望的弗罗比歇在人们鄙夷的目光中重新回到他的老本行——海盗。

尽管并没有找到通往东方的西北通道，但马丁·弗罗比歇的发现也是值得称颂的。由于他的探险，加拿大北部地带开始清晰地显现在欧洲人面前。巴芬岛、弗罗比歇湾、哈得孙海峡以及拉布拉多半岛、爱斯基摩人，这些对于欧洲人陌生的地方和居民在历史上第一次进入文明世界的视野之内。可以说，这些发现使欧洲人认识新大陆的进程，甚至是人类对于世界的认识大大地向前迈了一步。

德文郡达特茅斯港的航海家约翰·戴维斯（John Davis，1550—1605）继承了弗罗比歇的志愿。他于 1585 年得到女王的首席秘书沃尔辛厄姆（Francis Walsingham，1532？—1590）的支持，组建了一支由 2 艘排水量在 35～50 吨之间的小船组成的探险队，继续前往美洲探寻西北航路。第一次航行就有了重要的发现。他们在 7 月下旬到达格陵兰岛附近，与爱斯基摩人进行了易物贸易。离开格陵兰岛，他们向西北前进约 600 千米，发现了戴维斯海峡（Davis Strait），进入了北极圈，到达巴芬岛东岸。沿着海岸，他们进入坎伯兰湾（Cumberland Bay），进湾后向西北方向前进了近 200 千米，依然没有到达尽头，于是戴维斯断定这便是西北通道的海峡。

1586 年，戴维斯带领 4 艘船重新回到戴维斯海峡海域。其中 2 艘船不堪严寒与冰山返航了。戴维斯则继续北上，第二次进入北极圈来到巴芬岛东岸。随后，他们沿着海岸南下，到达拉布拉多半岛东部海岸，随后发现加弥尔顿湾。此后，船队返航，并带回大量鳕鱼和 500 张海豹皮。这些货物带来了丰厚的利润。

由于在寻找西北航路的过程中，人们渐渐发现，北美地区本身所蕴藏的商业价值也值得开发，于是，寻找西北航路与殖民开发开始成为一件不可分割的事。1587 年，戴维斯带领 3 艘船再次来到格陵兰岛西南岸，其中 2 艘大船进行海豹捕猎，而他自己率领 1 艘轻快小船航向西北，继续寻找西北通道。戴维斯航行达 700 多英里，深入了巴芬湾，到达北纬 73 度。越来越冷的天气和越来越多的浮冰挡住了他们的去路。他们只得转向西南，进入坎伯兰湾，2 天后，他们看到的不是浩瀚的太平洋，而是海湾的尽头——陆地。失望的戴维斯随后继续探察了拉布拉多半岛海岸。9 月中旬，船队返回英国。

戴维斯的三次航行都进入了北极圈内，最北到达北纬 73 度，这是人类迄他为止到达的最北端。他发现了戴维斯海峡、坎伯兰湾等，又对格陵兰岛、巴芬岛和拉布拉多半岛做了更为详细全面的考察，使欧洲人对北美北部一带的认识更为清晰。此外，值得一提的是，戴维斯还发明了测量纬度非常精确的"竿式投影仪"（Pole Projectors），这种仪器直到两个世纪之后仍为航海家广泛使用。戴维斯此后的人生轨迹也值得一提，他参加了阻击西班牙"无敌舰队"的海战。1592 年，他最先发现了福克兰群岛（the Falkland Islands）。1605 年，他有幸到达一直梦想的东方，却又不幸地被日本海盗所杀。

西北航路的探索事业中取得成就最大的是亨利·哈得孙（Henry Hudson）。哈得孙于 1550 年出生在一个航海世家，从小对航海有着深厚的兴趣，青年时代他就拥有了自己的船只，一直梦想可以驾船远洋航行，实现到达东方的夙愿。然而，直到他年近花甲才等来自己的人生转折点。1607 年，莫斯科公司的几名商人找到他。莫斯科公司是东北航路开辟的支持者和受益者。然而，东北航路并没有直达东方。于是，莫斯科公司又把目光投向了西北航路。他们与哈得孙签订了合同，派他去发现通往印度的西北航路。

在哈得孙之前，英国人已经在寻找西北航路的道路上前进了超过一个世纪，成功仍然遥不可及，哈得孙提出了一个全新的计划，即放弃向西航行的传统路线，改为径直往北，直达北极后再南下直趋亚洲。这个大胆的想法，虽然在理论上是可行的，但是在实际上却有着一个巨大的问题，那就是北极的酷寒。当时的人们虽然没有完善的地理知识，但航海的常识告诉他们，越靠近地球的两极，则越寒冷。但是，哈得孙却有着不同的见解。他认为，以距离太阳的远近来说，地球的北极与赤道好比一座山的山谷和山顶。在日常生活中，我们了解，山谷往往比距离太阳更近的山顶更为温暖，因而，哈得孙认为北极并非寒冷之地，只要穿过高纬度的一小段冰海，就能到达北极点附近的温暖海洋，然后就可以直达地球另一端的亚洲。莫斯科公司的商人们对这一想法并无异议，他们愿意支持这一计划，因为他们相信，伟大的发现都是在看似不可行的计划中实现的，就像哥伦布那样。哈得孙的见解当然并不科学，这也决定了哈得孙的探险将充满荆棘。

1607 年 5 月 1 日，哈得孙带领 12 名船员乘坐一艘排水量约 80 吨的"好望号"帆船从布里斯托尔启航。他一路北上，很快到达了北纬 67 度的格陵兰岛东南海岸，在此停留休整后，哈得孙继续北上一直到了北纬 73 度，这是探寻西北航路的前辈约翰·戴维斯到达的最北端。他们遇上了浮冰，无法继续前进。于是哈得孙转向东北，以期找到可以继续北上的海上通道。6 月底，他们到达西斯匹次卑尔根岛（West Spitsbergen）。7 月中旬他们到达北纬 80 度 23 分，寒冷和冰山带来的危险已经使船员们怨声载道。在船员的要求下，哈得孙只好返航，事实上，他们已经超越了所有前人，到达了人类航行过的最高纬度。9 月中旬，船队回到了英国。由于没有实现预定计划，哈得孙不得不忍受来自支持者的抱怨，但他的远航也并非一无价值。他向赞助者们鼓吹格陵兰岛附近丰富的渔业资源，从而勉强使他们同意支持他的第二次航行。

1608 年 4 月底，哈得孙带上他的儿子及原班人马再次出航。这次航行比之第一次更为不顺利，他没有取得任何成效，最远只前进到威洛比到达过的新地岛，然后为浮冰所阻无法前行。哈得孙本欲绕道继续北行，无奈船员们以叛乱相威胁，使他不得不调转了船头。不甘心失败的哈得孙背着船员悄悄把船头向西转，直航北美，期望沿着传统探寻西北航路的地方碰碰运气。结果，船上的大副罗伯特·朱埃特（Robert Juet）识破了哈得孙的计划，联合归心似箭的船员们把哈得孙赶下了驾驶台。第二次航行彻底失败了。

两次失败使哈得孙失去了莫斯科公司的支持。然而，对于航海家而言，对大海的眷恋远远超越民族主义和国籍的束缚。英吉利海峡对岸的荷兰向他招手示意。此时的荷兰已经摆脱了西班牙人的统治，开始把目光从传统的贸易中转向大海，荷兰议会悬赏 25000 荷兰盾寻找能够发现东北通道的人，有着丰富航海经验的老哈得孙进入他们的视野。

1609 年 1 月 8 日，哈得孙与荷兰东印度公司签约，任务是发现东北航路。① 然而，这次航行也不是一帆风顺的，当他们进入高纬度后，酷寒与浮冰再次阻止了他们发现的脚步。船员们强烈要求返航，哈得孙像上次航行时一样把船头向西南拨转，带领船员们来到了北美，发现了北纬 40.5 度的哈得孙河。宽阔的大河口一度使哈得孙相信他们找到了通往太平洋的海峡，他们沿河上溯，发现水面越来越窄，证明这不过是一条大河。哈得孙只好返航。

11 月初，哈得孙经过英国的普利茅斯港，港口的英国人出于民族主义情绪竟将他作为叛徒扣留，但英国法律并没有禁止臣民效力他国的条文，不久，哈得孙被释放回到荷兰。哈得孙发现的哈得孙河为荷兰人带来了丰厚的回报。他们循着哈得孙的足迹沿河设立了许多商站，

---

① H.C.Murphy, *Henry Hudson in Holland: An Inquiry into the Origin and Objects of the Voyage Which Led to the Discovery of the Hudson River*, New York: Cosimo Inc., 2009, p.33.

与印第安人进行皮毛贸易，获利颇丰。后来，一批荷兰人在河口一座小岛上建立了一个固定的贸易据点，这个小岛名为"曼哈顿"（Manhattan island），岛上的贸易站后来发展为一座城镇，名为"新阿姆斯特丹"（New Amsterdam），1664 年，英国人夺得这里，给它改名"纽约"（New York）。

哈得孙为荷兰人带来了巨大的收益，也使他重新成为英国商人的"香饽饽"。1610 年，英国东印度公司和莫斯科公司联合为他装备了一艘较大的"发现"号帆船，配备了 23 名船员。这次航行并没有找到东去的海峡，却给英国人带来了更大的发现。

6 月下旬，他们抵达格陵兰岛，然后转向西行，这是英国人探寻西北航路惯常的路线。他们来到拉布拉多半岛北部。沿着海岸向北，他们进入一个宽阔的海峡，即后来以他名字命名的"哈得孙海峡"（Hudson Strait）。在哈得孙之前，塞巴斯蒂安·卡伯特、弗罗比歇等探险家都曾来到过这里，但他们都没有驶进海峡内部。哈得孙向西航行穿过了海峡，在他眼前的是一片浩瀚的大海，这让他相信这是太平洋水域的一部分。他们进入这片水域后转向南，一直航行了 1200 多千米，以为可以进入更为广阔的太平洋，却不料进入了一个更为窄小的海湾（即詹姆斯湾），眼前的陆地使他们从希望陷入绝望，他们发现的是一个比大不列颠岛大三倍半的巨大海湾。由于漫长的航行，他们到达詹姆斯湾之时已是 11 月，海湾里布满浮冰，显然，他们将不得不在一个寒冷的、衣食无着的荒凉地区过冬。他们登上海岸，在冰天雪地里，只能靠捕食冬眠的青蛙、寒冰下面的鱼类过活。

在饥寒交迫中，哈得孙和船员们终于等到了春天的来临。浮冰开始融化，大地开始显露生机。但是，关于此后的去处，哈得孙和他的船员们却发生了冲突。忍受了半年的饥寒与思乡之苦后，船员们当然想要返航；而哈得孙却向船员们发布了继续西航寻找西北航路的命令。矛盾是无法调和的，很快，一场叛乱发生了。哈得孙除了自己的儿子没有其他支持者，于是他遭到了放逐。哈得孙父子与几名生病的船员被赶到一只小船上。这不由得让人想起许多年以前在美洲大陆南端圣胡利安湾发生的那一幕，麦哲伦把叛乱者放逐到一只小船上，当时，麦哲伦在船上留有食物，甚至还有酒。然而，这一次放逐又是多么的不同！叛乱者放逐了他们的船长，而且没有给他们留下任何食物。不过，甩开羁绊的船员们并没有全部回到妻子们温暖的怀抱，他们返航中与爱斯基摩人发生了流血冲突，最终只有5人（一说为9人）回到英国。

被放逐的哈得孙父子

20年后，托马斯·詹姆斯（Thomas James，1593—1635）来此探险，他们登上查尔敦岛意外地发现了一所简易房屋的废墟，从遗留的物品和房屋判断，这可能就是哈得孙父子最后的遗迹。哈得孙的航行是大航海时代许多悲剧性的航行中的一个，但是哈得孙却是这个时代取得成就最大的航海家之一。他完成了对丹麦海峡、哈得孙海峡、哈得孙河的发现并考察了格陵兰岛东岸、拉布拉多半岛北岸和西岸数千千米的海岸线。他的探险成就为英国与荷兰对北冰洋、加拿大各地区主权的要求提供了重要的依据。

　　自哈得孙以后，寻找西北航路的努力一度中断。半个世纪后，新成立的哈得孙湾公司重新启动了对这一地区的探险。其中最著名的探险家是亨利·凯尔西（Henry Kelsey）。他在 17 世纪 80 年代到达纳尔逊河（Nelson River）河口的纳尔逊港。他还可能是第一位见到加拿大大草原的欧洲人。不过哈得孙湾公司在半个世纪中的探险方面几无建树。①

　　1770 年，年轻的英国海军塞缪尔·赫恩（Samuel Hearne）加入哈得孙湾公司，他被选中去寻找流入太平洋的河流。根据土著人传说，这条河富含铜矿石，而且通往太平洋。奇佩维安人（Chipewyan）酋长马通纳比（Matonabbee）成为赫恩得力的向导。马通纳比带领赫恩发现了科珀曼河（Coppermine River）。这位土著酋长是极地生存的好手，他能用桦树皮和动物筋腱制造棚屋和独木舟。不过，赫恩的探险没有实现自己的目标，科珀曼河流入北冰洋而不是太平洋，这里铜矿石品质也非常低，没有大的价值。这一时期库克船长（Captain James Cook，1728—1779）在西北太平洋进行了广泛的探险，两人的探险报告为从哈得孙湾启航发现西北航路的想法画上了句号。

　　英国人在探航西北通道的过程中，对加拿大北部地区进行了广泛的发现。不过，英国航海家们并没有哥伦布和达·伽马那样幸运，他们寻找的是一条虽然存在但并不适宜航行的通道，危险的冰山与极度的寒冷使他们的探航更为困难，而且，也没有任何人拥有麦哲伦那样无坚不摧的坚强毅力。总之，探航西北通道的努力并没有成功。人们穿越北极海域到达亚洲还要等到很久以后才会实现。不过，正是在一次又一次的努力中，英国人获得了另外的东西，那就是一种殖民开发的思想，并最终塑造了今日的美国和加拿大。北美虽然无法与富庶的中美洲及南美洲相比，但这里的渔业资源令英国人发了大财。因此，探航西北通道的努力不仅没有白费，而且给英国人带来了更为巨大的回报，正像哥伦布当年同样是在前往东方的路上为西班牙带回一片新大陆一样。

---

　　①　［美］加文·韦特曼：《北美洲探险》，张晓博译，济南：山东画报出版社，2002 年版，第 77 页。

三、英国人探寻东北航路

当麦哲伦完成环球航行之后,地球的面貌越来越清晰地呈现在欧洲人面前。特别是亚欧大陆,这片古老的文明陆地的轮廓开始清晰地显现。地球是球体、海洋连成一体、陆地被海洋包围这些假说一一得到证实。基于这些地理知识,人们意识到亚欧大陆也是被海洋环抱的。那么,向东北航行,绕过大陆的北部应该可以到达远东的中国和日本。这种猜想早在马可·波罗的游记中就得到了肯定。马可·波罗宣称他曾穿越了亚洲北部到达过"北方洋"。最早提出"东北航路"设想的欧洲人是俄国外交家、学者迪米特里·格拉西莫夫(Dimitri Gerasimov)。1525 年,他提出:从俄国北部向东,经过冰海(即北冰洋),穿过阿尼安海峡①,进入太平洋,抵达中国、日本、东南亚和印度。②

英国人率先开始了对东北新航路的探寻。1548 年,在塞巴斯蒂安·卡伯特、诺森伯兰公爵(Duke of Northumberland)达德利(John Dudley,1502—1553)和学者约翰·迪(John Dee,1527—1608)等人的发起下,伦敦商人组建了"商人企业家协会",致力于对东北航路的探察。约翰·迪通过精密的计算,认定可以绕过欧洲最北端,然后向东南航行直达中国。这一理论激发了航海家们对东北航路的探险热情。

在商人企业家协会的赞助下,1553 年 5 月,由休·威洛比(Hugh Willoughby,? —1554)和理查德·钱瑟勒(Richard Chancellor,? —1556)率领的探险队驶出泰晤士河去寻找东北航路。探险队由 3 艘船组成,船员 115 人。这次探险从开始就不顺利。刚刚出海,船队就遇到逆风。当他们经过一个多月的航行驶抵挪威附近海域后,风暴将船队吹散。之后威洛比在茫茫大海中迷航,直到 8 月 14 日,威洛比发现了新地岛(Novaya Zemlya)。新地岛最早由俄国渔民发现,威洛比重新发

---

① 当时盛传有一条"阿尼安海峡"连通北冰洋与太平洋,后来俄国探险家白令发现了这条海峡,即白令海峡。

② 张箭:《地理大发现研究:15—17 世纪》,第 269 页。

现后，将该岛命名为"威洛比之地"。

威洛比离开新地岛后在寒冷的北部海域继续行进超过一个月。9月18日，他带领探险队进入诺库耶夫湾休整。然而，他犯了致命的失误。在这极北之地，停下来过冬无异于自杀。他们登上海岸探察，四处寻找食物和人烟，然而，除了皑皑白雪，他们什么也没有找到，反而消耗掉了仅存的、用以保命的食物。他们坚持到1554年1月，但是这里的冬天太过漫长，最终所有船员都在饥寒交迫中罹难。

钱瑟勒则是幸运的，他驾驶着"慈善号"探险船于1553年8月24日到达俄国的阿尔汉格尔斯克（Arkhangelsk）港，与当地的俄国居民进行了贸易，得到了补给。他还得到沙皇伊凡四世（Иван IV）的接见。他以英国使者的身份自称，为英国取得了许多在俄国经商的特权。钱瑟勒回国后，商人企业家协会于1555年改组为莫斯科公司（Muscovy Company），并在此后通过北方航线与俄国开展了实在的贸易。[①] 钱瑟勒于1555年受莫斯科公司派遣前往俄国贸易，不幸的是，他在回国途中因船只失事而遇难身亡。

受钱瑟勒的影响，1556年和1580年，莫斯科公司先后派出了两支探险队探寻东北航路，但是他们都在东航到喀拉海（Kara Sea）后受阻于冰层而失败。至此，英国人打通去中国的东北航路的希望破灭了。[②] 不过，英国与俄国之间的海上贸易航线开辟成功，在频繁的商贸往来中，两国都享受到这条新航路带来的巨大利益。特别是对于俄国来说，它终于找到一条从海上与西欧进行商业贸易和文化交流的途径。当然，西欧与俄国联系的加深，也大大促进了俄国向西扩张的欲望，对欧洲的地缘政治格局，特别是东欧和北欧历史的影响是极其深远的。

---

① D. B. Quinn & A. N. Ryan, *England's Sea Empire* 1550-1642, London：George Allen & Unwin, 1983, p. 22.

② 张箭：《地理大发现研究：15—17世纪》，第277页。

第三节 德雷克环球之旅

德雷克，是 16 世纪下半叶英国的著名海盗和探险家。他抒写了伊丽莎白时代英国人海外探航的史诗，并参与和见证了英国人从畏缩不前的三流小国到战胜大西洋霸主西班牙的帝国传奇。

一、纵横大西洋的皇家海盗

英国无疑是海洋争夺的后来者，葡萄牙人和西班牙人早在 15 世纪就已经完成了早期航路的发现，他们到达了东方，发现了美洲，使这个世界上最富庶和最有殖民开发价值的两个地方成为囊中之物。为了防止他国染指，两国像切西瓜一样把地球一分为二，确立了势力范围。英国人所在的大西洋处于西班牙的势力范围之内。15 世纪末，英国开始了民族国家的创建，并派出自己的船队向大洋深处探航，这激起了西班牙人的警觉，他们处处以强大的军事和政治实力打击英国人的探险努力，维护自己

弗朗西斯·德雷克

的垄断地位。迫于自己的弱小，英国人只能处处隐忍，公开的国家行动是不行的，想要在伊比利亚人强权下分一杯羹的英国人采取了一种特别的行动——私人劫掠。海盗，这个并不光辉的名字第一次堂而皇之地被赋予国家使命，肩负英吉利民族的希望与寄托。弗朗西斯·德雷克至此登上了历史舞台。

德雷克来自英格兰西南德文郡一个贫困的新教小农家庭。在玛丽女王大肆迫害新教徒期间，他们全家逃亡到东部的肯特郡谋生。13 岁时，德雷克在一条往来于北海的小船上做了水手，开启了他与大海相

依相偎的传奇一生。后来，他得到船主的赏识，成为船长。但是，历经海风大浪磨砺后的德雷克在相信自己具备驾驭大海的能力后，转去投奔他的远房表兄、传奇海盗头目——约翰·霍金斯。霍金斯出身于航海世家，是当时英国最有名望的海外贸易商人、海盗和航海家。他是最早从事罪恶的"三角奴隶贸易"的英国人。对于这位年轻的远房表弟，霍金斯相当中意，很快让他担任船队的副总指挥。

1568 年，德雷克与霍金斯在西非海岸上劫掠了满载 5 艘船的黑人前往中美洲贩卖，这场罪恶的贸易遭到了大海的谴责。一场风暴使几艘船严重损伤，海水不断渗进来，在不得已的情况下，霍金斯下令把船队开往他们的死对头西班牙人的港口进行修理。当时的西班牙垄断着大西洋的贸易，对于英国人的走私行为深恶痛绝，英国船队自动送上门来，让他们大喜过望。起初，他们不动声色，任由英国船在港口停泊休整，还派人给他们送去了食物和淡水。这种友好的举动一度迷惑了霍金斯。过了数日，准备就绪的西班牙人突然发起攻击。转眼之间，船上数百名英国水手倒在血泊之中。德雷克护卫着霍金斯勉强突围出来，驾船疾驰而去。放走了这两个"海上魔王"，西班牙将在日后尝到苦果。

这次冲突使德雷克损失巨大，回国后，他立即向伊丽莎白女王申请特许状，希望能够得到女王支持打击西班牙人。德雷克是幸运的，他遇到了英国历史上最雄才大略的君主之一伊丽莎白女王，这个早慧的女王遗传了她的父亲亨利八世的头脑和政治手腕，又同时拥有女性特有的智慧。她同意了德雷克的请求。有了女王颁发的特许状，德雷克成为一名奉旨劫掠的"皇家海盗"，彻底放开了手脚。

德雷克组建了自己的船队，他没有去贩卖黑奴，从事海外贸易，而是专注于抢劫西班牙船队。不过，由于缺乏经验，德雷克第一次海上出击没有成功，他的船队遭遇了西班牙护航舰队，一番战斗后，德雷克负伤。不过，很快，他在巴拿马地峡不停地转悠期间，意外地发现了西班牙运输金银的骡马队。于是，他多次带领水手打伏击战，抢得大批的金银。德雷克用这些财富装备了更大的船队，也鼓舞了更多的水手加入到他的队伍当中。一时之间，在加勒比地区到处留下了德雷克海盗船的影子。

二、驰骋在大洋中的"金鹿"

德雷克的劫掠行动迫使西班牙在美洲的各港口加强了警备，西班牙的护航舰队日夜在大西洋上巡逻。德雷克当然不敢拿身家性命与几条海盗船与西班牙舰队硬碰硬，他想到一条令西班牙人意想不到的主意：绕到太平洋上，在西班牙人背后"捅上一刀"。自1520年麦哲伦发现麦哲伦海峡进入太平洋后的半个多世纪里，并没有任何一艘非西班牙船只踏足过太平洋。德雷克大胆地提出了这一设想，并得到了女王的支持。这样，德雷克开启了一次崭新的冒险之旅，并使他意外地成为承继麦哲伦事业的航海家，成为第一个环球航行的英国人、第二个完成环球航行探险队的指挥和世界第一个全程担任船长完成环球航行的人。[①] 从某种程度上甚至可以说，他超越了他的前辈。

德雷克在女王的支持下装备了一支船队，包括3艘武装海盗船和2艘补给船，船员计160多人。1577年底，德雷克离开普利茅斯，船队首先航向佛得角群岛，从这里径直航行到南美大陆。沿着南美洲海岸，他们来到了麦哲伦命名的"巴塔哥尼亚"之地，受到朴实的巴塔哥尼亚人的热情款待。1578年6月底，他们到达曾让麦哲伦进退维谷的圣胡利安海湾。历史似乎重演了，恶劣的环境使得德雷克的船员也像麦哲伦的船员一样丧失了继续南行的勇气，他们掀起了一场相似的叛乱。德雷克是了解麦哲伦的传奇经历的，他对麦哲伦处理叛乱时所表现出的果敢与坚毅也一定了如指掌。他以同样迅猛的手段闪击叛乱。对于叛乱分子的惩罚，他给出两种选择：第一种是被放逐，就像当年麦哲伦放逐西班牙船长卡尔海纳姆一样；第二种是砍头，就像当年麦哲伦对待另一位西班牙船长凯塞达一样。叛乱者当然也了解半个世纪以前的那个海上传奇，与其在这片荒凉的地方慢慢死去，不如以一种

---

① 麦哲伦船队的环球航行中，先后由麦哲伦、若奥·谢兰、杜阿尔特·巴尔波查、胡安·卡尔瓦罗和埃尔卡诺任船队指挥。

不失尊严的死法为叛乱的失败负责，于是他们选择了第二种。

离开圣胡利安湾，德雷克将旗舰"塘鹅号"(Pelican)改名为"金鹿号"(Golden Hind)，抛弃了两艘行动缓慢且破损严重的补给船。8月下旬，德雷克指挥船队进入麦哲伦海峡。这是一条并不安全的通道。不过，无论多么艰难的航程都难不倒有着坚强意志的航海家，麦哲伦可以，德雷克也可以。用时16天，德雷克穿越了海峡，看到了一望无际的太平洋。然而，与麦哲伦当年看到的平静大洋相比，此时的太平洋正在怒吼，风暴在海峡的出口周围肆虐横行，一直持续了一个多月。3艘船失散了，其中一艘被海浪吞没，另一艘选择退回海峡返航，只有德雷克驾驶的"金鹿号"经受住了风暴的考验，挺到太平洋恢复往日的温柔。

风暴还给德雷克带来了新的发现，他们在不知不觉的随风漂流中，已经到达了长期被认为是"南方大陆"一部分的火地岛的南端——合恩角(Cape Horn)。他们发现了横亘在火地岛与南极大陆之间的广阔的海峡。尽管德雷克海峡这个名称直到3个世纪后才获得，但德雷克的发现无疑纠正了欧洲人自麦哲伦以来半个世纪的认识误区。实际上，德雷克海峡因其宽广而比沟汉纵横、风暴肆虐的麦哲伦海峡更具有通航价值。此后，在巴拿马运河开通以前，这里，而不是麦哲伦海峡成为太平洋新航路的主要通道。

德雷克驾驶着"金鹿号"开始按照原定计划展开对西班牙人的攻击。德雷克沿智利海岸向北航行，驶过了南回归线，很快看到了太平洋沿岸的西班牙诸港口。为了掩人耳目，便于渗透，德雷克在船上挂起了早就准备好的西班牙旗帜，然后突袭西班牙港口。不明就里的西班牙人还没反应过来，就已经成了"金鹿号"的"炮灰"。在卡亚俄港(Callao)外，德雷克追上一艘西班牙商船，缴获了13箱银币、80磅黄金和26袋银锭。[1] 从南向北，一座座的西班牙港口遭到袭击。等他们组织起反击的舰队时，德雷克已经在船上装满了50万~60万镑的财富，比英国王室一年的收入还多。

---

[1] 张箭：《地理大发现研究：15—17世纪》，第329页。

西班牙人难以相信德雷克这个"魔鬼"会闯入太平洋，他们立即调来大批军舰在南美南端的麦哲伦海峡布防，他们认为这是德雷克回航的必经之路。然而，德雷克岂会不知西班牙人的计谋？他没有南下，而是继续北上。德雷克想要找到西北航路的海峡直达大西洋，他一直航行到今天加拿大的温哥华地区。他对北美大陆太平洋一侧海岸的考察与同时代的英国人对北美大西洋海岸的考察相呼应，都是英国探寻西北航路的重要篇章。由于没有发现通往大西洋的海峡，德雷克又原路返回到圣弗朗西斯科湾进行休整。

在圣弗朗西斯科湾，德雷克遇到了印第安人，他没有像西班牙人那样进行无耻的掠夺，而是进行了贸易和友好的交往。当地印第安人自愿归附于英国，德雷克代表女王接受了土著的归附。1579 年 7 月，德雷克离开圣弗朗西斯科湾，开始了横渡太平洋的漫长旅程。与麦哲伦一样，德雷克的目的地也是马鲁古群岛，只不过，他要比麦哲伦幸运得多，经过近 4 个月寂寞平静的航行，他们终于闻到了马鲁古群岛飘荡的香料气息。他们在与葡萄牙人敌对的德那底岛登陆，购买了大量香料，之后在苏拉威西岛附近的一个无人小岛上休整。他们避开葡萄牙人的舰队进入印度洋，于 1580 年 6 月中旬绕过好望角，3 个月后回到了阔别近 3 年之久的英国普利茅斯港。

这次航行历时 2 年零 10 个月，完成了世界历史上第二次环球航行，德雷克全程指挥船队。他遇到了与麦哲伦环球航行时一样的困难：船员的叛乱、骇人的风暴以及孤寂的漫漫航程，但是他是幸运的，麦哲伦为他镇压叛乱、抵抗风暴，为他前进的每一步都指明了方向。因而，两个不同国家、不同时代的人在推动历史车轮前进的道路上成了前仆后继的师徒，精神上的莫逆之交。

当"金鹿号"驶进普利茅斯港后，他得到的欢迎就像哥伦布和达·伽马返航时一样热烈。女王亲自登上"金鹿号"，手里握着宝剑，戏言要砍掉"海盗"德雷克的脑袋，但当德雷克把头伸向她时，她却转过剑头，把剑柄交到了德雷克的手中，把剑赐予了他。女王宣布封德雷克为爵士。德雷克对女王的回报更大，他为船队的资助者带回 47 倍的利润，其中女王获得 26 万英镑。

德雷克的传奇还在 1588 年那场英西大海战中继续续写，前面我们已经谈过。1596 年，时年已逾半百的德雷克再次前往西印度群岛袭击西班牙船队，不幸身染热病，这位纵横海洋的船长衰弱地躺在甲板上，船上没有条件医治他，而他也拒绝到邻近的西班牙港口求救。遵照他的遗嘱，船员们将他海葬于巴拿马水域。成也海洋，亡也海洋，这位传奇人物最终魂归大海。

第四节　荷法等国的探险

荷兰和法国是继葡萄牙、西班牙和英国之后崛起的两大海上强国。荷兰所在的尼德兰地区是欧洲商品经济发展最早的地区之一，随着欧洲贸易从地中海向大西洋沿岸的转移，尼德兰的资本主义发展迅速。此外，随着马丁·路德开启的欧洲宗教改革时代的来临，这片土地上的人民接受了新教信仰，然而，这片富庶土地的主人却是西班牙的哈布斯堡王朝，这是一个在整个欧洲捍卫天主教事业的封建王朝。这样，在这片不大的土地上，宗教矛盾与民族矛盾以及初生的资本主义与封建主义的矛盾交织起来，最终酿成 1566 年的尼德兰革命，革命以独立战争的形式开展。1581 年，尼德兰北部地区宣布独立，建立了荷兰共和国，这是一个新生的民族国家。

一、威廉·巴伦支探航东北航路

民族国家是荷兰海外扩张的载体。早在 1577 年，荷兰人就沿着英国人开辟的东北航路建立了与俄国的贸易联系。荷兰本国最著名的航海家是威廉·巴伦支（Willem Barents，1550—1597），他在东北航路的开辟和地理发现方面做出了重要贡献。

巴伦支出生于荷兰泰尔斯海灵岛（Terschelling），早年从事制图业，曾经远航到西班牙和地中海等地，完成了地中海地区的地图集。在此期间，他了解到西伯利亚北部海域太阳一天 24 小时照耀（极昼），因而他相信，任何可能存在的浮冰都会被阳光融化。基于这一主观臆断，他提出向东北航行，寻找前往亚洲的东北航路的计划。

1594年，荷兰商人装备了一支由3艘船组成的探险队，其目标是"从挪威、莫斯科公国、鞑靼的北边开辟一条去中国的海上通道"①。巴伦支担任其中的"水星号"（Mercury）船长。6月5日，船队启航离开荷兰，一个月后，船队来到新地岛海域，巴伦支与另两艘船分道前行。巴伦支继续向东北进发，7月9日，他们第一次看到北极熊。到达新地岛后，巴伦支沿着海岸看到了许多俄国航海者留下来的踪迹，岛上竖起的十字架与俄国船只搁浅留下的残骸，无不标志着这是一片冰封的"死亡地带"。勇敢的巴伦支依靠其卓越的驾船技巧，在浮冰与小岛间穿梭，继续推进到北纬77度附近，这是当时人类到达的最北端。他们发现了新地岛的最北端，将之命名为冰角。刺骨的寒冷与巨大的冰山让船上的水手们再也不愿继续前行了。返航途中，他们在亚马尔半岛（Yamal Peninsula）西部海岸与另两艘船会合，9月返回荷兰。

这次探索东北航路的尝试虽然没有取得成功，但巴伦支所带来的发现还是大大鼓舞了荷兰当局。奥兰治亲王"拿骚的毛里茨"（Maurits van Nassau）任命他为"大航海长"（Chief Pilot）和新探险队的领航员。1595年6月，新的探险队组建完毕，计有6艘船，比上一次探险队的规模扩大一倍。这次航行的目标是希望建立荷兰与中国的贸易联系。然而，这次航行却出乎意料地失败了。船队绕过斯堪的纳维亚半岛，到达西伯利亚海岸和瓦伊加奇岛（Vaygach Island）之间。两名水手被北极熊袭击身亡，"这恐怕是地理大发现以来首次探险者被野兽所害的例子"②。强劲的逆风和浮冰使荷兰人无法继续前进，他们被迫返航。

由于第二次探险的失败，使巴伦支失去了荷兰当局的支持，他只得加入了由盖姆斯克尔克（Jacob van Heemskerk）与扬·鲁普（Jan Rijp）率领的探险队，仍担任领航员。他们乘坐两艘小船，于1596年5月离开荷兰。6月9日，他们发现了一个大岛，岛上有一只横死的白熊，于是，

---

① 转引自张箭：《地理大发现研究：15—17世纪》，第279页。

② 张箭：《地理大发现研究：15—17世纪》，第280页。

他们将之命名为熊岛(Bear Island)。6月17日，他们发现了斯匹次卑尔根岛(Spitsbergen)，然后沿着该岛的西北海岸前行。3天后，他们进入一个巨大的海湾，即红峡湾(Raudfjorden)。6月25日，他们又进入一个海湾，在岸边发现了海象的牙，于是将之命名为象牙湾(Tusk Bay)。船队在海洋中绕了一个圈，又于7月1日回到了熊岛。

此后，巴伦支与两位船长就航向问题发生了纠纷。巴伦支坚持应向东北航行，而扬·鲁普认为应向北穿越北极，这样可以更快捷地到达亚洲。盖姆斯克尔克支持了扬·鲁普，于是他们继续北行，一直航行超过了北纬80度，很快他们就发现无法逾越的浮冰挡住了去路。关于极地是温暖的海洋的谣传被打破。在此情况下，盖姆斯克尔克站到了巴伦支的一边，两人与扬·鲁普分道扬镳，驾船转向东行驶。他们一直航行到新地岛北部，由于彻骨的严寒与危险的冰山阻住了去路，于是决定在一个被称为"冰港"的地方过冬。这是欧洲人第一次在如此寒冷(最低时温度达到零下60摄氏度)的北极地区过冬。他们没有如料想般看到24小时挂在天空中的太阳，而是接连3个月不见任何阳光，这是北极的极夜。此外，他们还要面临坏血病和北极熊的威胁。直到1597年6月，海面的冰层才融化，船员们欣喜地踏上了归程，但是，巴伦支在起航后不久就死去了，死因可能是坏血病。

威廉·巴伦支之死

威廉·巴伦支如同他的许多先辈一样，也未能成功地穿过北冰洋广阔的海域前往东方，极度的寒冷与危险的浮冰阻碍了探索的脚步。不过，客观地说，巴伦支与他的同伴们的探险有着极为深远的意义和影响。他们对北冰洋地区的诸多发现扩大了人们对北极地区的认识；他们所开辟的冰海航线为后人继续探索和从事捕猎贸易铺平了道路；他们还到达了人类从未涉及的北纬80度的封冻冰线，第一次成功地在极地渡过了一个漫长的冬天。所有这些都对人类在认识世界的道路上迈出了意义非凡的一步。① 此后，荷兰继续与俄国开展北方贸易，探索东北航路的步伐减慢了。1609年，英国人哈得孙在荷兰的支持下去探寻东北航路，不过，哈得孙的发现主要是在北美地区。

东北新航路的完全打通应始于白令海峡的发现。1724年，维他斯·白令(Vitus Bering)受沙皇委派去验明在亚欧大陆的东北与北美的西北极地是否有大陆桥相连。1728年，他宣布亚洲与北美大陆存在一条海峡。

二、法国人探寻西北航路的尝试

法国，这个六边形的国家，有三个边是与大海毗连的，这似乎象征着，法国应该把自己一半的精力放在海洋上，而不是一头埋进欧洲大陆的纷争之中不能自拔。英法百年战争的结束是法兰西民族国家兴起的标志，但直到16世纪，法国才终于冲破束缚自身的大陆主义心态，开始把目光投向海洋，加入了争夺海洋的竞技中。

约在15世纪末，即卡伯特为英国发现纽芬兰渔场后，法国渔民曾跟随英国人前往纽芬兰，并用铁器与土著人交换毛皮。16世纪上半叶，法国海盗船出现在了中美洲地区。这是第一批奉旨抢劫的海盗，他们中的许多人得到了法王颁发的特许状，甚至是国王本人提供的资金。在王家海盗的队伍中，有一位叫乔凡尼·达·维拉扎诺(Giovanni da Verrazzano，1485—1528)的佛罗伦萨人。他在1523年装备了一支船队，在法王弗朗西斯一世(Francis Ⅰ，1515—1547年在位)的支持下

---

① 张箭：《地理大发现研究：15—17世纪》，第283页。

向北航行探索西北航路，其目标是穿过北美地区的海峡进入太平洋，然后到达亚洲大陆边陲的中国。

关于维拉扎诺的生平留下的资料很少，他约在 1506 年来到法国的迪耶普港(Dieppe)定居，开始了作为航海者的一生。除了随船在东部地中海地区从事各种贸易，他还曾随法国的渔民到过纽芬兰，而且可能在圣劳伦斯河上航行过。1523 年，他受法王委托，带领一支由 4 艘船组成的探险队去寻找西北航路。然而，这次航行非常不顺利，他们遇到了恐怖的风暴，两艘船葬身海底，余下两艘受损严重的船被迫返回法国。

1523 年底，两艘船修理完毕再次起航，他们首先朝南进入西班牙人和葡萄牙人控制的平静水域，在马德拉群岛进行休整，可能是遭到西班牙或葡萄牙舰队的阻击，其中一艘船返回法国，但维拉扎诺驾驶另一艘"王妃号"(La Dauphine)转向北方，向北美大陆进发。3 月 1 日，他们到达北卡罗莱纳的"恐怖角"(Cape Fear)。在此停留了一段时间后，继续航行到帕姆利科湾(Pamlico Sound)潟湖附近。维拉扎诺相信帕姆利科湾就是通往太平洋的海峡，这一错误认知影响了此后上百年欧洲人对北美的认识。欧洲人在这一时期绘制的美洲地图以讹传讹，将此错误产生的影响扩大化了。维拉扎诺继续沿着北美海岸北行，在纽约湾进行了考察，还和岸上的万帕诺亚格人(Wampanoag)进行了交流。因而，他实际上比在荷兰人支持下的哈得孙对这一地区的发现更早。此后，他继续北上，一直到达缅因、新斯科舍和纽芬兰等地。他将西班牙控制的新西班牙地区(墨西哥)与英属纽芬兰地区之间的广阔地域称为"新法兰西"(Nova Gallia)，直接推动了法国人向北美地区的殖民扩张进程。

维拉扎诺之后，法国人探索西北航路和殖民北美的尝试不断增多。1534 年，航海家雅克·卡蒂埃(Jacques Cartier)在纽芬兰和圣劳伦斯河湾探险，当地的休伦人(Huron)和阿尔衮琴人(Algonquins)用毛皮向他换取刀子和斧子。此后，他又两次来到北美，在圣劳伦斯河沿岸和更北的加拿大海岸进行了详细地考察。1562 年，让·里博(Jean

Ribault)和勒内·古莱纳·德·洛多尼埃(Rene Goulaine de Laudonniere)率领 3 艘船载着一批逃避宗教迫害的法国人前往佛罗里达，他们在南卡罗莱纳海滨进行了考察，并留下一小队志愿者建立了法国在北美的第一个殖民点——查尔斯堡(Fort Charles)。这一殖民点在坚持了一段时间后面临严重的食物短缺，殖民者不得不放弃定居计划返回法国。1564 年，洛多尼埃返回北美，在圣约翰河边重新建立了一个定居点——加罗林堡(Fort Caroline)。然而，这一殖民地的经历也非常不幸。由于洛多尼埃四处劫掠西班牙船只，遭到了西班牙佛罗里达总督佩德罗·梅内德斯·德·阿维莱斯(Pedro Menendez de Aviles)的报复。几乎所有法国殖民者都被西班牙人残杀，为了巩固对佛罗里达的控制，西班牙人建立了稳固的据点，将法国人彻底排挤出这一带。

与西班牙的竞争遭遇失败后，法国人探险的方向转向更北部。著名的探险家塞缪尔·德·尚普兰(Samuel de Champlain)于 1603 年开始在加拿大探险，并在圣克罗伊(St. Croix)建立了殖民地，由于他的探险和殖民取得了巨大的成功，他因此被称为"新法兰西之父"。在尚普兰的影响下，一批新的法国探险家陆续涌现。艾蒂安·布吕莱在寻找西北航路的过程中，意外发现了五大湖中的伊利湖和苏必利尔湖。他和当地人一起生活了几年，1633 年，在与休伦人的冲突中被杀死，据说，他还不幸成了休伦人的"盘中餐"。另一位冒险家是让·尼科莱(Jean Nicollet)。他最远到达密歇根湖，错误地以为自己穿过了太平洋。他身穿中式长袍会见温内巴戈人(Winnebago)，把这些人当作中国皇帝的臣民。

1672 年新法兰西的总督让·塔隆(Jean Talon)认为密西西比河可能流向太平洋，那就可以借此航向东方。1682 年，勒内—罗贝尔·卡瓦利尔(Rene—Robert Cavalier)和西厄尔·德·拉·萨莱(Sieur de La Salle)率领的探险队沿密西西比河一直南航到达了墨西哥湾，推翻了让·塔隆的想法。拉·萨莱宣布密西西比河的广阔流域归法国所有，并以法王路易十四之名，将其命名为"路易斯安那"(Louisiana)。不幸的是，拉·萨莱虽然完成了如此壮举，但在他率领殖民队伍要在密西西比河口建立殖民地时，竟再没有找到这个河口，他多次派出探险小队寻找也没有再次发现，后来，他被反叛的探险队队员杀死。值得一提的是，这片土地后来被拿破仑卖给了美国。

　　法国人探索西北航路的尝试与同时代英国人的探险相呼应，虽然所有航海家都没能找到通往太平洋的航路，但他们却为北美、北大西洋和北冰洋地区的发现做出了不可磨灭的贡献。北美大陆的轮廓、地理环境清晰地展现在欧洲人面前，北大西洋和北冰洋的多条航路成功地开辟出来。在此情况下，一批又一批的英国人和法国人沿着他们的足迹来到美洲进行殖民活动，一方面，北美印第安人的悲惨历史由此发端，另一方面，殖民者们在这片土地上重塑了一个欧洲式的现代社会。

第九章　新航路与海洋时代的兴起

新航路的开辟为欧洲人提供了对外扩张的广阔舞台。蜂拥而上的欧洲探险家们在前人的道路上继续在大洋中探索，持续的地理发现和不断更新的航路推动世界进入一个全新的海洋时代。世界前所未有地向着一体化的方向不断推进，全球化的时代拉开了帷幕。同时，古代以陆上帝国为主的帝国模式被横跨大洋的全球性海洋帝国所取代，从而刷新了人类历史的新纪元。同时，值得一提的是，虽然血腥战争仍然是帝国崛起的主要手段，但巩固和维护帝国的不再单单是"铁与血"，商业和殖民以及文化的交流互动也成为维系帝国的重要支柱。

第一节　葡萄牙帝国的兴衰

小国寡民的葡萄牙不可能征服广阔的东方世界，但这并不妨碍葡萄牙人建立横跨大西洋、印度洋和太平洋的海上帝国。这个欧洲边陲的小国所取得的帝国大业充分展示了新兴民族国家在资本主义动力下所能发挥的强大力量。葡萄牙的成功鼓舞着后来欧洲国家的奋进与崛起，同时为后来者树立一种海洋帝国的典型模式。

一、上帝的馈赠：巴西

目前世界上最大的葡萄牙语国家不是葡萄牙，而是南美最大的国家巴西。虽然早已脱离葡萄牙而独立，但巴西在语言、文化和血缘上仍继续保持着葡萄牙特征，并且是世界上最大的天主教国家。无论在葡萄牙帝国的辉煌年代还是衰落时代，巴西之于葡萄牙都有着举足轻重的地位和至关重要的价值。不过，巴西的发现却是意外实现的，它的发现者卡布拉尔因为这一意外从一位彻头彻尾的血腥殖民者一跃加入了"发现者"的行列。

达·伽马成功开辟印度新航路后，卡布拉尔率领一支葡萄牙历史上最庞大的舰队前往东方巩固新航路。他之所以取代达·伽马，并从葡萄牙众多航海家的竞争中脱颖而出，最重要的一点就是他赢得了国王的信任。卡布拉尔少时即随父进入宫廷，与王室成员有着密切联系，而且，他在年龄上与曼努埃尔一世国王相仿，两人自小就已熟识。而曼努埃尔一世之所以弃用达·伽马，其主要原因可能有两点：一是达·伽马在印度没能为葡萄牙赢得友好稳固的贸易伙伴，反而树敌众多，遭到国王的嫌弃；二是达·伽马功劳过大，声望日隆，而其背后有一支实力强大的贵族集团对王权构成威胁。总之，卡布拉尔幸运地接过达·伽马的接力棒率领葡萄牙舰队航向东方。

卡布拉尔发现巴西

卡布拉尔的印度之行得到了航海元老迪亚士的陪同，并接受了迪亚士的航线建议。他率领舰队首先到达了佛得角，然后向西南航行。鉴于此前达·伽马的航行弧线没能绕过非洲最南端，于是他决定绕一个更大的弧，正是这一决定，为葡萄牙带来了巴西。这次发现与好望角的发现如出一辙——得益于一场风暴。当船队向西南行驶了许多天后，遇到了一场突如其来的风暴，船队聚拢起来，并降下风帆等待天气转好。

1500年4月21日，大西洋重新恢复平静后，船队的西面不远处竟然出现一片郁郁葱葱的陆地。在大西洋之西发现陆地是他们万万想不到的，卡布拉尔以为他们发现的是一座巨大的岛屿，这里其实是南美大陆向东的突出部分。葡萄牙代表在托尔德西拉斯曾经极力主张把子午线划在佛得角以西370里格的努力有了巨大的回报，这片陆地在葡萄牙的势力范围之内。也有一部分历史学家认为，早在西葡瓜分世界之前，葡萄牙就已经知道了巴西地区的存在，为了避免同西班牙发生冲突而没有公诸于世。①

卡布拉尔派迪亚士带领探险队上岸进行仔细勘察，登陆的葡萄牙人在陆地上发现一种从来没有见过的树——红木（Brazil），这个词的中文译名即"巴西"。探险队还深入内陆与这里的印第安人进行了历史性的会面。由于远离美洲的文明中心，这里的印第安人还处于文明发展的较低阶段，过着渔猎采集的生活，他们的房屋是用茅草搭建的，还有一些人根本没有房屋，只能住在树上。卡布拉尔留下2名囚犯在此建立据点，然后派了1艘船回国报告。在大航海时代，海外探险通常都带上几名死囚或重刑犯，用来执行危险任务。据后来到此殖民的葡萄牙人记述，留下的2名葡萄牙囚犯并没有葬身这片荒蛮之地，而是融入了土著人的生活，甚至还与印第安人通婚育子，仅仅从长相上还可以辨别他们的真实身份。

令人惋惜的是，在这次大有收获的航行中，葡萄牙失去了迪亚士这位航海界的元老与翘楚。迪亚士一生的传奇既源于其发现，也源于他悲剧性的、带有宿命意味的死亡。当船队抵近那个曾被迪亚士命名为"风暴角"的地方时，风暴突然从洋面席卷而来，船队中将近一半的

---

① ［葡］J. H. 萨拉依瓦：《葡萄牙简史》，李均报、王全礼译，第148页。

船只损毁，其中包括迪亚士驾驶的那艘。根据船员的记述，风浪将船推入海底，只在一瞬间，迪亚士便消失于茫茫大海之中。他最终也没能见到印度，这似乎应验了传说中关于亚当阿斯特的可怕诅咒，当然，诅咒是不可信的，唯一可以责怪的是无常的命运。迪亚士是世界航海史上的标志性人物，他发现的好望角至今仍然是世界上最繁忙的航路之一，即使是苏伊士运河的开通也没有动摇其在国际航运史上的重要地位。"好望角"与"迪亚士"作为硬币的两面永远铭记在史册中。

　　这次航行还有一个重要发现稍稍挽回了这场风暴带来的巨大损失。船队中一艘被风暴吹散的船在迪亚士的兄弟迪亚戈·迪亚士（Diogo Dias）的带领下意外地发现了非洲第一大岛——马达加斯加岛（Mada-gascar）。迪亚戈以葡萄牙国王的名义宣布对该岛的占领。不过，应该指出，这次发现仅仅意味着欧洲人第一次到达该岛，事实上，早在公元7世纪前后就有外来移民到此，阿拉伯人还在其西北端建立了贸易据点。

　　发现巴西后，曼努埃尔国王立即组织了殖民探险队进行深入探察。贡萨尔·科埃尔奥的探险队是首批专门来此进行考察探险的葡萄牙人，传奇人物亚美利哥·维斯普奇也随行至此。1501年8月，他们穿过大西洋率先抵达巴西东北部海岸的圣罗基角，然后沿海岸南下探察。在南纬12度52分处，他们发现一个大港（今巴西萨尔瓦多港），葡萄牙人登陆后进行了深入考察。1502年元旦，他们继续南行到南纬22度54分的一个港口，他们以为这里是一个大河口，因此给这里起名为"一月之河"（Rio de Janeiro），即里约热内卢。船队一直南航到南纬47度，然后于1502年9月返回葡萄牙。科埃尔奥的考察使巴西的清晰面貌呈现在葡萄牙人视野中。这里气候温暖湿润，土地肥沃，又盛产木材，特别是红木有着极大的商业价值。很快，巴西成为葡萄牙人的财富之源和帝国最重要的海外领地。国王将巴西红木的贸易委托给一个名为费尔南多·德·罗洛尼亚的商人，根据合同规定，罗洛尼亚必须每年派遣一支由6艘船组成的船队考察1300里格的海岸线，并在巴西海岸建立商业据点。

巴西被纳入了葡萄牙海上贸易网后，迅速成为与印度和远东并驾齐驱的帝国财富源头。流传下来的一张从巴西归来的船货清单上记载着船上的货物情况：大量的巴西圆木、许多猴子和鹦鹉，以及 3000 张豹皮和 18000 公斤的棉花。①16 世纪 30 年代后，葡萄牙开始在巴西建立甘蔗种植园，1530 年，一批葡萄牙殖民者建立了圣维森特市，并在附近肥沃的沼泽地上种植甘蔗。不久，另一批葡萄牙人建立了一个名为皮拉蒂宁卡的村庄，后来发展为圣保罗市。至 1548 年，葡萄牙在巴西的村镇已达 16 个，这里的居民砍伐森林、种植甘蔗、棉花和烟草，然后将木材、蔗糖、棉花和烟叶运往葡萄牙进行贸易。随着巴西甘蔗种植园的不断扩大，制糖业逐渐取代木材贸易成为葡属巴西最重要的产业。至 16 世纪中后叶，巴西的制糖业与印度的香料贸易成为葡萄牙帝国财富来源的两大支柱。

二、东方海上帝国兴亡

在达·伽马之后的半个多世纪里，印度洋和西太平洋成了葡萄牙人的后院。他们通过战争把阿拉伯人赶出了传统海上贸易的舞台，垄断了从东亚、东南亚到南亚、西亚、非洲的几乎全部海上贸易，创建了强大的葡萄牙商业帝国。葡萄牙的迅速扩张当然离不开拥有卓越战略眼光和超凡军事天赋的几位帝国柱石。

阿尔布克尔克是葡萄牙东方帝国初创时期最关键的柱石之一。他在印度总督的职位上虽然仅仅 6 年，但却马不停蹄地把帝国的触角伸向了印度洋沿岸的各大战略要地，巩固了葡萄牙人在印度马拉巴尔海岸的霸主地位。同时，他将触手伸进西太平洋海域，控制了香料贸易的源头，建立了果阿和马六甲两大统治中心。这些无疑奠定了葡萄牙海上帝国的基础。他给葡萄牙人留下的除了一个广阔的帝国，还有关于维系这个帝国长盛不衰的药方。他在临死前告诫国王："如果您想要永久地统治印度，那您就要如同以前一样行动，使印度自己来支撑自

---

① ［葡］J. H. 萨拉依瓦：《葡萄牙简史》，李均报、王全礼译，第 149 页。

己。"换句话说，葡萄牙要维持自己的东方帝国长盛不衰，不能依靠武力进行全面的征服和统治，而是在各个咽喉要道建立据点，同时依靠当地统治者进行间接统治。此后葡萄牙帝国的战略基本上就是依据这一方针，这也是小国寡民的葡萄牙的必然选择。阿尔布克尔克死后被葬于他一手经营的帝国中心——果阿。

葡萄牙帝国辉煌年代的见证者——贝伦塔

阿尔布克尔克是葡萄牙海上帝国辉煌的缔造者，而维系这一横跨半个地球的帝国也并非易事，在诸多葡萄牙的印度总督中，被卡蒙斯称为"强有力的卡斯特罗"（Strong Castro）的若奥·德·卡斯特罗（João de Castro，1500—1548）是不得不提的一位。卡斯特罗是里斯本市长阿尔瓦罗·德·卡斯特罗（Álvaro de Castro）的儿子。18 岁时，他前往北非的丹吉尔（Tangier）开始了长达 20 年对抗摩尔人的军旅生涯。由于谋略超群，战功显著，他被授予"骑士"称号。1538 年，在征服突尼斯的战役中，卡斯特罗立下赫赫军功。神圣罗马帝国的查理五世皇帝亲封他为贵族，并给予他大笔奖赏，但卡斯特罗出于葡萄牙民族主义拒绝了身兼西班牙国王的查理的封赏。回到里斯本后不久，葡王任命他为一支小型舰队的司令前往印度，开启了他在东方的传奇经历。到达东方帝国的中心果阿后，他奉命率军驰援被围困多日的第乌城，再立新功。1540 年，他加入了葡属印度总督、瓦斯科·达·伽马的次子伊斯坦奥·达·伽马（Estêvāo da Gama，1505—1576）前往红海的远征。在这次远征中，卡斯特罗以一位学者的严谨态度详尽地考察和记录了他在东方的见闻，对自己的对手有了充分地了解。

1545 年，他率领 6 艘战舰前往印度去帮助印度总督马蒂姆·阿方索·德·索萨（Martim Afonso de Sousa）应付阿拉伯人的反扑。此时，第乌城第二次被阿拉伯人和印度人联军围困，他们誓要将葡萄牙人赶出印度。卡蒙斯在诗篇中记述了这一事件："你将看到葡萄牙人在第乌两次遭到围困，但他们证明那城堡坚不可摧；在那里，他们表现了幸运和英勇，在那里，他们建立了赫赫军功。"①卡斯特罗成功地解除了第乌之围，击溃了数倍于己的敌人。不过，战后的第乌城已是一片废墟，为了重建这一重要据点，卡斯特罗以自己的胡子②作为抵押，向果阿市政厅贷款，留下了一段历史笑谈。

卡斯特罗解除了第乌之围，使阿拉伯人夺回印度贸易优势的希望彻底破灭，从而有效地巩固了葡萄牙人在印度的优势地位。1547 年，他被葡萄牙国王若奥三世正式任命为印度总督，可惜，天不假年，他在次年就不幸亡故，年仅 48 岁，葡萄牙帝国的大厦失去了一个重要的支柱。

若奥·德·卡斯特罗

16 世纪的中前叶是葡萄牙在东方最辉煌的时代。虽然阿拉伯人的反扑仍然一浪高过一浪，但在一批才略过人的葡萄牙殖民将领的领导下，东方始终是葡萄牙海上帝国的财富之源，整个印度洋仍旧控制在葡萄牙人的手中。卡蒙斯在讴歌葡萄牙国王的诗篇中写到："威加四海的君王，您的帝国幅员辽阔，无论初升朝旭、当空烈日或西沉夕阳，都把您的领地沐浴；我们期待您，伟大的君王，对那些冥顽的

---

① 载《卢济塔尼亚人之歌》第 2 章第 50 节，引自[葡]路易斯·德·卡蒙斯：《卢济塔尼亚人之歌》，张维民译。

② 胡子在当时被葡萄牙人视作男人尊严与荣誉的标志。

摩尔骑士、东方土耳其人和喝圣河水的异教徒，加以屈辱和征服。"①

　　作为葡萄牙帝国黄金时代的见证人，卡蒙斯用诗篇歌颂葡萄牙人在海上探索、建立功业的传奇，他本人也跻身葡萄牙最伟大的民族诗人之列。卡蒙斯大约出生在达·伽马去世的这一年（1524）。他出身于小贵族家庭，父亲当过船长，去过印度的果阿，最后客死异乡。他由母亲抚养长大，曾进入科英布拉大学攻读历史和文学。1544 年大学毕业后在首都里斯本一些贵族家中担任家庭教师，从而步入上层社会。后来，这位浪漫诗人因与王后的侍女恋爱被逐出里斯本。1547 年，他作为士兵赴摩洛哥服役，在战斗中不幸失去右眼。1552 年，他因与一名宫廷官吏决斗，刺伤对方被捕入狱，在监禁 9 个月后获特赦出狱，但条件是必须去印度为国王效劳。次年，他沿着达·伽马的航线，"告别了一个世界而前往另一个世界"。

　　在漫漫航行中，他萌发了写一首可以与《荷马史诗》中的《奥德赛》一样伟大的诗篇，也正是在东方期间，《卢济塔尼亚人之歌》②诞生。根据史料推断，这部作品很可能是卡蒙斯在中国澳门旅居时，即约 1556—1560 年创作并完成的。关于这部诗篇还有一段传奇。1558 年，卡蒙斯受召从澳门去果阿，在湄公河口外，航船遭遇海难，诗人一手将诗稿高高举起，一手划水游上海岸，使这部不朽的作品得以流传后世。③ 他在外漂泊达 17 年，走过了葡萄牙帝国触角到达的绝大多数地方。东方的经历让他亲眼见证了一个帝国的奠基与成长。

　　1570 年，卡蒙斯终于返回葡萄牙。两年后，他的《卢济塔尼亚人之歌》出版，轰动一时，连国王堂·塞巴斯提安也称赞不已，授予他终身年金作为褒奖。1580 年 6 月 10 日，他与世长辞，享年 56 岁。300年后（1880），他的灵枢与达·伽马的灵枢同时被移放在里斯本专为纪

---

　　① 载《卢济塔尼亚人之歌》第 1 章第 8 节，引自［葡］路易斯·德·卡蒙斯：《卢济塔尼亚人之歌》，张维民译。

　　② 又被译为《葡国魂》，卢济塔尼亚人即葡萄牙人。

　　③ 陈家瑛、张维群：《葡萄牙》，重庆：重庆出版社，2007 年版，第 29 页。

念航海大发现而建造的热罗尼姆大教堂。两人的灵柩在教堂主殿入口处两边对向而置，象征着葡萄牙曾经的辉煌年代。1911 年葡萄牙共和国建立后，卡蒙斯逝世的日子被定为葡萄牙日，即国庆日，以示对他的尊崇。

就在葡萄牙的民族之魂卡蒙斯逝世的这一年(1580)，葡萄牙帝国被西班牙吞并，从达·伽马手里接过帝国锁钥的海上民族沦落了，海洋帝国步下神坛。对于葡萄牙海上帝国的衰落，西班牙应负有重要责任。丧失独立性后，葡萄牙失去了强大统一的民族国家作为后盾，而西班牙对于葡属东方帝国并没有尽力维护，美洲的利益仍是西班牙海外利益的核心。正如一位荷兰人指出的那样，西班牙国王把葡属亚洲看作"自己的姘妇，必要的时候，她可以自谋生路，但对于维护美洲却不计任何代价，因为他把美洲看作是自己的合法妻子。他百般爱惜她，决心坚决维护她，使她不受侵犯"①。

当然，西班牙的吞并不是葡萄牙帝国衰落的唯一因素。葡萄牙帝国在 16 世纪中后叶面临的挑战是多方面的。首先，源于东方政治格局的剧烈变动。其一，持续扩张的奥斯曼帝国在阿拉伯海对葡萄牙商业利益提出了挑战。这个信仰伊斯兰教的国家崛起之迅速、扩张势头之不可阻挡令欧洲人措手不及。正是土耳其人封锁了亚洲与欧洲的传统商路，欧洲人被迫寻求新的航路。当葡萄牙人终于绕过非洲大陆在印度洋上打出一片天地时，奥斯曼帝国又把触角伸向了这片大洋。1517年，土耳其人征服了埃及。1538 年，他们又征服了阿拉伯红海地区，把四分五裂的阿拉伯世界的大部分团结起来，进而为印度洋上的阿拉伯商船提供了坚强的后盾。葡萄牙人不得不承认，大批满载胡椒的商船从卡利卡特驶往红海方向，恢复了中断数十年的阿拉伯香料贸易。到了 16 世纪 60 年代，每年约有 1250～2000 吨的胡椒通过恢复的阿拉

---

① 转引自[葡]桑贾伊·苏拉马尼亚姆：《葡萄牙帝国在亚洲(1500—1700)：政治和经济史》，何吉贤译，澳门：纪念葡萄牙发现事业澳门地区委员会，1997 年版，第 163 页。

伯商路运抵埃及。[1] 其二，16 世纪中后期印度北部崛起的莫卧儿帝国对葡萄牙在印度的利益提出了挑战。这个同样信奉伊斯兰教的帝国在著名的阿克巴大帝在位期间（1556—1605）从一个内陆王国不断对外扩张，其疆域一直从西印度洋扩张到孟加拉湾，横跨整个印度北部。葡萄牙东方帝国的核心区域位于印度南部海岸，莫卧儿帝国的扩张使葡萄牙人时刻面临北方的威胁。这样，从北非到西亚再到南亚北部的广阔土地上，葡萄牙人失去了贸易的优先地位，其战略也不得不从进取转为保守。

其次，在远东地区，葡萄牙人的利益也遭到了沉重打击。1587年，初步完成日本统一的丰臣秀吉宣布基督教是邪教，不能在"众神之乡"的日本继续传播，他命令所有传教士在 20 天内离开日本。德川幕府建立后，葡萄牙人的情况继续恶化，1614 年，幕府颁布了驱逐所有传教士的命令。1633—1639 年间，幕府又连续发出 5 次锁国令。其中，第 5 次锁国令更是明确禁止葡萄牙船只入港，次年还处死了数十名要求与日本再次通商的葡萄牙使者，至此，葡萄牙在远东的贸易受到重挫。

荷兰和英国的竞争也是葡萄牙帝国退却的重要因素。16 世纪后期，荷兰人和英国人先后派出船队前往东方。仅在 1598 年，就有 22艘荷兰船只前往亚洲，大大超过了当年葡萄牙商船的数量，他们避开葡萄牙人的统治中心印度，直航到东南亚地区，并与东南亚许多有实力的土著王国建立了密切联系，鼓动他们一起反对葡萄牙人。与此同时，英国人在 17 世纪初将势力伸向了古吉拉特和波斯湾，建立了反葡萄牙的网络。很快，荷兰和英国的船只活跃在印度洋和西太平洋的广阔海域里，其数量远远超过了葡萄牙的船只。由于荷兰人和英国人的海上力量发展得如此之快，葡萄牙人已经无力阻止这种情况继续恶化，不得不持续地收缩帝国。

最后，也是最为关键的，是葡萄牙自身的问题。葡萄牙帝国的衰

---

[1]　［澳］安东尼·瑞德：《东南亚的贸易时代：1450—1680 年》第 2 卷，吴小安等译，第 22页。

落与葡萄牙国家对外扩张的战略有着密切的关系。葡萄牙本属小国寡民，虽然它并不打算在东方建立一个殖民帝国，但即便如此，广阔的印度洋沿岸各战略要地也需要足够多的人手去驻守和经营。然而，葡萄牙并没有对大有可为的东方事业投入足够的人力。1516 年，在亚洲的葡萄牙人约有 4000 人，至 1540 年，葡萄牙已经在印度洋至远东的广袤海域里拥有统治地位，人数也只有 6000～7000 人。① 与此相对应的是，葡萄牙统治集团却时常倾全国之力从事在北非的扩张，使东方的帝国大业在人手上更为捉襟见肘。1515 年和 1541 年，葡萄牙人先后在马穆拉和圣克鲁斯两次战役中遭到损兵折将的惨败。

葡萄牙面临更为严重的国内危机是在塞巴斯提安国王（Sebastião I，1557—1578 年在位）时期。1557 年，年仅 3 岁的塞巴斯提安一世即位，他是葡萄牙国王若奥三世的孙子和查理五世的外孙。青少年时代，塞巴斯提安就成为宗教狂热分子，梦想在北非击溃摩尔人，建立一个横跨直布罗陀海峡的基督教王国。卡蒙斯在诗篇中曾热情讴歌这位年轻国王："您是皇族家系树一支苗壮的新枝，深得耶稣基督的钟爱，西方世界数你首屈一指，日耳曼和法兰西王室相形见绌。"②很显然，卡蒙斯是过誉了。塞巴斯提安在宗教热情的支配下，竟然倾全国之力，于 1578 年组织了一支 17000 人的大军，去进攻已沦为奥斯曼帝国势力范围的摩洛哥。这一被称作"三王会战"（Battle of the Three Kings）的战役中，葡萄牙全军覆没，国家元气大伤。塞巴斯提安国王冲入敌阵，不幸战死。他的意气用事，不仅使自己死无葬身之地③，而且将国家拖入了亡国的困境。1581 年，葡萄牙议会同意塞巴斯提安国王的舅父、西班牙国王菲利普二世兼任葡萄牙国王，称菲利普一世，从此，葡萄牙沦为西

---

① ［葡］桑贾伊·苏拉马尼亚姆：《葡萄牙帝国在亚洲(1500—1700)：政治和经济史》，何吉贤译，第 83 页。
② 载《卢济塔尼亚人之歌》第 1 章第 7 节，引自［葡］路易斯·德·卡蒙斯：《卢济塔尼亚人之歌》，张维民译。
③ 西班牙的菲利普二世在 1580 年继承葡萄牙王位后宣称：他从摩尔人那里赎回了塞巴斯提安国王的尸体，葬在里斯本热罗尼姆大教堂，但残破的尸体已无法辨认真假，许多葡萄牙人相信塞巴斯提安并没有死。

班牙的藩属。西班牙的统治使葡萄牙人的民族感情受到极大的伤害，海外扩张也失去了动力。[①]

总的看来，葡萄牙帝国的崛起源于其抢占了先机及其帝国战略的准确定位，而其衰落则是多方面原因促成的，既有外部原因造成的影响，也包括自身问题带来的不良后果。无论如何，葡萄牙海洋帝国完成了自己的历史使命，航海家和水手们开辟了新航路，从海上沟通了亚、非、欧、美四大洲，使世界的全球化和一体化进程迈出了关键性的一步。

第二节　西班牙大西洋帝国

与葡萄牙人在东方建立的海上贸易帝国相比，西班牙帝国的模式则更传统一些，军事征服和血腥统治是帝国建立和维系的主要手段。不过，西班牙帝国与古代的军事帝国也有着重要的区别：一方面，征服与被征服地区在文明发展程度上相差悬殊，被西班牙人征服的美洲地区还处于文明初绽阶段；另一方面，西班牙美洲帝国并非是征服民族对被征服民族的统治，而是伴随着征服者的殖民和被征服者的种族灭绝。

一、征服阿兹特克帝国

大西洋航路的开通成就了西班牙帝国，在这个跨大西洋帝国的成长史上，一系列名字深深镌刻在历史的功过榜上。他们对于西班牙来说，是立下了汗马功劳的民族英雄；而对于他们征服的民族来说，则是凶恶的刽子手。第一位不得不说的人物是荷尔南多·科尔特斯（Hernándo Cortés，1485—1547）。他创造了一个古往今来的军事家望尘莫及的征服神话，同时也是一个人类历史上前所未有的血腥传说。

科尔特斯于1485年出生在西班牙的麦德林（Medellin），他的父亲是一个小贵族，同那个时代的大多数乡村小贵族一样，没落到了一文

---

① 1640年，当西班牙帝国也衰落下去，葡萄牙人才利用西班牙的不安定局势起义成功。布拉干萨公爵若奥成为葡萄牙国王，称若奥四世（João Ⅳ，1640—1656年在位）。

不名的地步。不过，科尔特斯还是有幸到著名的萨拉曼卡（Salamanca）大学攻读法律，只是，他的父亲没有足够的经济实力供他完成学业。中途辍学后，他放弃了成为一名律师的职业梦想，当然这未尝不是一件好事。1504年，19岁的科尔特斯离开家乡加入了西班牙殖民军，踏上了新大陆的土地。在新世界闯荡了几年后，1511年，由于识文断字，他在众多目不识丁的殖民者中脱颖而出，成为西班牙驻伊斯帕尼奥拉副总督迪亚戈·维拉斯凯斯（Diego Velázquez de Cuellar, 1465—1524）的秘书。科尔特斯卓越的军事才能最早在西班牙征战古巴的战争中表现出来，他本人因为战功被任命为圣迪亚戈市的市长。有了权力，财源滚滚而来，他很快拥有了自己的农场。但是，这些成功并没使他满足。他说过一句激励无数后世殖民者的名言："我是凭着刀剑和盾牌来取黄金的，而不是像一个农夫那样跟着犁跑的。"

使他载入史册的机会来了。1518年，已经晋升为总督的维拉斯凯斯任命科尔特斯去征服传说中位于墨西哥的"黄金国"。正当他投入全部家当，出征舰队也装备完毕的时候，总督维拉斯凯斯却听信谗言说科尔特斯一旦征服墨西哥，就将取代他成为新世界的统治者，于是下令将科尔特斯撤职。科尔特斯当然不会把辛辛苦苦建成的舰队拱手让人，还没等取代他的人赶到，他就命令舰队拔锚起航。科尔特斯的舰队共计11艘船，载着110名水手和553名身穿甲胄的士兵；武器方面，船上配备了10门重炮和4门轻炮以及火枪和弓箭。不过，在日后发挥最大作用的是随船的16匹战马。新大陆并没有马这种动物，印第安人见到这种彪壮有力、嘶声动天的马匹及坐于其上身披铠甲的骑兵，往往惊为天神，不战而降。

科尔特斯在一路行军中，从土著人那里了解到在墨西哥有一个强大的阿兹特克帝国。读过史书，精通军事，他深知对付人数众多的土著，不可使用蛮力。他主张"先兵后礼"，即首先炫耀武力以震慑，然后好言安抚招降，与阿兹特克帝国外围的土著人建立联盟。他还为一些玛雅人洗礼，使他们皈依基督教。在受洗礼的玛雅人中有一个名为"玛琳奇"的女人，她自称阿兹特克公主，通晓多种印第安语，科尔特斯为她改名"玛丽雅娜"。此后，她成为科尔特斯的翻译、秘书和情妇，为西班牙人征服自己的祖国立下了"汗马功劳"。

1518 年 4 月，科尔特斯在今墨西哥的韦拉克鲁斯（Veracruz）地区登陆。他一方面派人绕过总督维拉斯凯斯向国王请命，取得征服的合法性；另一方面，为征服内陆的"黄金国"做进一步的准备。1519 年 8 月中旬，科尔特斯得到西班牙国王亲发的任命状，整顿兵马向内陆进军。为了督促军士勇往直前，科尔特斯下令焚烧港口全部的船只。面对他的部下，他说："我们大家都已看清，我们就要长途跋涉，我们必须靠天主保佑，取得每一仗的胜利；我们行动要快，由于我们兵力不足，一旦受挫，就无法摆脱厄运；我们现在已没有船只，回不得古巴，只有靠天主保佑和我们自己的奋力作战才能得救。"①科尔特斯的成功也就是阿兹特克人噩梦的开始。

当土著人见到大胡子、白皮肤的西班牙人时，竟然将他们视为"天神"。② 西班牙人的到来很快在阿兹特克帝国境内传播开来，而且越传越神：骑在双头巨鹿（战马）上，"天神"指挥着雷电（加农炮轰击的声音与火焰），拥有强大的神力。科尔特斯利用了这一谣传，以"天神"的名义免除被阿兹特克人征服的印第安部落的赋役，成功地笼络到了许多外围部落。特别是在一个叫特拉斯卡的部落，科尔特斯得到 6000 精壮。这样，科尔特斯数百人的小队伍很快就拥有了数万的同盟军。阿兹特克帝国的皇帝蒙特祖玛（Moctezuma Ⅱ，1466—1520）当然不想同这支力量强大的军队为敌，为了讨好"天神"，他通令全国款待"天神"一行。

与阿兹特克帝国的第一场交战发生在一个叫乔鲁拉的部落。乔鲁拉人本是奉蒙特祖玛的命令热情招待"天神"的部队，然而酒足饭饱后

---

① ［西班牙］贝尔纳尔·迪亚斯·德尔·卡斯蒂略：《征服新西班牙信史》（上），江禾、林光译，北京：商务印书馆，1988 年版，第 142 页。

② 阿兹特克帝国境内的印第安人崇拜一种长有羽毛的蛇神，据说也是来自东方的海上，也是白皮肤，大胡子。

的西班牙人和特拉斯卡人却对乔鲁拉部落发起了突袭。[①] 此战有数千名乔鲁拉人被屠杀，史称"乔鲁拉大屠杀"。经过这一战，蒙特祖玛慌了神，他没有认真备战迎敌，而是给西班牙人送来大量财宝，希望他们满意而归。这些礼物当然无法满足贪婪的西班牙人，反而使他们的贪欲更旺。面对大军的持续推进，蒙特祖玛又想出一计，他大开城门，欢迎西班牙人进城，但不准同盟军进城。

被胜利冲昏头脑的科尔特斯带领西班牙人进入了特诺奇蒂特兰城（今墨西哥城）。过惯了穷日子的西班牙人进入这座极其富丽的城市后，暗暗坚定了征服的决心。当天，阿兹特克人准备对西班牙人来个"瓮中捉鳖"，大批印第安武士向西班牙人的住处集结。科尔特斯在慌乱中想出一条"擒贼先擒王"的妙计。他集中所有骑兵挥舞着大刀和长剑直接冲向皇帝的宫中，骑兵冲入步兵阵中，优势顿显，数百名蒙特祖玛的侍卫根本无法抵御。西班牙人成功擒获了蒙特祖玛，得以"挟天子以令诸侯"。蒙特祖玛被迫打开自己的宝库，并下令臣民上交出更多黄金贡品给西班牙人。据说，西班牙人得到的财宝三天三夜也没有清点完。

阿兹特克帝国首都特诺奇蒂特兰城神庙区复原模型

在西班牙人拘禁蒙特祖玛期间，科尔特斯率领一部分西班牙人出城迎击维拉斯凯斯派来捉拿他的部队，留下另一头目佩德罗·德·阿

---

① 根据参与此战的贝尔纳尔·迪亚斯的说法，蒙特祖玛定计要在乔鲁拉将西班牙人全部杀死，不过这种说法可能是西班牙人"以小人之心度君子之腹"的揣测。参见［西班牙］贝尔纳尔·迪亚斯·德尔·卡斯蒂略：《征服新西班牙信史》（上），江禾、林光译，第172页。

尔瓦多驻守城内。丧心病狂的阿尔瓦多擅自抢劫、屠杀城内居民，据说，城内的特斯科科湖被鲜血染成了红色。不过，在汹涌的阿兹特克人的围攻下，西班牙人开始力不能支，他们将蒙特祖玛架到高台上，让他下令阿兹特克人不准反抗。愤怒的臣民终于对这位皇帝忍无可忍，竟用石头将他活活砸死。西班牙人在阿兹特克人的反击中也付出了血的代价，幸存者不得不趁夜撤到城外，许多人因携带财宝太多，被阿兹特克人追上，用乱棍打死。

阿兹特克人推举蒙特祖玛的弟弟继位，而此时的帝国已非昔日，西班牙人带来的天花在毫无免疫力的印第安人中蔓延，新任皇帝也不幸染病而亡。死去皇帝的儿子、众望所归的夸特莫克（Cuauhtemoc）继位，他组织力量与城外反扑而来的西班牙—印第安人联军周旋。即便如此，到了 1521 年 5 月，科尔特斯率领的盟军还是包围了特诺奇蒂特兰城。城内的水源被切断，城池也被攻破，两军展开巷战。阿兹特克人在夸特莫克的率领下，誓死抵抗。据参与此役的西班牙人回忆："处在这样骇人景象之中的阿兹特克的青年皇帝，仍然保持着镇静和勇气。他那美丽的首都在他眼前成为废墟，他的贵族和忠诚的人民在他周围死去，他的领土一尺一尺地被割走，直到他自己几乎连立脚之地也没有了，然而他拒绝每次投降要求，表现出和围攻开始时同样的不屈不挠的精神。"

1521 年 8 月，西班牙人终于冲入城内，放火焚烧了凝结中美洲两千年文明的特诺奇蒂特兰城，大肆屠杀城内的居民。夸特莫克被抓，但他拒绝投降，最终被残忍杀害。阿兹特克帝国灭亡后，科尔特斯成为墨西哥的统治者，查理五世封科尔特斯为"新西班牙将军"。他将这一地区改名为"新西班牙"，将重建后的特诺奇蒂特兰城，改名"墨西哥城"，成为西班牙殖民统治中心之一。

1535 年，科尔特斯卷入政治漩涡而失势，新任总督门多萨（Andrés Hurtado de Mendoza y Cabrera，1500—1561）取代他在新西班牙的地位。此后，他虽然并没有完全消沉，却再也没能得到重用。1547 年 12 月，他死在塞维利亚，时年 62 岁。1566 年，他的尸体被运往墨西哥的圣弗朗西斯科，与被屠杀的印第安人一起长眠于这片古老又全新的大陆上。在科尔特斯的身后，西班牙持续地在美洲扩张，最终在印第安人鲜血涂染的大地上塑造了一个庞大的、罪恶的殖民帝国。

二、征服印加帝国

科尔特斯在墨西哥的成功大大鼓舞了西班牙人在美洲扩张的野心，无数的没落骑士、绿林好汉找到了荣耀门楣、发财致富的新途径。其中一些冒险家推测，纵贯南北的美洲大陆不可能只有阿兹特克这一个富庶国度。关于另一个"黄金帝国"的传说随着西班牙人对南美的不断探险，愈发真实地显现。一名新的帝国"泥瓦匠"将用鲜血重新粉刷美洲的版图、重绘帝国的边界。这个人就是一介草民——弗朗西斯科·皮萨罗（Francisco Pizarro，1471或1476—1541）。

皮萨罗是一位风流军官的私生子，他的母亲是西班牙特鲁西略（Trujillo）的一名村姑。如此可怜的出身似乎注定皮萨罗要穷苦一生。然而，在16世纪大变革的时代，只要有足够大的胆子闯世界，就没有什么不可能。1502年他来到西班牙海外殖民扩张的中心塞维利亚，这里云集了当时欧洲最著名的航海家和冒险家。从这里，他搭上一艘前往新世界冒险的船，开始了他传奇又罪恶的一生。

在新世界，他先在农场里帮人干活，后来参加了殖民军，顽劣好斗的性格使他在军队里混得如鱼得水。1509年，他参加了西班牙政府军，前往巴拿马的达连湾（Darien）一带从事探险殖民，这是他命运的转折点。1519年，他在总督阿里亚斯·德·阿维拉（Pedro Arias de Avila，1440—1531）的支持下逮捕了著名的殖民头目、太平洋的发现者——巴尔博亚。此后，他被任命为新建立的巴拿马城的市长，一跃成为新世界的显贵之一。

弗朗西斯科·皮萨罗

　　1522 年，皮萨罗从南美探险家口中得知存在一个名为"秘鲁"的富饶国家。这个传言大大刺激了皮萨罗。他开始招募从欧洲跑到新世界碰运气的流氓地痞。到 1524 年，他的麾下已经聚集了一百多号人。不过，命运的车轮并非都是一路坦荡，他的第一支探险队在南美只看到一些赤身裸体的土著，没有发现一点文明的影子。不肯善罢甘休的皮萨罗在 1526 年又纠集了一帮人来到南美。这次，他们意外地从一只印第安人的木筏上劫获了几件做工考究的工艺品，总算抓到一点文明的尾巴。他把计划和缴获的工艺品呈送给西班牙国王、神圣罗马帝国的皇帝查理五世。查理五世任命他为"秘鲁最高长官"，并责令他组织新的探险。然而，他的第三次探险不仅一无所获，他本人还因欠下债务被投进监狱。

　　皮萨罗在监狱里继续上书游说国王，最终打动了国王。走出监狱的皮萨罗时来运转，他纵横的老泪还感动了比他年轻却已声名远播的科尔特斯，这位当时在新大陆最有权势的人物慷慨解囊，为他提供了探险资金，并提供了一条至为关键的意见——带上几匹马。他那风流的军官父亲也为他帮了忙：把众多私生子中的 3 个送到了皮萨罗的麾下，他们是赫尔南多（Hernando）、胡安（Juan）和冈萨罗（Gonzalo）。

　　在皮萨罗准备第四次出征之际，横亘在南美大陆西岸沿着安第斯山脉的印加帝国正发生着严重的危机。印加老皇帝卡帕克（Huayna Capac）宠信一位非王室女子所生的儿子，名为阿塔瓦尔帕（Atahualpa，1497—1533），老皇帝欲立此子为太子，然而卡帕克与自己的姐妹所生的正统王位继承人及其支持者哪肯善罢甘休，两派之间明争暗斗。卡帕克弥留之际，把自己的帝国一分为二，给了两个儿子。这种安排引发了大祸，老皇帝尸骨未寒，帝国已经大乱。1532 年 9 月，阿塔瓦尔帕率领数万印加军队居住在卡哈马卡城（Cajamarca），以避开太子党锋锐。

　　老奸巨猾的皮萨罗打听到了这个情报，大喜过望，立即带领人马前往卡哈马卡城。进了城池，皮萨罗大惊失色，驻扎在城内的部队足有 4 万人。皮萨罗与一位曾在西班牙农场工作过的印第安人翻译一同前往面见皇帝。阿塔瓦尔帕高坐于宝座之上接见了皮萨罗并答应明日在城中心广场与西班牙人正式会谈。皮萨罗深知对付这样一支强大的军队，仅凭自己那一百多号人马断然无法取胜。他决定效仿科尔特斯"挟天子以令诸侯"的手段。他召集所有西班牙人埋伏在城中心广场周围，然后分派给每一个士兵一项具体任务，以保证最大限度的发挥西班牙人的力量。

次日，皇帝阿塔瓦尔帕在数千名印加武士的簇拥下乘坐肩舆来到广场中央。皮萨罗让随军牧师温森特·瓦沃德（Vincente de Valverde）手捧《圣经》上前向皇帝传教，还没等这位牧师把上帝的福音传达出来，阿塔瓦尔帕就不耐烦地夺过《圣经》摔在瓦沃德脸上。西班牙人见此褒渎上帝的场景，一时间全都义愤填膺，皮萨罗瞅准时机一声令下，西班牙人骑着战马、身披铠甲、手拿刀剑一齐杀向皇帝。印加人虽然人数众多，但毕竟使用的还是石制武器，他们的血肉之躯根本无法抵挡西班牙铁骑。皮萨罗亲率 20 名亲信直奔军中，抓住了皇帝阿塔瓦尔帕。有了皇帝作为人质，印加人只得放下武器，任人宰割。此一役，印加人被杀者达数千人之多，而西班牙人几无损失。

在被囚禁期间，阿塔瓦尔帕看出这些白种人对黄金非常痴迷，于是他在伸手可及之处的墙壁上划了一条红线，他说，如果给他自由，他可以把黄金堆到这个高度。西班牙人大喜，同意了这一协定。阿塔瓦尔帕召集几名贵族，命令他们负责收集黄金，同时密令他们在全国召集军队，准备在必要时给予西班牙人致命一击。可惜阿塔瓦尔帕的计谋被皮萨罗的密探识破，恼羞成怒的皮萨罗将这位皇帝处以火刑，还煞有介事地对阿塔瓦尔帕进行审判。判决结果令人啼笑皆非，这位皇帝在自己的国家被判处如下罪名：篡夺皇位；偶像崇拜；公开实行多妻制；企图煽动起义反对西班牙人等。

阿塔瓦尔帕之死，预示了一个古老文明的衰败。皮萨罗得到来自巴拿马的增援后，开始向帝国腹地进军。沿着印加人发达的道路系统，西班牙人一路烧杀抢掠，攻入首都库斯科，扶植了原印加合法继承人华斯卡尔（Huascar Inca，1503—1532）的儿子曼科（Manco Inca Yupanqui，1516—1544)作为傀儡，建立了殖民政府。皮萨罗作为殖民政权实际的统治者，使用残暴的手段对印加人进行了无耻的掠夺。

老皮萨罗的残暴也使他付出了应有的代价。1537年，这个野心家将与之共生死的另一首领阿尔马格罗残忍杀害。4年之后，阿尔马格罗的忠实部下为其报复，将皮萨罗刺死。脾气暴躁、性情冷酷的老皮萨罗终于结束了他传奇又血腥的一生，不过，他也并非英年早逝，这一年，他已经60多岁。

皮萨罗对印加帝国的征服使西班牙帝国的疆域深入到南美大陆的腹地，这一殖民成果与科尔特斯在墨西哥的征服一起，奠定了西班牙殖民帝国的宏伟蓝图。同时，西班牙人的掠夺与屠杀使美洲文明遭到了毁灭性的打击，美洲印第安人的数量急剧下降，鲜血重新粉刷了美洲的地图。

查理五世(左)与他的儿子菲利普(右)

第三节　"日不落"帝国崛起

在开辟新航路方面，葡萄牙人和西班牙人占得先机，因而得以坐享此后一个世纪的海外利益，长期垄断新大陆的殖民和东方的贸易权益。英、法、荷等后起的欧洲国家在16世纪中叶以前无力在海上挑战西、葡霸权，但借助于席卷欧洲的商业革命和价格革命，欧洲各国也得以分享新航路开辟和地理大发现带来的硕果①。自 16 世纪后期，这些后起之秀不再满足于西葡对海洋的长期垄断，奋起挑战旧的国际秩序，英国在这一挑战中取得了最突出的成果。1588 年，英国海军击败不可一世的西班牙"无敌舰队"，向整个欧洲宣告了英国的崛起。

英西大海战后，英国的海外殖民扩张步伐加快，至 17 世纪上半叶，英国人在北美、加勒比海地区的殖民扩张及在东方的海外贸易已经取得了长足进展。曾长期作为欧洲"老少边穷地区"②的英国开始迈向"日不落"帝国。

一、失落的罗阿诺克岛

英国的海外殖民扩张兴起于伊丽莎白一世时期。16 世纪 60 年代，英国西部德文郡的乡绅托马斯·斯图克利提出了在佛罗里达建立殖民地的计划。由于北美地区还没有被西班牙人占领，向这一地区殖民既存在着发现第二个阿兹特克或印加帝国的机会，也可以避免和西班牙正面冲突，因此，这一计划得到了伊丽莎白女王的赞赏。女王支持斯图克利建立了一支由英、法两国水手组成的联合探险队。然而，这支探险队在前往佛罗里达途中抢劫了过往的西班牙商船，在被西班牙护航舰队围捕的过程中，船队被叛徒出卖，因而他们在到达北美之前就遭到了失败。但是，斯图克利的殖民计划仍然具有一定的意义，它"为后来伊丽莎白时代建立北美殖民地的尝试活动提供了参考依据"③。

汉弗莱·吉尔伯特是北美殖民事业的关键性人物。他曾参加过在爱尔兰的殖民战争，有着丰富的殖民经验，在爱尔兰的经历也诱发了他开辟北美殖民地的想法。相较于斯图克利，他的殖民思想更加成熟。

---

① D.B. Quinn & A.N. Ryan, *England's Sea Empire* 1550—1642, London: George Allen & Unwin, 1983, p. 20.
② 陈晓律等：《15 世纪以来世界主要发达国家发展历程》，重庆：重庆出版社，2004 年版，第 97 页。
③ 姜守明：《从民族国家走向帝国之路：近代早期英国海外殖民扩张研究》，南京：南京师范大学出版社，2000 年版，第 232 页。

斯图克利的殖民目的是建立针对西班牙的军事据点，而吉尔伯特则要开辟一块真正的殖民地。他的想法得到许多志同道合者的积极响应。吉尔伯特也把殖民方向选在了靠近西印度群岛的佛罗里达。不幸的是，他的大部分船员犯了与斯图克利探险队同样的错误，一进入西印度群岛，就开始大肆抢劫西班牙商船，完全将殖民计划抛诸脑后，而吉尔伯特自己所乘的探险船由于风暴而被迫返航。第一次的失败没有使吉尔伯特放弃自己的殖民理想。后来，他把注意力转向了渔业资源丰富的纽芬兰地区。1583年，他率领260名殖民者到达纽芬兰并占领了圣约翰斯（St. John's）港。他在纽芬兰进行了考察，确信这里富含银矿，之后他打算前往今天的新斯科舍（Nova Scotia）一带殖民，但在归国途中溺毙。

吉尔伯特死后，他的同母异父兄弟沃尔特·雷利继承了他的遗志。1584年，雷利从伊丽莎白女王手中接过曾被授予吉尔伯特的探险特许状。当年，雷利组织了一支由2艘小船组成的小型探险队离开英国向西北方向驶去，探险队到达了北美的卡罗莱纳海岸附近进行了详细的考察。回来后，探险队员盛赞北美土地的肥沃和土著人的淳朴，并且带回了2个名为玛提欧（Manteo）和温切西（Wanchese）的印第安人作证[1]。雷利将新发现的土地命名为"弗吉尼亚"（Virginia）以表示对终身未婚的女王的尊重。

1585年，雷利派理查德·格伦威尔爵士（Sir Richard Grenville）率领一支100多人的殖民探险队前往弗吉尼亚。他们在卡罗莱纳附近的罗阿诺克岛（Roanoke）登陆，建立了英国在北美的第一个据点。格伦威尔将殖民者安置下来，自己回国搬运过冬的补给，但他因在西印度群岛抢劫西班牙船只而耽误了时间，致使殖民地发生了严重的食物短缺。一些殖民者抢劫了当地的印第安人村落，流血冲突不可避免地发生了。北美的冬季很快光临这片土地，寒风与冰雪侵蚀着殖民者的意志，他们在饥寒交迫中度过了数月后，仍然没有等来格伦威尔满载食

---

[1] A. L. Rowse, *The Expansion of Elizabethan England*, London: Macmillan and Co., 1955, p.214.

物和棉衣的补给船，只等到恰巧路过此处的德雷克船队。他们将初来北美时的豪情壮志抛之脑后，登上了德雷克的船只返回了英国。不久，格伦威尔带着补给品赶来此地，发现殖民地已无人影，于是留下了 15 个人继续看守。

1587 年，雷利又派出了由第一次殖民的测绘员约翰·怀特（John White，1540—1593）领导的一支殖民队伍前往北美，包括 100 多名男子和 17 名妇女。他们的目的是前往切萨皮克湾一带殖民，不过，他们奉命先来罗阿诺克岛搜寻格伦威尔留下的 15 名留守人员。然而，他们在殖民地废墟上只找到一名英国人残缺的尸骨，其他人全都不知所踪。约翰·怀特一边派人四处寻找失踪的殖民者，一边重建罗阿诺克岛殖民地。由于食物储备告罄，他不得不留下殖民者，自己回国运输补给。为了向留下的人员表明自己一定会尽快回来，他将自己的女儿和不久前出生的外孙女也一并留在岛上。怀特的这个小外孙女是历史上第一个出生在美洲的英国人，怀特给她取名为"弗吉尼亚"。

回国后的怀特在雷利爵士的协助下装备了一支补给船队，但这支船队启航不久就遭遇了风暴，怀特勉强捡回一条命回到英国。第二批船队装备完成后，英西大战的阴云已经笼罩在英伦三岛之上，船队还没启航就接到女王发布的"任何船只不得离开英国海岸"的命令，所有船只都被皇家海军强行征用。战争平息后，心急如焚的怀特恳求雷利帮助他组建第三批补给船队，但此时的雷利爵士已经失去了女王的恩宠，由于欠下巨额债务，他已经将弗吉尼亚殖民探险的专利权抵押了出去。这样，怀特不得不依靠一己之力完成这项任务。直到 1590 年，怀特才终于觅得一支私掠船带上补给品回到罗阿诺克岛。但等待他的并不是嗷嗷待哺的外孙女，整个殖民地满目狼藉，所有人都已全无踪影，只留下一排栅栏，上面刻着"Croatan"这一令人费解的单词①。没有人知道这些人是死是活，怀特认为他们可能去了罗阿诺克岛南部的一个印第安人居住的岛屿，但是风暴阻止了他的寻觅。数百年来，关

---

① Frederick A. Ober, *Sir Walter Raleigh*, New York and London: Harper & Brothers Publishers, 1906, p. 84.

于"失落的罗阿诺克岛殖民地"之谜一直为人们所关注。后世的历史学家和考古学家根据殖民者留下的极少的线索提出过种种猜想，但都无法证实。

此后，雷利开始着迷于南美"埃尔多拉多"①（El Dorado）的传说。1595 年，雷利带领他的探险队在圭亚那（Guyana）探险，目的是找到通往埃尔多拉多的首都马诺阿（Manoa）的路线。回国后，他出版了一本名为《庞大、富裕和美丽的圭亚那帝国的发现》（*The Discovery of the Large, Rich and Beautiful Empire of Guiana*）的书，通过夸张的描述，他鼓吹英国人去圭亚那殖民，不过，应者寥寥。1603 年，伊丽莎白女王去世，雷利失去了靠山，新王詹姆斯一世（James Ⅰ，1567—1625 年在位）将他投入伦敦塔，并以叛国罪判其死刑，但没有立即执行。雷利因而成为这个历史上最著名的监狱中关押时间最长的犯人。1617 年，他获得假释前往圭亚那寻找黄金，但仍然一无所获，气急败坏的詹姆斯国王按照原来的判决，将其枭首。这位一代文豪、诗人、探险家和政治家成为伦敦塔中又一著名亡魂。

伊丽莎白一世时期北美殖民失败的原因是多方面的，主要包括：理想化的殖民理论、急功近利的殖民心态、草率的组织计划以及严峻的国际形势等。② 不过，这一时期北美殖民的失败为斯图亚特早期的殖民成功积累了经验。

二、大移民时代的兴起

对于伊比利亚人来说，17 世纪意味着美好时代的结束，而对于英国，则是开始。17 世纪上半叶，西班牙卷入了旷日持久的宗教战争，极大地浪费了物力和人力，以致没能继续扩大西属美洲殖民地。蓄势待发的英国人借机向广袤的北美大陆和加勒比地区扩张，唱响了"大移民时代"（Great Migration）的序曲。

---

① 传说中位于南美洲的黄金国，最早是由殖民美洲的西班牙人流传开的，此后许多欧洲国家的探险者在南美大陆上寻找，但无果而终。

② 邵政达、姜守明：《伊丽莎白一世时期北美殖民失败之探因》，《学海》2011 年第 1 期。

1606 年 4 月，英王詹姆斯一世向来自伦敦、普利茅斯和布里斯托尔的 3 个商人群体颁发了到北美探险殖民的特许状。普利茅斯公司负责向"北弗吉尼亚"殖民，伦敦和布里斯托尔的商人公司负责向"南弗吉尼亚"殖民。普利茅斯公司当年就派出探险队前往今天的缅因（Maine）地区殖民探险，但是他们在恶劣的环境中坚持不到 1 年就失败了。1607 年初，伦敦的弗吉尼亚公司派出了由 150 人组成的殖民探险队分乘 3 艘船前往弗吉尼亚，最终成功地建立了英国第一个永久性殖民地——詹姆斯城（Jamestown）。

詹姆斯城殖民地在最初的几年里备受严寒、食物短缺等威胁，多次处于失败的边缘。托马斯·达利（Sir Thomas Dale）成为领袖后，殖民地终于出现转机。达利成功的秘诀是用铁腕纪律使殖民者专事农业生产而不是把精力浪费在寻找并不存在的黄金白银上。[①] 1612 年以后，殖民者引进了烟草种植，运回国内的烟草在市场上很受欢迎，这次生产方式的改进为殖民地的壮大奠定了基础，并鼓舞了英国人对北美其他地区的殖民扩张。船长约翰·史密斯（John Smith，1580—1631）从詹姆斯城出发，考察了弗吉尼亚北部地区，并将之命名为新英格兰（New England）。回国后，史密斯出版了介绍新英格兰的小册子和地图，为后来英国人在此地区的殖民活动铺垫了道路。[②]

1609 年，乔治·萨莫尔斯爵士（Sir George Somers）的船只在前往弗吉尼亚的途中遭遇事故，他们找到了一个不知名的小岛避难，从而揭开了百慕大群岛的神秘面纱。百慕大的地理位置非常适合作为从英国前往北美殖民地的中途补给站，此后不断有人来此殖民，至 1629 年，百慕大地区的定居者已达 2000 人。

马里兰殖民地是由巴尔的摩（Baltimore）男爵乔治·卡尔弗特（George Calvert，？—1632）向英王申请的殖民地。1634 年，巴尔的摩

---

① W. D. Hussey, *The British Empire and Commonwealth*, Cambridge: Cambridge University Press, 1963, p. 17.

② D. B. Quinn & A. N. Ryan, *England's Sea Empire* 1550-1642, London: George Allen & Unwin, 1983, p. 173.

男爵二世派遣一支探险队到达美洲，建立了圣马丽亚镇（St. Maria）①。由于巴尔的摩家族奉行宗教宽容政策，因而在英国国内遭到宗教迫害的清教徒和天主教徒纷纷来到马里兰，殖民地迅速扩大。马里兰从性质上说属于业主殖民地（Proprietary Colony），这种类型的殖民地与中世纪封建国王颁赐给下级领主的领地相似。来到这里的殖民者往往作为契约农（Indentured Servant）为庄园主工作，工作期限一般是 4～7 年，然后他们可以拥有自己的土地。

从感情上来说，当今的美国人更乐于把清教徒开辟的新普利茅斯（New Plymouth）作为美利坚民族的起源。这批清教徒早年因受到宗教迫害从英国逃往荷兰定居，后来，他们决定到新大陆建立一个理想的宗教王国。1620 年，他们乘坐"五月花"号（May Flower）船只历经艰险登上了新大陆的科德角（Cape Cod）。这些美国先民在登陆前签署了被誉为殖民政府"第一块基石"的《五月花号公约》。殖民者只有不足一半的人员渡过了在北美第一个漫长可怕的冬天。在绝望之中，幸好当地的印第安人给他们送来了食物。印第安人还教会了他们狩猎和捕鱼，以及饲养火鸡和种植玉米、南瓜等农作物的技巧。次年秋天，殖民者种植的农作物获得了丰收，为了感谢印第安人的帮助，他们邀请印第安人来做客。来自两个大陆的人民欢聚在一起，一片祥和，这便是感恩节的起源。遗憾的是，两个民族之间的和睦相处并没有持续太久，英国殖民者贪婪的本性很快给友好的印第安人带来了灾难。

马萨诸塞湾殖民地的建立是由马萨诸塞湾公司主持进行的。该公司的领导者主要是一批有着坚定信念、受过良好教育的清教徒。1630 年，公司派 17 艘船只载着 2000 人前往北美殖民。他们在波士顿附近建立了城镇，并选举产生了官员进行治理。此后，殖民者们以马萨诸塞殖民地为基地继续向其他地区探险，先后建立了罗德岛（Rhodes）、朴茨茅斯（Portsmouth）、康涅狄格（Connecticut）和纽黑文（New Haven）等新殖民地。

---

① 为感激查理一世的恩赐，巴尔的摩男爵以国王的爱妻亨里塔·马丽亚（Henrietta Maria，1609—1699）的姓氏为封地命名，意为"王后马丽亚之地"（The Queen State）。

英国殖民者邀请印第安人做客

　　在对北美殖民的同时，一些英国人也希望能在富庶的南美地区建立殖民地，他们循着雷利当年的行迹在圭亚那和亚马孙河流域探险。这些努力虽然没有取得成功，却意外地为英国人在加勒比地区的殖民开辟了道路。托马斯·沃纳（Captain Thomas Warner，1580—1649）船长是英国在加勒比地区成功开辟殖民地的第一人。1622 年，在探险亚马孙河地区失败后，心有不甘的沃纳考察了加勒比地区小安的列斯群岛（Lesser Antilles）中一个叫圣克里斯托弗（St. Christopher）的小岛（今圣基茨岛）。经过仔细考察，他认为这里适宜定居。1624 年，沃纳带着几名殖民者重返该岛，并引进了烟草种植业。为了抵抗土著人的威胁，1627 年，沃纳与一支法国殖民队签订协议分治该岛，并共同防御印第安人的进攻。此后，殖民地很快繁荣起来。以该岛为基地，英国殖民者还成功地开发了邻近的尼维斯岛（Nevis）、蒙特塞拉特岛（Montserrat）和安提瓜岛（Antigua），并建立了甘蔗种植园。

　　英国在加勒比海地区建立的最重要的殖民地是巴巴多斯岛（Barbados）。这个岛相对于其他的英国殖民岛屿更大也更安全。1624 年，从巴西回国的约翰·鲍威尔（John Powell）发现并占领了该岛。此后，由于英国国内的人口压力和宗教冲突为这里带来了一批冒险家和契约农民。1628 年，卡利斯里伯爵(the Earl of Carlisle)得到国王颁发的业主专利书，委派总督统治巴巴多斯岛。这个殖民地发展较快，依靠奴隶劳动的大型甘蔗种植园逐渐成为该岛的经济主体，其人口在 1640 年达到 10000 左右。[①]

1629 年，罗伯特·里奇伯爵(Robert Rich)和约翰·皮姆(John Pym)等人带领 500 人占领了距离西班牙殖民中心巴拿马仅 300 千米的圣卡特琳那(St. Catalina)，将之重新命名为普罗威丹斯(Providence)。1631 年，他们又占领了亨丽埃塔(Henrietta)和陶土咖(Tortuga)等地。除了在这里种植烟草等农作物，他们还把这里建成了英国私掠船和海盗的基地。

17 世纪上半叶，英国在美洲殖民方面取得了巨大的成功，掀起了殖民定居的社会洪流。据统计，到 1640 年左右，仅在加勒比地区殖民的英国人就已有大约 2.5 万至 3 万名，加上前往北美大陆的人数，总计约有 5.8 万人。[②] 此外，当汹涌的人潮涌向新世界之时，英国人向东方扩张的步伐也没有停止。1600 年，一群伦敦商人获得了伊丽莎白女王颁发的在东印度进行贸易的特许状，建立了东印度公司。该公司向东方进行贸易扩张，在印度建立了据点，逐渐蚕食葡萄牙在东方的权益，使英国从大西洋帝国向"日不落"的全球帝国迈出坚实的步伐。

第四节　海洋时代与国家崛起

新航路的开辟给人类的活动提供了一个更为广阔的天地，也使人们对我们所生活的这个星球有了全面的认识。在此之前，海洋在人类文明史中只居于很小的一个部分，更确切地说，它只是陆地文明的延伸。然而，新航路开辟之后，这一境况有了根本性转变，人们开始意

---

① D. B. Quinn & A. N. Ryan, *England's Sea Empire* 1550-1642, London: George Allen & Unwin, 1983, pp. 198-199.

② R. C. Simmons, *The American Colonies: From Settlement to Independence*, London: Longman, 1976, pp. 17-21.

识到：争夺海洋已经成为大国崛起的必然选择。当然，在这个舞台上，兴衰更替是不变的自然规律，任何民族或国家都不可能永远高居于海上霸主的宝座。未来世界，海洋必然作为人类共同体的共同财富，合作开发、利益共享，让海洋造福全人类。唯其如此，人类才能拥有一个和平美好的未来。

一、海洋与海上霸权

1500 年是世界历史的分水岭。新航路的成功开辟开启了全球化，也将世界引入全新的海洋时代。从此，在西方主导的大国争霸舞台上地区性的陆地争霸被全球性的海洋争霸所取代。及至 20 世纪末的五百年的时间里，海洋争霸的舞台上先后上演了五个阶段的剧幕。

第一个阶段当然是由葡萄牙和西班牙主导的伊比利亚时代。几乎在整个 16 世纪，伊比利亚人由于开辟新航路占得先机，共同垄断并分享着世界海洋的霸权。它们的商船队在从大西洋、印度洋到太平洋的广阔水域里自由驰骋，源源不断的财富从美洲和东方流入伊比利亚半岛。同时，西葡舰队在全球各主要航线上巡弋，黑洞洞的炮口随时准备让他国船只葬身海底。不过，伊比利亚海上霸权自 1588 年英西大海战开始遭到了新兴国家的有力挑战，一个群雄争霸的时代拉开帷幕，伊比利亚人步下神坛。

第二个阶段从 16 世纪末一直持续到 18 世纪中叶，以英西海战为开端，以七年战争的结束为终点。这是一个欧洲新兴民族国家群雄并起的争霸时代，主角是英、法、荷三个国家。在 17 世纪的中前叶，荷兰最先在争霸中取得优势，但很快遭到了英国的挑战。通过三次英荷战争，英国将荷兰这位"海上马车夫"赶下了马背。不过，英国并非从此高枕无忧，法国仍是强大的海上对手。法国这个六边形的国家，有三个边紧临大海，其领土和国力都要远胜于英国。虽然历代法国君王都把主要的汗水和精力挥洒在欧洲大陆的战场上，但其遍布全球的海上力量仍令英国人如芒在背。在 1756—1763 年的七年战争中，英国终于在全球范围内击败了法国的海上力量，一举奠定了海上霸主的地位。

海洋时代从此进入英国一家独大的新阶段。

第三个阶段从 18 世纪中叶持续至 19 世纪末。在这一时期，大英帝国的皇家海军纵横几大洋，控制着全球各主要的海上航路，其海外殖民地遍布几大洲，一度占全球陆地面积（不计南极洲）的 1/4，统治的人口也达到世界人口的 1/4，这一人类历史上最庞大的帝国被冠以"日不落"帝国的称号。自 19 世纪末起，新兴的海上强国不断崛起，英国的海上霸主地位开始遭到挑战。

第四个阶段自 19 世纪末持续至 20 世纪中叶，这是一个新的群雄争霸海洋的时代。这场新的争霸战的主角，除了不愿让出霸主之位的英国外，日、美、德等新兴海上强国是主要的"问鼎者"。1890 年，美国军事家马汉（Alfred Thayer Mahan，1840—1914）出版了《海权对历史的影响》一书，他认为："从广义上说，海权涉及了促使一个民族依靠海洋或利用海洋崛起的所有方面"①，强调制海权对于大国崛起和维持霸权的重要性。马汉的理论被欧洲各国奉为圭臬，一场新的争夺海洋的狂潮拉开帷幕。

在马汉"海权论"的指导下，美国自 19 世纪末开始着力于强化海上力量，由于有庞大的工业基础和雄厚的经济作为后盾，美国很快就进入了海上强国俱乐部。远东的日本自明治维新后开始加快发展现代海军，1894 年，中日甲午海战，日本海军一举击败大清帝国的北洋舰队，震惊世界，日本也从此迈上了海上强国之路。德国完成统一后，在注重陆上扩张的同时，也将目光投向了海洋。作为后来者，德国意图挑战英国的海上霸权。20 世纪初年，英德展开了造舰竞赛，至 1914 年第一次世界大战爆发前，德国已经成为仅次于英国的第二海军强国。这样，第一次世界大战在各国疯狂的军备竞赛和利益冲突中不可避免地爆发了。大战过后，各大强国重新洗牌。战败的德国被压榨一空，英国在两个世纪以来第一次宣称放弃海洋霸权，满足于追求海上平等

---

①　A. T. Mahan, *The Influence of Sea Power Upon History* 1660-1783, Dodo Press, 2009, p. 23.

地位。^① 然而，列强之间的海上霸权战并未休止，第一次世界大战只是涉及范围更广的第二次世界大战的预演。第二次世界大战在新一轮的争霸中爆发，大战过后，英、法、德、日等昔日的海上强国全部躺倒在战争的废墟之上痛苦呻吟，只有远离战场的美国一枝独秀，成为无可争议的海上新霸主，至此，海洋时代的新秩序得以重建。

第五个阶段正是第二次世界大战后美国称霸海洋的时代。苏联在战争中崛起，成为唯一可与美国平起平坐的"超级大国"，但就海洋的争夺来说，美国始终拥有绝对的优势，保持着海上的霸权。苏联解体后，美国的海上霸权得到进一步巩固。但是，站在剧烈变革中的21世纪的舞台上，对海洋时代下一阶段的预测是可行且必要的。

通过考察世界海洋争霸的历史，我们似乎不难得出结论：兴衰更替乃是历史的必然。正像英、法、荷挑战伊比利亚霸权和美、日、德挑战大英帝国的霸权一样，美国霸权也正遭到新兴海上强国的挑战，历史的车轮已经停驻在这场新轮回的起点上。但是，我们必须警惕的是，无论是伊比利亚还是英国的霸权主义，都是通过战争手段掌控海权的。正如马汉所强调的："海权的历史主要是一部军事史。"^②战争是数百年来海洋霸权兴衰未曾避免的推动器。对于在现代文明哺育下充满智慧的人们，能否找到一条更为明智的道路避免战争，是摆在全人类面前的重大问题。在此，我们必须做出这样的假定：战争的确是新旧时代交替的手段之一，但绝非唯一选择。

哈佛大学教授约瑟夫·奈（Joseph Samuel Nye）提出的"软实力"（soft power）概念或许为我们提供了另一种选择。他认为，软实力是一个国家以非强制的方式实现国家战略目标的能力。^③尽管约瑟夫·奈提出这一概念的目的是为了驳斥"美国衰落论"，但他也同时为我们提出了一种使用非武力力量重塑未来世界的理论。那么，能否构筑一个"软

---

① P. M. Kennedy, *The Rise and Fall of British Naval Mastery*, London: Macmillan, 1983, p. 325.

② A. T. Mahan, *The Influence of Sea Power Upon History* 1660-1783, Dodo Press, 2009, p. 23.

③ Joseph. S. Nye, *The Power We must not Squander*, New York Times, 2000-01-03.

实力"支配下的海洋时代呢？这当然是有可能的，但实现这一理想有两个必不可少的前提。其一，以联合国为代表的国际组织必须能够发挥它们对国际规则的执行力，特别是对包括美国在内的大国的约束力。其二，老的海洋霸主美国的决策者必须要顺应时代的潮流，摒弃传统的霸权观念，主动与新兴的海上强国分享海洋及其资源。从目前来说，上述两个条件都非一朝一夕可以实现，因而，对于人类来说，迎来一个全世界和谐共荣的海洋时代还任重道远。

二、海洋与未来世界

中国的崛起是 20 世纪末以来世界大变革中最令人瞩目的事件。2010 年，中国的经济总量首次超过日本跃居世界第二位，而根据国际货币基金组织的数据估计，以购买力平价计算，2014 年中国超过美国，成为世界第一大经济体。虽然中国表示"高帽戴不起"，但经济的崛起确实带动了中国的国际地位大大攀升。所有人都意识到拿破仑关于惊醒后的中国将是"一头雄狮"的预言成真了。

在中国崛起势不可挡的局面下，美国学者们以其敏感的嗅觉率先为自己的国家提出了应对之策。他们的立意是新颖的，出发点也是诚恳的，他们与我们一样相信：21 世纪的今天已经不同于 100 多年前美国崛起的时代，庞大的舰队能够解决地区冲突、控制航路和海权，但绝不能阻止一个拥有数千年历史的传统大国重新找回自己的位置。美国著名经济学家弗雷德·伯格斯滕（C. Fred Bergsten）提出了著名的"G2"概念，他认为应由中、美两国组成一个两国集团（Group of Two）携手解决世界问题，特别是经济问题。[①] 哈佛大学经济史教授尼尔·弗格森（Niall Ferguson）积极倡导伯格斯滕的理论，并且创造性地提出了所谓"中美国"[②]（Chimerica）的新概念。当然，中国无意挑战霸权，也无意领导世界。但无论是"G2"，还是"中美国"，都反映了一些有识之士的确开始正视新兴国家的崛起。

---

① C. F. Bergsten, *Two's Company*, Foreign Affairs, 2009-09-01.

② 或译"中美共同体"、"中美联合体"，即把 China（中国）与 America（美国）合成一个新词。

但是，值得注意的是，尽管许多美国学者能够意识到美国必须与以中国为代表的新兴大国分享世界，但在短期内，美国不会甘愿自动放弃海上霸权。对于美国决策者来说，把"中国龙"封锁在东亚的牢笼里仍是当务之急。这一点，中国人自己的感觉最为明显，在迈向海洋的道路上，中国的每一步都遇到了重重阻碍。从中国的国家统一问题到中日钓鱼岛争端和南海问题，所有与中国海上权益有关的核心问题都有美国人台前幕后的身影。

美国前国务卿杜勒斯(John Foster Dulles，1888—1959)在1951年提出了著名的"岛链"(Island Chain)战略，即利用亚洲大陆周边的岛屿链封锁亚洲，对亚洲大陆上的各国，特别是苏联和中国形成威慑。第一岛链以台湾岛为核心，包括日本列岛、琉球群岛、台湾岛、菲律宾群岛，南至大巽他群岛；第二岛链以关岛为核心，北起日本列岛，包括小笠原群岛、硫磺列岛、马里亚纳群岛等。苏联解体后，岛链战略成为美国封锁中国走向海洋的关键一环。

在美国海洋霸权主义依然故我的情况下，以中国为代表的新兴大国该如何在走向海洋的道路上抉择与应对？走历史的老路，争夺霸权当然从来不是内敛的中华民族考虑的选择，但是，在维护国家利益的问题上，中国仍然需要在必要的时候果断"亮剑"。一方面，中国要制定自己的海洋发展战略，敢于冲破霸权国家设置的重重枷锁，同时，中华民族要树立自己的海权意识，并建立一支足以维护自身海上权益的强大海军。另一方面，在实现海上强国之梦的道路上，中国必须一步一个脚印，警惕任何冒进与危险的挑衅，避免历史的悲剧重演。唯其如此，中国才能成为未来海洋时代的参与者和塑造者之一。

大事年表

1385 年　葡萄牙阿维斯王朝的创建者若奥大帝取得阿尔儒巴罗塔战役的胜利，葡萄牙民族国家初步建立。

1405 年　郑和奉明朝永乐皇帝之命第一次下西洋。

1415 年　葡萄牙远征北非的穆斯林重镇休达，拉开葡萄牙海外扩张的序幕。

1419 年　亨利王子在萨格里什创立航海学校。

1433 年　郑和第七次下西洋回国途中病逝于印度卡利卡特。

1434 年　葡萄牙航海家吉尔·艾阿尼斯越过西非博哈多尔角海域。

1441 年　亨利王子的探险队到达西非的布朗角，开启了黑奴贸易。

1445 年　葡萄牙航海家迪尼斯·迪亚士沿着非洲西海岸航行越过了佛得角。

1453 年　拜占庭帝国首都君士坦丁堡被奥斯曼土耳其人攻陷，东罗马帝国灭亡；英法百年战争结束。

1460 年　亨利王子病逝于萨格里什；达·伽马出生在希尼斯城。

1474 年　葡萄牙商人戈姆斯的船队沿着非洲西海岸航行越过了赤道。

1482 年　葡萄牙航海家迪亚戈·卡奥沿着非洲西海岸航行抵达刚果河口。

1485 年　迪亚戈·卡奥沿着非洲西海岸航行到南纬 22 度的克罗斯角；英国红白玫瑰战争结束，亨利七世创建都铎王朝。

1488 年　葡萄牙航海家巴托洛缪·迪亚士发现好望角。

1492 年　西班牙最后一座摩尔人城市格拉纳达投降，西班牙民族国家初步建立；克里斯托弗·哥伦布到达美洲。

1494 年　西葡两国签订《托尔德西拉斯条约》，以教皇的名义瓜分了世界。

1497 年　约翰·卡伯特在英国的旗帜下到达北美。

1498 年　达·伽马抵达印度卡利卡特；哥伦布第三次航行到达南美大陆。

1500 年　卡布拉尔发现巴西；迪亚士在好望角遭遇风暴遇难。

1503 年　亚美利哥·维斯普奇提出哥伦布发现的是"新"大陆的看法。

1507 年　德国制图学家马丁·瓦尔泽缪勒首次将新大陆命名为"亚美利加"。

1509 年　葡萄牙海军与阿拉伯—印度联军进行争夺印度洋制海权的第乌海战，葡萄牙获得胜利。

1510 年　葡萄牙人占领印度的果阿，该城成为葡萄牙帝国在印度的统治中心。

1511 年　葡萄牙人占领马六甲，控制了马六甲海峡。

1512 年　葡萄牙人到达香料群岛。

1513 年　西班牙殖民者巴尔博亚发现太平洋；葡萄牙人首次到达中国。

1515 年　葡萄牙人占领霍尔木兹，控制了波斯湾。

1519 年　麦哲伦从西班牙启航，开始环球航行。

1520 年　麦哲伦发现麦哲伦海峡，进入太平洋。

1521 年　麦哲伦船队到达菲律宾；麦哲伦被马克坦岛民所杀。科尔特斯攻陷阿兹特克帝国首都特诺奇蒂特兰，中美洲文明覆灭。

1521 年　葡萄牙与中国明朝发生屯门海战，葡萄牙战败。

1522 年　西班牙人埃尔卡诺驾驶"维多利亚号"完成环球航行，回到西班牙。

1543 年　葡萄牙人因台风意外到达日本。

1553 年　葡萄牙人借居澳门；英国航海家休·威洛比探寻东北航路，到达新地岛；理查德·钱瑟勒开通了英俄之间的东北新航路。

1576 年　英国航海家马丁·弗罗比歇在探寻西北航路的过程中发现了弗罗比歇海峡。

1580 年　英国航海家弗朗西斯·德雷克全程指挥船队回到英国，人类完成第二次环球航行。

1585 年　英国航海家约翰·戴维斯在探寻西北航路的过程中发现戴维斯海峡和坎伯兰湾等，并进入北极圈。

1588 年　西班牙"无敌舰队"在英吉利海峡被英国击败。

1596 年　威廉·巴伦支在探险东北航路的过程中首次将人类的探险推进到北纬 80 度的封冻冰线。

1609 年　英国航海家亨利·哈得孙在荷兰的旗帜下发现了哈得孙河。

1610 年　亨利·哈得孙发现了哈得孙海峡和哈得孙湾。

主要参考书目

［澳］安东尼·瑞德：《东南亚的贸易时代（1450—1680）》，吴小安等译，北京：商务印书馆，2010。

［法］费尔南·布罗代尔：《菲利普二世时代的地中海和地中海世界》，吴模信等译，北京：商务印书馆，1996。

［法］马克·布洛赫：《封建社会》，张绪山等译，北京：商务印书馆，2004。

［古希腊］希罗多德：《历史》，王以铸译，北京：商务印书馆，1997。

［美］加文·韦特曼：《北美洲探险》，张晓博译，济南：山东画报出版社，2002。

［美］路易斯·亨利·摩尔根：《古代社会》，杨东莼等译，北京：商务印书馆，1981。

［美］纳撒尼尔·哈里斯：《早期的探险家》，张帆译，济南：山东画报出版社，2002。

［美］塞·埃·莫里森：《哥伦布传》，陈太先、陈礼仁译，北京：商务印书馆，1995。

［美］斯蒂福夫：《达·伽马和其他葡萄牙探险家》，吕志士、马建成译，北京：世界知识出版社，1998。

［美］斯塔夫里阿诺斯：《全球通史》，董书慧等译，北京：北京大学出版社，2005。

［葡］J. H. 萨拉依瓦：《葡萄牙简史》，李均报、王全礼译，北京：中国展望出版社，1988。

［葡］路易斯·德·卡蒙斯：《卢济塔尼亚人之歌》，张维民译，北京：社会科学文献出版社，1992。

［葡］桑贾伊·苏拉马尼亚姆：《葡萄牙帝国在亚洲（1500—1700）》，何吉

贤译，澳门：纪念葡萄牙发现事业澳门地区委员会，1997。

[葡]雅依梅·科尔特桑：《葡萄牙的发现》，邓兰珍译，北京：中国对外翻译出版公司，1996。

[苏联]约·彼·马吉多维奇：《世界探险史》，屈瑞、云海译，海口：海南出版社，2006。

[西班牙]贝尔纳尔·迪亚斯·德尔·卡斯蒂略：《征服新西班牙信史》，江禾、林光译，北京：商务印书馆，1988。

[意]克里斯托瓦尔·哥伦布：《航海日记》，孙家堃译，南京：译林出版社，2011。

[意]马可·波罗：《马可波罗行纪》，冯承钧译，上海：上海书店出版社，1999。

[英]戴维·阿诺德：《地理大发现》，闻英译，上海：上海译文出版社，2003。

费成康：《澳门：葡萄牙人逐步占领的历史回顾》，上海：上海社会科学院出版社，2004。

何芳川：《澳门与葡萄牙大商帆：葡萄牙与近代早期太平洋贸易网的形成》，北京：北京大学出版社，1996。

姜守明、邵政达、陈正兰：《世界尽头的发现》，北京：北京大学出版社，2011。

姜守明：《从民族国家走向帝国之路——近代早期英国殖民扩张研究》，南京：南京师范大学出版社，2000。

李永采：《海洋开拓争霸简史》，北京：海洋出版社，1990。

钱乘旦、许洁明：《英国通史》，上海：上海社会科学院出版社，2007。

王加丰：《西班牙、葡萄牙帝国的兴衰》，西安：三秦出版社，2005。

王宇博：《移植与本土化：大洋洲文明之路》，北京：人民出版社，2011。

张箭：《地理大发现研究：15—17世纪》，北京：商务印书馆，2002。

Aptheker Herbert, *A History of the American People: The Colonial Era*, New York: International Publishers, 1959.

Beazley, C. R., *Prince Henry the Navigator: The Hero of Portugal and of Modern Discovery*, 1394-1460, New York and London: The Knickerbocker Press, 1911.

Doran, Susan, and Richardson Glenn. eds. , *Tudor England and Its Neighbors*, Palgrave Macmillan, 2005.

Gleason, Carrie, *Henry Hudson: Seeking the Northwest Passage*, Crabtree Publishing Co. , 2005.

Daniel Goffman, *The Ottoman Empire and Early Modern Europe*, Cambridge: Cambridge University Press, 2004.

Guillemard, F. H. H. , *The Life of Ferdinand Magellan and the First Circumnavigation of the Golbe* 1480-1521, London: George Philip & Son, 1890.

Hale, Edward Everett, *The Life of Christopher Columbus*, Toronto: Bastian Books, 2008.

Logan, F. D. , *The Vikings in History*, London & New York: Hutchinson & Co. , 1991.

Murphy, H. C. , *Henry Hudson in Holland: An Inquiry Into the Origin and Objects of the Voyage Which Led to the Discovery of the Hudson River*, New York: Cosimo Inc. , 2009.

Nowell, C. E. , *A History of Portugal*, New York: D. Van Nostrand Co. , 1952.

Ober, Frederick A. , *Ferdinand Magellan*, New York and London: Harper & Brothers Publishers, 1907.

Pearson, M. N. , *The Portuguese in India*, Cambridge: Cambridge University Press, 1987.

Pomfret, John E. , *Founding the American Colonies*, 1583-1660, London: Harper & Row. , 1970.

Quinn, D. B. and A. N. Ryan, *England's Sea Empire, 1550-1642*, London: George Allen & Unwin, 1983.

Ravenstein, E. G. ed. , A *Journal of the First Voyage of Vasco Da Gama, 1497-1499*, London: Bedford Press, 1898.

Simmons R. C. , *The American Colonies: from Settlement to Independ-*

ence, Longman, 1976.

Weare, G. E., *Cabot's Discovery of North America*, London: John Mac-
queen, 1897.

Williamson, J. A., *The Age of Drake*, London: Adam and Charles
Black, 1946.

图书在版编目(CIP)数据

新航路的开辟/邵政达著. —北京：北京师范大学出版社，2018.7

(世界史丛书)

ISBN 978-7-303-21398-6

Ⅰ. ①新… Ⅱ. ①邵… Ⅲ. ①世界史－通俗读物

Ⅳ. ①K109

中国版本图书馆 CIP 数据核字(2016)第 249457 号

营 销 中 心 电 话　010-58805072　58807651
北师大出版社高等教育与学术著作分社　http://xueda.bnup.com

XINHANGLU DE KAIPI

出版发行：北京师范大学出版社 www.bnup.com
　　　　　北京市海淀区新街口外大街 19 号
　　　　　邮政编码：100875
印　　刷：三河市兴达印务有限公司
经　　销：全国新华书店
开　　本：787mm×1092mm　1/16
印　　张：16.5
字　　数：238 千字
版　　次：2018 年 7 月第 1 版
印　　次：2018 年 7 月第 1 次印刷
定　　价：45.00 元

策划编辑：刘东明　　　　责任编辑：齐　琳　蒋智慧
美术编辑：王齐云　　　　装帧设计：王齐云
责任校对：李云虎　　　　责任印制：马　洁